姚胜祥◎著

818

疯狂的魏晋牛人

北方联合出版传媒（集团）股份有限公司

万卷出版公司

ⓒ 姚胜祥 2011

图书在版编目（CIP）数据

818疯狂魏晋的牛人/姚胜祥著. —沈阳：万卷出
版公司，2011.5
ISBN 978-7-5470-1446-2

Ⅰ.①8… Ⅱ.①姚… Ⅲ.①历史故事—作品集—中
国—当代 Ⅳ.①I247.8

中国版本图书馆CIP数据核字（2011）第052883号

项目创意／设计制作／ 智品书业
ZHIPIN BOOKS

818疯狂魏晋的牛人

姚胜祥／著

责任编辑：梁晓蛟
出 版 者：北方联合出版传媒（集团）股份有限公司
万卷出版公司
联系电话：024-23284090
邮购电话：010-58572701
电子信箱：vpc_tougao@163.com
经 销：各地新华书店发行
印 刷：北京市通州富达印刷厂
版 次：2011年5月第1版
2011年5月第1次印刷
开 本：170mm×240mm 1/16 19.5印张
字 数：300千字
书 号：ISBN 978-7-5470-1446-2
定 价：32.00元

我们都是"奥特曼"

胜祥写的这本书名为《818疯狂魏晋的牛人》。什么叫"牛人"？百度里解释曰："网络语言：像'牛'一样，作为形容词表现此人非常厉害，用来夸赞别人，或者做了一般人意想不到的事情，别人对此人表达的一种惊讶。"为什么要八卦这些"牛人"？我想是为了对照当下的"雷人"。

网络时代，雷人雷事层出不穷。著姐、凤姐、小月月如过江之鲫，芙蓉、兰董、犀利哥似雨后春笋。然，类似雷人举动，对魏晋牛人而言，实在是小巫见大巫。读过本书，你会发现：相对于疯狂魏晋的牛人，当下林林总总标新立异的雷人实在太 out 了！

魏晋是中国历史上最富于激情和智慧的一个时代，不知道魏晋历史就不能妄谈中华民族的历史。当下人们常用的成语或典故，有将近百分之四十跟这个时代有关，足可见这段历史对中国文化的影响。同时，魏晋也是一个名士辈出的"风流"时代。无论是"竹林七贤"，还是"兰亭名士"，他们对自然和生活的无限热爱，对真实自我的不懈追求，无不令人心向往之。

胜祥遴选了这个时期最具个性、最有故事的 20 位人物，用诙谐犀利、极具时尚感的语言描绘他们的生平事迹，使他们的形象栩栩如生，跃然纸上。王忱，也叫王大，身为朝廷高官，岳父家有丧事，不但不帮忙料理，反而邀约十几人赤身裸体鱼贯而进，围着棺材和痛哭的岳父绕三圈就走人；名相王导的族弟王澄，身为一方军事大员，在朝廷为他组织的送行大会上，扔下众人，脱掉官服爬到树上去掏鸟窝；竹林七贤之一的嵇康，身为中散大夫（皇帝的谋臣），在职期间却跑到乡下去开铁匠铺打铁；潘安，不仅第一帅，还是个非常痴情的男人；王羲之的儿子王徽之，一时心血来潮，想起远方好友，经整整一宿行船终于到达朋友门前，却突然下令掉头回家……在不偏离史料的前提下，胜祥把这些故事讲得津津有味，引人入胜。阅读本书，不仅能让人产生强烈的阅读快感，还能让疯狂魏晋的牛人穿越千年，直接 PK 秒杀当今任何一位网络红人！

胜祥出生于贵州万山，现居贵阳五柳街。尚气刚傲，骄时慢物，鄙视伪俗自欺，尤好简略真实。身为《文史天地》编辑、签约作家、作协副主席，却不以为然。跟胜祥接触这么些年，在我看来，他的性格的确很"魏晋"，我猜想，除了天性之外，或许是受了这些魏晋牛人的影响吧。

《文史天地》是一本用生动活泼的语言介绍著名历史人物、讲述重大历史事件的杂志。这本杂志一般不采用网络语言。但胜祥熟悉网络，且爱追求时尚，于是在这本"牛书"里，用了很多"雷人"的网络语言，这大约要算本书的一大特色吧。

既然是本讲述真实历史的书，语言可以"雷人"，史实却不可戏说。这就需要作者下工夫了。而胜祥绝对是能下工夫的人。在我印象中，他总是手不释卷。在他这个年龄段的人，像他这样嗜读的，似不多见了。常言说，一分耕耘一分收获。这本书，就是胜祥博览群书的收获之一了。

《文史天地》主编

孔 融　乖孩子的虚妄"杯具"

　　成了名士的孔融，仗着大圣人孔子和做过元帝老师的七世祖孔霸的光环，凭着少时的几件让天下口口相传的"豪言壮举"，加上蔡文姬父亲蔡邕的指教，自然出落成了天下第一明星。

祢 衡　咱们"粪青"悠着点

　　直到日头偏西，正当曹操寻思祢衡可能不会来了的时候，有门卫来报，说大门外面有一青年，穿着白色普通单衣、缠着一条半旧头巾，手拿三尺长的大木棒，坐在地上，用大木棒一边捶地一面对着门内，点着曹操的名字大骂。

王 祥　雷人孝子与干部楷模

看他对待工作的样子，纯粹是处理庄稼、牲畜和家长里短的方式，这个样子让同僚私下里常常忍俊不禁，大家免不了为刺史大人捏了把汗。

曹 丕　驴叫皇帝与狗鼠嫌弃的文学领袖

曹丕抬起头用目光环顾一圈在场人等，突然提高声音说："各位，仲宣（王粲的字）平日最爱听驴叫，让我们都学一声驴叫，为他送行吧！"于是，他自己带头先叫了起来。曹丕的一声驴叫之后，灵堂里此起彼伏的驴叫声不绝于耳，好一阵才停了下来。

何 晏　毒品、宗师、伪娘与高干子弟

何晏当即就将那碗热腾腾的面条吃了下去，时值炎热盛夏，加上那碗热汤面下去，还没吃上几口，顷刻之间大汗淋漓。于是何晏抬起女性化的朱红袖袍擦起汗来，这不擦不要紧，一擦反而是皮肤更加光洁白亮。在场所有人，没有一个不叹服的。

嵇 康　酷毙眼球的诡异铁匠

　　如此酷毙的形象和渊博的学识，嵇康的周围自然聚集了一拔非凡之人，可以说天下名士，对嵇康无不趋之若鹜，以至于在嵇康居住的山阳竹林成了"越名教而任自然"的"竹林七贤"聚集之地，成了魏晋文化的"延安"，受到万世敬仰。

阮 籍　疯狂时代的另类谜语

　　阮籍的隔壁有一酒吧，酒吧里有一绝色少妇当垆卖酒。从见到美妇那天开始，阮籍就来劲了，此后常常有意无意邀约王安丰等一帮朋友去那里"飙"酒，一"飙"一个醉。一旦喝醉，就歪歪斜斜走到美妇身边，也不说话，靠着美妇倒下就睡。

王 戎　散发麝香与恶臭的大树

　　大家左等右等就是不见王戎回来，会场开始躁动起来。一会儿，只听服务员跑过来大声喊道："不好了，不好了！王大人掉进厕所里了！"

刘 伶　以裸体和醉酒进入史册的"超级青蛙"

　　他的出生用现在的视角来看，最多是一个县城居民或小生意人家的子弟，而这个孩子因为家庭拮据或者长相奇丑的原因而自卑，习惯于在家里做"宅男"。

阮 咸　与猪共饮的风流音乐家

　　这时一群猪摇着尾巴冲了过来，对着盆里香甜的酒大喝起来。喝醉的众人早已丧失赶走这群猪的能力，于是阮咸跟大家一道，一边用手赶猪，一边把头埋进盆里，与猪争抢着喝。直到醉倒在地。

潘 安　不仅仅第一帅

　　从十二岁到二十九岁，从孩童到少年，从少年到青年，到而立之年，整整十七年，由于山高路远，潘安与未婚妻仅仅聚过短暂的几次，虽然有无数女子对自己"掷果盈车"、围追堵截，潘安竟丝毫不为所动。

阮 裕　逃官典范与怪异的爱车族

然而，名士阮裕回到京城的消息却像长了翅膀，在他的粉丝中间传开了，听到阮裕已经起身返程的消息，在京的士人学子朋友等粉丝团迅速集合，密密麻麻地聚集于通往上虞的官道上，一路狂奔，追赶着自己的偶像。

石 崇　奢靡疯狂的富二代

石崇的厕所修建得华美绝伦，准备了各种香水、香粉、香膏给客人洗手、抹脸。此外还有十多个花容月貌的美女站在里面，像迎宾小姐一样，恭立侍候每一位上厕所的人。她们一个个都身着绫罗锦绣，打扮得艳丽夺目，为每一位客人提供着无微不至的服务。

卫 玠　被围观致死的花样美男

这一年，以容貌之美名满天下的帅哥卫玠，从豫章（今江西）来到下都建康（今江苏南京），消息一出，南京的大街小巷人满为患，摩肩接踵，无论男人女人、老少少妇通通拥向街头，纷纷占据有利地势，想要一睹潘安之后的全国第一号帅哥。

王 澄 最擅爬树掏鸟的高官

　　当主持人宣布："为王澄大人调任荆州刺史饯行仪式现在开始！"话音刚落，几只不谙世事的喜鹊却在主席台后面的大树上唧唧喳喳地闹了起来。这时只见主席台上的主角王澄站了起来，离开了自己的座位，正当众人疑惑不解的时候，大家为之送行的主角王澄已快步来到树下，只见他踢掉自己的靴子，三下两下就开始爬起树来。

周 颢 酒后的魔鬼还是铮铮的汉子

　　周颢有一个外号，叫"三日仆射"。所谓"仆射"相当于今天首长手下的办公室主任或行政主管一类的人员；所谓"三日"，意思就是一年之中最多有三天的时间是没有醉酒保持清醒状态的。这个名号，是早期他刚做官的时候同僚背地对他的雅称。

桓 温 柔情的英雄，失败的老大

　　桓温这个柔情似水的汉子另一大特点就是天生好赌。想当初，他只身深入仇家为父报仇，也应是一种赌的行为，明明知道人家正在办丧事，家中宾客络绎，而仇家三兄弟也做了充分准备的，他却偏偏这个时候行事。

谢 安 赌鬼、风流男人与军事奇才

　　一次他上西边去郊游，一不小心就跟人赌上了，先是输掉了所有的钱，为了扳本，他孤注一掷，连牛车也押上，最后输得只剩下自己的身体。没办法，只得拄着竹杖长途跋涉徒步回家。

王徽之 史上最牛的行为艺术大师

　　记载说王徽之、王献之兄弟俩，曾在房间里闲坐，突然屋顶着火了，王徽之慌忙逃跑躲避，连鞋都来不及穿。而王献之却神色恬淡，不慌不忙地叫来侍从，扶着自己走了出来。

王 大 葬礼上裸奔的高官

　　他的狂放不拘和嗜酒如命，随着年龄的增加简直达到了无以复加的地步。特别是表现在喝酒上，比"竹林七贤"的阮籍还要阮籍，阮籍为了逃避司马氏的联姻笼络，曾经创下了大醉六十天的记录，而王大则"一饮连月不醒"，且一旦喝醉就不顾及自己的身份地位，"或裸体而游"——赤身裸体到处乱跑。

孔融 乖孩子的虚妄『杯具』

人物简介

姓名：孔融，字文举，外号孔北海

家庭出身：至尊贵族

籍贯：山东曲阜

生卒：公元 153-208 年

社会关系：孔子的二十世孙、汉元帝老师孔霸的七世孙、太山都尉孔宙的儿子、大文学家蔡邕的学生、曹丕的好友、曹操最恨的人

社会身份：官员、名士、建安七子之首

容貌：伟岸

文学作品：《孔融集》九卷，已散佚。今存其集都是明、清人辑本，通行本有《汉魏六朝百三家集·孔少府集》一卷

雷人言行

◎ 少时让梨、让生命，成年后虚妄、狂诞，忤逆父母，甚而害了两茬妻子儿女。

◎ "父亲对于儿子，有什么值得夸张的亲情呢？只不过是当初性欲冲动的结果。子女对于母亲，又有什么了不起呢？就像把一件东西放在瓦缸中一样，一旦拿出来就没任何关系了。"

相关成语

小时了了　推梨让枣　不胫而走　想当然　巢倾卵覆　岁月不居，时节如流　志大才疏　弃短就长

作者评价

千万别以为自己是谁，少说话不会死，说多了肯定会死。

不怕死算什么！只是别害了一茬又一茬的老婆和孩子！！

神话般的乖孩子

公元 208 年，当孔融身首异处躺倒在许昌城郊殷红的血泊中时，一夜之间，神州各国一片哗然，上至达官贵人，下至学子、农夫的震惊丝毫不亚于今天美国总统全家被刺。

> 孔融字文举，鲁国人，孔子二十世孙也。父宙，太山都尉。融幼有异才。（《后汉书·孔融传》）

在他的那个时代，孔融实在太有名了，用今天演艺界的天王巨星来比也不为过。他不是因为全家被杀而扬名天下的那一类，早在幼年时期，他就因其至尊贵族的出身和聪慧机智而名满天下，加之成年后一手漂亮的文章和虚妄任诞的言行而无人不知。正是他的虚妄、任诞，造成了他先后两任妻子儿女无辜为他殉难。可以说，魏晋牛人们的疯狂，是从他开始的。

"融四岁，能让梨，弟与长，宜先知"。千百年来，一代又一代的人吟诵着这样的句子开始识文断字。时空转到一千多年后的今天，很多人会怀疑这个故事的真实性。如果想一想孔融出生的家庭和西汉董仲舒之后"罢黜百家，独尊儒术"的"主旋律"背景，就不难判断出这个故事的真实性了。这个真实的故事，使孔融的名字从他的时代一路响来，妇孺皆知。然而，翻开历史，我们惊讶地发现，这个早慧的神童、众目翘首的乖孩子，前景并未光辉灿烂，而是一生虚妄、狂放，并因此命运多舛、悲剧相随，甚至不得善终。

或者可以认为，从让梨事件的价值取向上，孔融就显露出了他性格中的悲剧色彩。这几乎是人们断然不曾料到的。但这一切还是被一个人不幸言中，这个人叫陈炜。

公元163年，这一年也叫东汉延熹六年，这一年东汉发生了三件大事：武陵蛮第三次反叛，车骑将军冯绲被污免官，西羌势炽、凉州危急。正是这一年，中国文化史上，多了一个叫"小时了了"的典故。

> 年十岁，随父诣京师。时，河南尹李膺以简重自居，不妄接士宾客，敕外自非当世名人及与通家，皆不得白。融欲观其人，故造膺门。语门者曰："我是李君通家子弟。"门者言之。膺请融，问曰："高明祖父尝与仆有恩旧乎？"融曰："然。先君孔子与君先人李老君同德比义，而相师友，则融与君累世通家。"众坐莫不叹息。太中大夫陈炜后至，坐中以告炜。炜曰："夫人小而聪了，大未必奇。"融应声曰："观君所言，将不早惠乎？"膺大笑曰："高明必为伟器。"（《后汉书·孔融传》）

这一年，十岁的孔融随父亲从曲阜来到京都洛阳，外出办事的父亲把他一人丢在了旅馆。父亲走后，孔融悄悄溜上大街东游西逛。一处华丽的大宅深深吸引了他，一打听，原来是当朝负责百官督察的李元礼的豪宅。或许，官至太山都尉的父亲孔宙跟朋友聊天之时，曾多次说到这个人："李元礼这个人，品格很高，不但对自己高标准、严要求，还把在天下建立以儒教为核心的道德是非标准作为自己毕生的责任。假如能上他家去拜访并受到接待，那简直是鲤鱼跳进了龙门了。"

于是，孔融大摇大摆走到门卫室，对门卫说："我是李大人的世交亲戚，有劳通报一声。"门卫一看是一小孩大大咧咧地吩咐自己，立马跑回府中禀报。孔融就这样走进了李元礼高贵的客厅。当着满坐高朋，李元礼惊诧地说："我弄不明白你们家跟我们家有什么恩情往来？"孔融说："是的先生，你姓李，我姓孔，我是孔仲尼的第二十代孙，想当年我们家先人同你们家先人一起探讨过道德学问，从而成了很好的师友关系，这样说来，咱们两家难道不是世交吗？"听到这样的话，李元礼跟在座的宾客大为感叹。

不一会儿，主管朝廷议论政事的太中大夫陈炜来了。于是，有人把这件事当奇闻趣事讲给他听。陈炜听完之后，说："小时候聪明伶俐，长大以后未必就有什么大的出息。"听到这样的话，孔融马上反击："您小的时候肯定也是特别聪明伶俐的那种吧，先生。"

陈炜顿时大汗。李元礼大笑："这孩子呀，长大后就不是一般的人哪！"

不知是李元礼有意夸孩子，还是他根本就没有察觉到，除了智力超群之外，孔融的心高气傲和咄咄逼人对他未来的命运意味着什么。

在孔融即将跨入成人行列的那一年，又一桩载入史册的事发生了。这就是千百年来人们交口相传的"一门争死"的故事。

> 时融年十六，俭少之而不告。融见其有窘色，谓曰："兄虽在外，吾独不能为君主邪？"因留舍之。后事泄，国相以下，密就掩捕，俭得脱走，遂并收褒、融送狱。二人未知所坐。融曰："保纳舍藏者，融也，当坐之。"褒曰："彼来求我，非弟之过，请甘其罪。"吏问其母，母曰："家事任长，妾当其辜。"一门争死，郡县疑不能决，乃上谳之。诏书竟坐褒焉。融由是显名。（《后汉书·孔融传》）

故事的起因，是一名叫张俭的名士。

张俭，汉灵帝身边狗仗人势、为非作歹的宦官侯览的死敌，孔融哥哥孔褒的好友，朝廷追杀的钦犯。

张俭逃到孔家的时候，恰巧孔褒外出，十六岁的孔融独自在家。张俭见他年龄还小，就打算离开。见张俭面有难色，孔融就说："我哥哥虽然不在家，难道我就不能帮助你吗？"于是把张俭藏在家中。事情泄露之后，孔融与孔褒双双被捕入狱，兄弟二人都拍着胸脯信誓旦旦说是自己干的，与兄弟无关，自己愿意为这件事情承担后果，要砍头就砍我吧！郡县官拿这兄弟俩简直没有办法。当时孔融父亲三年前就已去世，于是只好请来他们的母亲。这位高贵的母亲一上公堂就把责任通通揽在自己身上，说都是自己管教不严，才让儿子犯下了包庇朝廷钦犯的大罪，如果要杀的话，就杀了老身吧。郡县官无计可施，只得把案件逐级上报，这事一下就传到了汉灵帝耳边，灵帝于是亲自裁决，朱笔一挥，下诏定了孔褒死罪。

"一门争死"，灵帝判案，轰动了朝野，也使孔融从一个神童一跃成了以身赴死的堂堂大名士。

如此"公务员"

　　中国有句话，叫"三岁看老"。从四岁让梨、十六岁让生以及"小时了了"这三件并非有意作秀的事情来看，孔融与生俱来的务虚、心高气傲、勇于牺牲而又生性耿介的书生特质，已经淋漓尽致地显露出来。

　　成了名士的孔融，仗着大圣人孔子和做过元帝老师的七世祖孔霸的光环，凭着少时的几件让天下口口相传的"豪言壮举"，加上蔡文姬父亲蔡邕的指教，自然出落成了天下第一明星。由此，举荐其到州郡做官的人纷至沓来，这对于寒门学子来说，无不是梦寐以求的事情。而此时的孔融根本不为所动。直到有一天，他老师蔡邕的好友杨赐向他扬起橄榄枝，他才去司徒（相当丞相级别）杨赐手下做了一名僚属，从此步入仕途。

　　刚参加工作的孔融，一方面对工作兢兢业业，任劳任怨，另一方面，眼睛里却容不得一粒沙子，总是看不惯当朝的种种不端，关心他的人包括他的上司杨赐也觉得无力保护他，常常为这个"惹祸包"捏把汗。

　　不久，他的耿介和虚妄终于让他知道，天下原来并非书上所说的那么讲理，朋友和上司告诫他时所说的"后果很严重"其实离他并不遥远。

　　当时有一位炙手可热的人物叫何进（本书要说到的一个重要人物何晏的爷爷，原本是一个屠夫，因为有个如花似玉的妹妹被选为皇后，遂带着一身猪骚味，节节攀升。在召董卓进京和计杀董卓的过程中，表现滑稽而悲哀），即将由河南尹升迁为大将军，杨赐派孔融拿着自己的名片去祝贺何进，孔融到达后并没有受到礼遇，甚至等了半天也不给通报，于是孔融一怒之下夺回名片撕得粉碎，打道回府。回家后他给杨赐写了一封信，辞官不干了。

　　何进跟他的僚属们知道这个事后，非常恼火，连夜请来专做人头生意的杀手，无论开价多少都行，只要能买来孔融的人头。

　　这一次孔融没死成。

　　不知是孔子后代的光环还是让梨的名气救了他，反正就在刺杀还没结果的时候，有人站出来保了他。那人对何进说，孔融这人名气太大，假如将军您要跟这个人结怨，所有的名士都会在情感上向着他离你而去。还不如就此给他礼遇，天下人都会知道您的仁义与宽厚。

12

公元185年，由于何进等人的保举，孔融当上了朝廷"侍御史"，这是一个朝廷的重要职务，协助御史大夫处理朝廷日常事务。

表面上看，孔融是因祸得福，从杨赐的僚属一步跳到了堂堂正正的"地市级"领导干部岗位。殊不知，何进及何进背后的这些操盘手，把他送上的是另一个屠宰平台。

此时，如果孔融能认真地反省一下，踏踏实实地干，万分低调地忍，少说话，多做事，凭他那样的出身、文化水平、后台靠山和年轻，说不准到曹操主政时，在曹手下混个"一曹之下，万人之上"的位置也不是不可能的。那样才能对得起含辛茹苦、守寡养他的母亲，才能对得起显赫的门庭。然而，孔融却并不这样想，他依旧按着自己的性子出牌，丝毫不为家庭和自己的前途利益着想。明知山有虎，偏向虎山行。

这样的事情不久果然发生了。上任不久，又因为不能忍让与中丞赵舍不和，实在待不下去，便又以健康为由辞职回家。《后汉书·孔融传》记载：与中丞赵舍不同，托病归家。

他这一辞职回家对他本人倒没什么，不用早起，也不用打卡，更不用忍受领导"更年期"般的言行和同事之间的尔虞我诈了。问题是：他还有母亲、老婆、孩子，他们的生活怎么过？就算家里是贵族，有良田万顷，不愁吃穿，但一个男人整天待在家里生闷气不去上班，总不是好事吧。何况他的情绪会让家里人无所适从，战战兢兢；作为家里的顶梁柱、核心，至少会使家里人觉得这种总做不好事的男人缺乏安全感，家庭的幸福指数会直线下降吧。

百无聊赖地在家摆上酒席，呼朋唤友，边喝边聊，云里雾里地谈谈哲学、文学，嘻嘻哈哈地谈谈女人，大骂社会，大骂谁谁素质差，谁谁没人格，接着就是一场大醉，一直睡到第二天傍晚才起床，起来之后又摆上酒菜，重复昨天的故事。说实话，这样的生活方式和做派，早背叛了他祖先孔子说的那一套清规戒律，还弄得自己的两个孩子也成了小酒鬼。《世说新语》里就有这样一段记载，说一天中午，酒醉的孔融躺在床上，他的两个孩子就蹲在酒坛边，偷偷地喝他们父亲的酒。一个按照当时的规矩，祷告之后再喝；另一个则没有那么多规矩，不管三七二十一舀出来就喝。正好孔融醒来，就对那个没祷告的孩子说："你怎么不祷告？"孩子回答说："本来就是偷来喝的，

孔
融

乖孩子的虚妄『杯具』

13

还要讲什么礼法呢？"这两个可怜的孩子哪里知道，摊上了这样的父亲，不仅仅把他们害成了小酒鬼，更大的"杯具"正等着他哥俩呢。

有后台，起点高的人就是不一样。孔融在家待了一段时间后，终于又有人站出来，推荐了他。这一次级别也不低，在朝廷"总理"、"国务卿"级别的司空手下做一名助理，这可是个有实权的差事。这一次的领导知道孔融的德行，怕留不住他，"在职三日，迁虎贲中郎将"。从总理衙门一个主办文案的官员，上任三天就迁调为"中央警备团团长"，这样的升迁速度，是何等令人惊讶和妒羡啊。

按说到了这样的位置上，已经是最高领导身边的人了，只要好好干，老老实实，像藏獒一样忠实，像石狮一样沉默，那么等待孔融的绝对是光辉灿烂的前程。

然而，孔融不是这样。

乖孩子却不是个好爸爸

到董卓完全架空汉献帝刘协，执掌官员废立的时候，孔融的不着调、不靠谱就更加突出。其实他完全可以像当时一些官员那样，你指鹿我不一定说是马，只要保持沉默就得了。"敌人过于强大"，我可以保存实力嘛。

> 会董卓废立，融每因对答，辄有匡正之言。以忤卓旨，转为议郎。（《后汉书·孔融传》）

因为每次与董卓对话，孔融都流露出叫董卓滚蛋，让献帝自己来主政的意思，并时常顶撞、不顺从董卓的讲话精神，于是又"被"迁调到了"议郎"——毫无实权的参谋位置上。在这个位置上，孔融仍然继续跟董卓作对。其实，按现在的价值观念来说，献帝也好，董卓也好，不管谁来做国家领导人，都是封建统治，民主、民生、民权都不可能得到，更何况让董卓来管理国家总比献帝有能力吧。

跟董卓过不去的结果是从"中央警备团团长"，变成了一个不管事的"参谋"，再从一个"参谋"变成了抗敌一线青州北海郡的县市级干部。

在北海的六年，可以说是孔融一生中家庭生活最幸福的时光。在工作上，他平定了贼寇，扶持学校，表彰好人好事，改善了百姓生活等等，并且还举荐了一批青年学子，让他们去做官。孔融一生乐于推荐学子。他曾经惺惺惜惺惺而举荐的学子祢衡，由于比他的性格还狂傲，最终也成了孔融死罪的理由之一，这是后话。工作上的成就感，地方百姓的拥戴，加之远离了朝廷那拨恶心的人，他的心情格外晴朗，由此一家人乐乐融融，煞是幸福。

然而，孔融的耿直与才华让他既得以沉浸于幸福又暗陷不幸的诅咒。这六年之中，如果孔融多搜刮些民脂民膏，多积攒点财富，在"政治中心"设个观察时局、跑官要官的"驻京办"，逢年过节或制造借口，不失时机地向得势者送上点"心意"，为今后的日子做一点打算，也许接下来他一家的悲剧也不会发生。

> 左丞祖者，称有意谋，劝融有所结纳。融知绍、操终图汉室，不欲与同，故怒而杀之。（《后汉书·孔融传》）

在曹操、袁绍的势力开始鼎盛的时候，他的一个副手劝他去拉点关系，而孔融却一怒之下把他杀掉。

公元196年，是孔融终身难以忘怀的一年。

这一年，流落在外的汉献帝回到了洛阳。皇宫已经全被烧毁，一粒粮食也没剩下，朝中官员饿得采摘桑叶充饥，有的饿得靠着城墙就死了过去，有的则被士兵杀死。

这一年，曹操带兵进入洛阳，把献帝和朝廷迁到了许昌，曹操做了一人之下万人之上的"超级司空"，真正实现了挟天子以令诸侯。

这一年，与孔融互称"孔子颜回"关系的祢衡被江夏太守黄祖斩首。

也是这一年，从春天起，敌人的部队把孔融的城池围得水泄不通，一直持续到夏天，战斗异常惨烈。

> 战士所余裁数百人，流矢雨集，戈矛内接。融隐几读书，谈笑自若。（《后汉书·孔融传》）

一向虚妄狂放的孔融却并不肯正视现实，生怕有损自己处变不惊的大名士形象，更不会到一线去督阵。当兵员只剩下几百人，攻城的箭镞像下雨一样密集而降，守军与敌军短兵相接，血肉搏杀的时候，孔融仍故作镇定，凭案读书，若无其事地谈笑风生。

终于，在一个漆黑的夜晚，随着城中的一阵喧闹，敌军攻进了城内。此时此刻，这个一生不肯正视现实的狂狷书生，才在几名亲兵的掩护下，狠心地丢下了妻子儿女，在茫茫夜色中逃出绝地。可怜他的妻子和两个儿子，只得用自己的生命为这个不争气的丈夫和父亲殉难了，她们母子三人被敌兵俘虏，全部被杀。

你孔融忠于汉室没罪，但你不顾妻子儿女的身家性命，大敌当前，还做"名士沉稳秀"，白白断送自己三位亲人的性命，能算个东西？

这个时候不知道孔融是否会心痛难过，是否会反省自己过去的一切。

事实证明，这个以智商闻名天下的傻蛋还是没有醒悟，在往后的日子，继续荒诞地做他的狂妄大梦。

只身逃过一劫的孔融，匡扶汉室，维护正统的心结不改，加之自以为是的膨胀、狂狷和耿介，就注定了他此后依然灾难重重。或许这些灾难原本就是伴随他的出生、所受的教育以及骨子里的性格基因而来的，这甚至是不可逃避的。但作为一个男人，至少应该有一点家庭责任感吧，你要杀生成仁，舍生取义没人可以阻拦，但明明知道自己这样坚持下去凶多吉少，就不要把别人的生命绑在自己顽固而愚蠢的战车上！

遗憾的是，落花流水的孔融回到许昌又娶了一位媳妇。这个女人在此后的日子里，先后为他生了两个孩子。

乖孩子的最终"杯具"

鉴于孔融的知名度，曹操不得不给孔融安排了新的工作，这一次是负责掌管皇家土木工程的"大匠"（建设部部长），在这个位置上干了一段时间之后，就提升成了九卿之列的"少府"，负责掌管皇家财产（财政部长）。这也是孔融一生最具实权，地位最高的位置。这时候是曹操的天下，孔融还依着性子出牌，自然是由不得他了。似乎，当年与董卓过不去的情形，又开始在孔融与曹操之间上演。终于有一天,孔融被调到了主管参政议政的"中太大夫"位置上。在那个军阀混战、"枪杆子里面出政权"的封建帝王时代,在那样的国体政体下,一个"参议"的位子算什么?

于是乎,孔融更加憋屈了。

> 又融为九列,不遵朝仪,秃巾微行,唐突宫掖。(《后汉书·孔融传》)

他开始倚老卖老(其实仅仅比曹操大两岁),做出一副很不得志的退居二线的老干部、老顾问的样子,故意不按规定着装,不打卡,或去了也是满身酒气,对组织纪律嗤之以鼻,对领导和同事的态度极其冷漠、敷衍。

并且,他每天在家大摆筵席,革命小酒天天醉,喝醉之后就疯疯癫癫,胡言乱语。或者把一个长相有点像他老师蔡邕的警卫员叫到身边,跟自己坐在一起,把别人当作自己的老师,胡言乱语一番。在此期间,他常说,只要"坐上客常满,樽中酒不空,吾无忧矣",真是颓废得可以。

更有甚者,在一次喝酒中他还说:"父亲对于儿子,有什么值得夸张的亲情呢?只不过是当初性欲冲动的结果。子女对于母亲,又有什么了不起呢?就像把一件东西放在瓦缸中一样,一旦拿出来就没有任何关系了。"

> 父之于子,当有何亲?论其本意,实为情欲发耳。子之于母,亦复奚为?譬如寄物缶中,出则离矣。(《后汉书·孔融传》)

就是今天的"90后"也说不出这样的话来,这与大骂自己父母几乎没有区别。

那个时代,百姓和朝廷需要的都是王祥一类的道德模范人物,这样的人物不仅能做出冬天后母想吃鱼的时候用身体去化冰取鱼,更能做出在后母生气要杀他而没有杀着的时候,把斧头递给后母,把头伸向斧头让后母解气的事情。在当时"以孝治天下"的道德、礼法背景下,这样的话无疑是犯了大忌。

这时候,年过半百的孔融,第二次婚姻的孩子尚且几岁,他却丝毫没有顾及自己的这些言行会给孩子带来什么。

至此,那个让梨、让生的孩子,那个出生于制定"忠孝仁爱"规则之家的孩子,那个要立志匡扶正统的孩子,几乎蜕化为异端魔鬼了。

如果说，你憋屈，你不满，卖卖老资格，酗酗酒，私下里胡言乱语，颓废一下，也就算了，但他却死死盯住曹操不放，非把平定天下、治理国家的曹老大惹怒不可。

让曹操忍无可忍的，具体有下面两件值得一说的事。

> 初，曹操攻屠邺城，袁氏妇子多见侵略，而操子丕私纳袁熙妻甄氏。融乃与操书，称"武王伐纣，以妲己赐周公"。操不悟，后问出何经典。对曰："以今度之，想当然耳。"（《后汉书·孔融传》）

男人爱美女，古往今来，人之本性。在破袁绍的邺城之前，曹操就听说袁绍的儿媳甄洛不但非常贤惠而且姿色了得。于是就铁了心要将这甄氏美女弄到手，邺城一破，曹操就迫不及待地要召甄洛到身边来，这时左右就告诉曹操说，甄美女已经被五官中郎将曹丕带走了。曹操一听，心里凉了半截，只得顺水推舟地说，今年我大破袁绍为的就是这小子（详情见本书"曹丕"一文）。

上面这则故事也就是今天我们所说"想当然"这个典故的前提。

这本来是一件与孔融无关的事情，但此时的孔融却坐不住了，于是连夜给曹操写了一封信，说："武王伐纣，以妲己赐周公。"曹操看了信后，对"以妲己赐周公"这个闻所未闻的典故百思不得其解，于是就问孔融这个说法的出处，孔融回答说，从而今现在眼目下的情况看，想当然是这样的。听了这样的话，曹操气得杀人之心顿生。

由于孔融的社会地位，曹操暂时忍下了这口恶气。不久之后，曹操讨伐乌桓，这时候孔融的嘴巴又痒了，又一番对曹操冷讽热嘲。这次对曹操的嘲讽，进一步坚定了曹操杀他的决心。你不好好在家待着，老子带兵征战、吃苦受累你不但没一句关心问候，天天在京城喝酒会友、奢侈享受不说，反而讥讽有加，怎不让人心寒？

人的忍耐是有限度的。公元207年，全国大旱，粮食歉收严重。为了储备粮食渡过难关，曹操颁布了《禁酒令》，而此时身为九卿之列的孔融，不但不积极响应支持，反而先后几次就禁酒事宜给曹操写了反对禁酒的公开信。

稍通人情世故的人都知道，身为九卿之列的孔融，再怎么禁酒也禁不了他吧。你只要不在朝堂之上一边喝酒一边骂人，谁管你？像他这么高的智商，只要随便动一下脑筋就能把喝酒说成为工作喝，为百姓的利益而喝，这既讨好又卖乖的事情又有何难？

然孔融就是孔融，他在致曹操的公开信中说：喝酒是最重要的礼乐仪式，你不是提倡以礼治天下吗？既然禁酒，是不是不要讲礼了？夏朝商朝，因为女人而丢了天下，为什么到现在还不禁止男婚女嫁呢？

这些话，把曹操气得难以呼吸。

公元208年，当曹操平定了北方，在南方战场全线大吉，罢免三公，自任丞相的时候；在孔融用虚妄把第一任妻子和孩子送上刑场十二年之后，斩杀孔融的事情就被提到了正式日程。

> 书奏，下狱弃市。时年五十六。妻、子皆被诛。
> 初，女年七岁，男年九岁，以其幼弱得全，寄它舍。二子方弈棋，融被收而不动。左右曰："父执而不起，何也？"答曰："安有巢毁而卵不破乎？"主人有遗肉汁，男渴而饮之。女曰："今日之祸，岂得久活，何赖知肉味乎？"兄号泣而止。或言于曹操，遂尽杀之。及收至，谓兄曰："若死者有知，得见父母，岂非至愿？"乃延颈就刑，颜色不变，莫不伤之。（《后汉书·孔融传》）

《世说新语》也有类似记载。这两种记载结合起来，可做如下解释：

孔融被杀的时候，只有五十六岁，妻子儿女都一并被杀。当时，他儿子九岁，女儿只有七岁。在他们夫妻即将被带走的时候，两个孩子显得无动于衷，若无其事地下自己的棋。有人问："爸爸妈妈被抓了，你们怎么站也不站起来一下？"孩子说："你见过覆巢之下，会有完卵的吗？"

那时，两个孩子被托付给了朋友。一天，朋友家不小心洒了肉汤在桌上，儿子因为口渴就趴下去用嘴吮吸起来，妹妹看到这里就对哥哥说："父亲惹下这么大的祸，我们还能活多久呀？你还能吃得出肉味吗？"于是男孩马上停止了吮吸，号啕大哭。曹操听说后，下令尽快杀掉。在去刑场的路上，妹妹对哥哥说："假如真有灵魂的话，我们就能够在另一个世界见到我们的父母了，那难道不是很好吗？"于是兄妹俩就刑时长长地伸着脖子，面无惊色等着下刀。

不知道这俩兄妹在另一个世界见到他们十二年前先去一步的，未曾谋面的哥哥，并谈起他们的父亲，又会有怎样的感慨。

【成语】小时了了
【拼音】xiǎo shí liǎo liǎo
【释义】指人不能因为少年时聪明而断定他日后定有作为。
【出处】南朝宋·刘义庆《世说新语·言语》："小时了了，大未必佳。"

【成语】推梨让枣
【拼音】tuī lí ràng zǎo
【释义】指对人友爱，总把好处留给别人。
【出处】《后汉书·孔融传》李贤注："又南朝梁王泰幼时，祖母集诸孙侄，散枣栗于床，群儿皆竞取，泰独不取。问之，答道：'不取，自当得赐。'"

【成语】不胫而走
【拼音】bù jìng ér zǒu
【释义】胫：小腿。走：跑。没有腿也能走。比喻自然达到某种效果。
【出处】汉·孔融《论盛孝章书》："珠玉无胫而自至者，以人好之也，况贤者之有足乎？"

【成语】想当然

【拼音】xiǎngdāngrán

【释义】凭主观推断，认为事情大概是或应该是这样。

【出处】《后汉书·孔融传》："以今度之，想当然耳。"

【成语】巢倾卵覆

【拼音】cháo qīng luǎn fù

【释义】比喻灭门之祸，无一得免。亦以喻整体被毁，其中的个别也不可能幸存。

【出处】《后汉书·孔融传》载：孔融被曹操逮捕时，有女七岁，子九岁，两人正在下棋，安坐不动。左右问父被捕为何不起，回答："安有巢毁而卵不破乎！"意指父被害，自己也不得幸免。

【成语】岁月不居

【拼音】suì yuè bù jū

【释义】居，停留。指时光流逝，不会停留。

【出处】汉·孔融《论盛孝章书》："岁月不居，时节如流，五十之年，忽焉已至。"

【成语】志大才疏

【拼音】zhì dà cái shū

【释义】疏：粗疏，薄弱。指人志向大而能力不够。

【出处】《后汉书·孔融传》："融负其高气，志在靖难，而才疏意广，迄无成功。"

【成语】弃短就长

【拼音】qì duǎn jiù cháng

【释义】谓舍弃短处而采用长处。

【出处】汉·孔融《肉刑议》："胡明德之君，远度深惟，弃短就长，不苟革其政也。"

 祢衡 咱们『粪青』悠着点

人物简介

姓名：祢衡，字正平，外号还来不及有人取
家庭出身：史书未录（以相关史料推断绝非豪族名门）
籍贯：山东临邑
生卒：公元 173-198 年
社会关系：孔融的忘年之交、杨修的好友、黄射（杀祢衡者黄祖的儿子）的偶像
社会身份：诗人、作家，"粪青"，进城务工人员
容貌：未有记载
主要作品：现存《鹦鹉赋》《吊张衡文》等

雷人言行

◎ "大儿孔文举，小儿杨德祖。余子碌碌，莫足数也。"
◎ 满朝文武的国宴上，脱得精光，赤身裸体大骂最高领袖。
◎ 领导请客，主宾未开动，抢先吃饱，吃完旁若无人用筷子不停戏玩碗里粥羹。

相关成语

不可多得 淑质英才 文不加点 忘年之交

作者评价

狂也能狂死人。
狂不是错，没教养才是你的错。
投门拜师，别走错了门！

许昌来了个"宇宙人"

公元 196 年（建安元年），皇家炫目的仪仗排场、达官贵人华丽的马车、高头大马上凶神恶煞的各色军人，在一阵又一阵的人唤马嘶中开进了河南许昌。一夜之间，许昌成了汉献帝刘协新兴的首都。紧接着，四面八方的名士学者、商人、僧侣道士沿着平坦的官道、崎岖的山路，不舍昼夜纷至沓来。尽管此时的华夏大地遍地狼烟，呐喊声中，闪着寒光的刀枪斧钺之下人头还在不断落地，但许昌却显出了少有的繁华和热闹。

祢衡，这个出生在山东临邑德平镇小祢家村的青年，千辛万苦由荆州来到了许昌。初长成人的祢衡，仗着自小颖慧，有着较好的儒学名教修养，在以老庄玄学为时髦的当时，也懂得一些玄学之道，且写得一手好文章，在他的故乡赢得了不少赞誉。一则因为逃避战乱，二者想要振翅一试自己的能力，他离开了故乡，在荆州打工漂泊了一阵。荆州，毕竟远离全国政治、文化中心，在那里祢衡没有得到自己想要的东西。这一年的秋天，从许昌不断传来的消息让祢衡彻夜难眠，于是，背负简单的行囊、怀揣斑斓的梦想，年轻的祢衡跋山涉水、一路风雨兼程来到了许昌。

在城郊结合部一间廉租房住下来之后，他上街印了名片，名片最显眼的位置当然一字不落地列罗了自己曾经发表过的作品，这些作品是他身价和学识的体现。他要凭自己的学识和才华结交有着盖世才华且已经取得地位和名望的同类。

接下来的一段时间里，他想方设法挤进各种各样的名士达人沙龙。魏晋时期的文化可谓真正的百家齐放，儒释道三教各自旗风猎猎。汉元帝时期儒家思想被确立为"治国名教"，忠君孝亲被皇权中央拟为执政之纲，与此同时，佛教也开始由胡人带到中原，其影响渐次扩大，而中国传统的道家思想，在以名教为正统的压抑下，此时显得格外活跃。于是乎，达官贵人、学者名士纷纷以豪宅、酒垆、郊野举办各种各样的文化派对，并以此结交朋党、相互吹捧、扩大影响。

> 建安初，来游许下。始达颍川，乃阴怀一刺，既而无所之适，至于刺字漫灭。（《后汉书·文苑列传·祢衡传》）

在这样一个前提下，加之许昌新为首都的欣欣向荣，祢衡似乎看到了希望。然而，一圈下来，比之于荆州，祢衡更加失望，在他眼里，根本就没有一个能看上眼的，既然看不上眼，名片也就更不想发出去。"既而无所之适，至于刺字漫灭"，意思是说，到最后名片上的字迹在衣兜里都被磨得模糊了，也没能发出一张。

> 是时，许都新建，贤士大夫，四方来集。或问衡曰："盍从陈长文、司马伯达乎？"对曰："吾焉能从屠沽酒耶！"又问："荀文若、赵稚长云何？"衡曰："文若可借面吊丧，稚长可使监厨请客。"（《后汉书·文苑列传·祢衡传》）

壮志难酬的祢衡，心里郁闷到了极点。此时有人告诉祢衡，让他去拜访曹操的僚属陈群和司马朗，祢衡一听就火了："我怎么能跟杀猪卖酒的人在一起呢！"此后又有人让他去参拜尚书令荀彧和荡寇将军赵稚长，他回答说："荀某白长了一副好相貌，如果吊丧，可借他的面孔用一下；赵某是酒囊饭袋，只好叫他去监厨请客。"

要知道，此时的陈群虽只是曹操手下僚属（相当于地司级），但出身名门，才德兼备，呼声很高。其祖父陈寔、父亲陈纪、叔父陈谌都是汉末鼎鼎大名的名士官僚。到曹丕时代，陈群甚至做到了尚书令、司空等类似国务总理的官职，且封了侯。先后为曹操、曹丕两代政权执掌者的托孤重臣；司马朗是司马懿的同胞兄弟，当时职位虽也只跟陈群一样，但却是好学有才，品行端正，深得百姓爱戴的好官；荀彧，从祖父开始，世代名士官僚，被称为"王佐之才"，是曹操手下的首席谋士和功臣，尤其在曹操统一北方的战争中战功赫赫；至于荡寇将军赵稚长，大名叫赵融，字稚长，是当年汉灵帝为削大将军何进兵权，设立的类似袁世凯小站练兵的军官培育组织——西园八校尉中的一员，这个组织中有著名的曹操、袁绍等人，在那个战火纷飞的年代，从荡寇将军一职与赵融当年的同事看，想来赵也并非酒囊饭袋。但这些优秀的名士重臣在祢衡看来，是那样地不足挂齿。

如果此时，他能听进好心人的话，去参拜以上任何一位，而不是少小出名成年虚妄的败家子孔融以及耍小聪明被砍脑袋的杨修，或许他的未来会是另一番景象。正所谓，近朱者赤近墨者黑。当然，孔融、杨修也不是墨者，而是狂者。"粪青"一旦跟死不稳重的"老粪青"、"老疯子"搅在一起，其后果自然会更加严重。

疯子拜见神经病

其时，孔融正从北海惨败而归，一妻两子皆被敌寇掳去屠杀，曹操并没有怪罪只身回到许昌的孔融，鉴于许昌新为国都，有大量工程上马，就让他负责当时除带兵冲锋之外最重要的城市建设工作，坐上了"大匠"——这个相当于今天建设部长的位置上。此时的孔融尚未娶到新的老婆，鳏夫一个，八小时之外，几乎都在家大搞"酗酒"派对。

祢衡与孔融的初次见面，也非常另类。一天深夜，派对结束，朋友散尽，基本喝高的孔融坐在灯下昏昏欲睡，忽见一少年大摇大摆进来，径自取酒斟满酒杯，把杯送到孔融鼻下，一比画，咕咚一声，整整一大杯就倒进肚里，然后打出一个异常响亮而悠长的酒嗝。直到这时，孔融才睁开醉眼，看清祢衡，于是也斟上满满一杯，举起来在祢衡眼前一比画，也是咕咚一声就下去了，且喝的速度更快，喝的声音更加响亮短促。

这一年，孔融四十三岁，祢衡二十三岁，爷儿俩就这样没有半句对白，你一杯我一杯，从此成为"忘年之交"。

> 既而与衡更相赞扬。衡谓融曰："仲尼不死。"融答曰："颜回复生。"（《后汉书·孔融传》）

此后祢衡就成了孔融家的座上客，天天陪着鳏居的孔融"酗酒"。一天夜里，两人边喝边聊，从《诗经》谈到《离骚》，从美女扯到政治，聊到兴致最高时，祢衡竟激动地说："先生，您真是孔夫子未死啊！"听到祢衡的话，孔融受用至极，大笑着回答道："你也是颜回复生嘛！"谁也不曾想到，这俩狂之言，后来竟成了孔融三条死罪中的一条。

一生钟爱推举后学的孔融，面对比自己还狂的祢衡，甚是满意，于是铁下心来要帮祢衡。"造星计划"的第一步，就是利用自己的影响在家里不断举办各种派对，而在孔融的来宾中，祢衡也只认为杨修的水平才值得交往。但是孔融不管这些，为达到推出祢衡的目的，他广泛邀请在京名流，且每次活动开始之前就让祢衡闪亮登场，隆重推出，一个劲儿猛吹祢衡的才华学识、能力。久而久之，京城上下莫不知道山东来了一位白衣少年祢衡，不仅有栋梁之才，而且"上知天文地理，下知鸡毛蒜皮"。仅仅有民间的呼声还不够，民间呼声在当时相当于现今的网络，即使下面天翻地覆，只要上面不说话、不表态，闹也白闹，还是上不了台面，成不了正果。孔融要的就是让祢衡修成正果，在中央捞个一官半职。

说干就干，这位口才和文章都闻名天下的孔子第二十世孙，下笔凝神：

> 臣闻洪水横流，帝思俾义，旁求四方，以招贤俊。昔孝武继统，将弘祖业，畴咨熙载，群士响臻。陛下睿圣，纂承基绪，遭遇厄运，劳谦日昃。惟岳降神，异人并出。窃见处士平原祢衡，年二十四，字正平，淑质贞亮，英才卓砾。初涉艺文，升堂睹奥，目所一见，辄诵于口，耳所暂闻，不忘于心。性与道合，思若有神。弘羊潜计，安世默识，以衡准之，诚不足怪。忠果正直，志怀霜雪，见善若惊，疾恶如仇，任座抗行，史鱼厉节，殆无以过也。鸷鸟累百，不如一鹗。使衡立朝，必有可观。飞辩骋辞，溢气坌涌，解疑释结，临敌有馀。昔贾谊求试属国，诡系单于；终军欲以长缨，牵致劲越。弱冠慷慨，前世美之。近日路粹、严象，亦用异才，擢拜台郎，衡宜与为比。如得龙跃天衢，振翼云汉，扬声紫微，垂光虹蜺，足以昭近署之多士，增四门之穆穆。钧天广乐，必有奇丽之观；帝室皇居，必蓄非常之宝。若衡等辈，不可多得。《激楚》、《杨阿》，至妙之容，台牧者之所贪；飞兔、騕裛，绝足奔放，良、乐之所急。臣等区区，敢不以闻。陛下笃慎取士，必须效试。乞令衡以褐衣召见，必无可

26

观采，臣等受面欺之罪。（《后汉书·祢衡传》）

在这篇以现代句读标注过的推荐信中，通篇充斥言过其实的溢美之词，笔者用 Word 做了一下字数统计，满打满算不过 400 多字的文章，其间"忠果正直，志怀霜雪。见善若惊，疾恶若仇"、"飞辩骋辞，溢气坌涌，解疑释结，临敌有余"、"非常之宝"、"不可多得"等句子竟占了大半。

在祢衡的大名如雷贯耳之后，曹操又接到孔融这样的一封推荐信，这个以爱才用才彪炳后世的大英雄再也坐不住了，于是派出手下去请祢衡，差役一去，祢衡不但以病为由给推辞了，还骂骂咧咧，作强烈鄙视状。鄙视归鄙视，人才是人才，曹操谙识名士受聘出山的心理，于是一摆手对手下差役说："继续请！"手下就这样在一段日子里反反复复跑祢衡的住处，以一人之下万人之上的曹操名义请祢衡与曹操相见。去的次数越多，祢衡的狂病发作得越是厉害，最后甚至把差役赶出了家门。

祢衡如此对待曹操的盛情，无非是两种思想在作祟，无法从中跳出来罢了：一是正统儒家思想，认为天下只能是刘氏天下才算正统，曹操挟持献帝到许昌，挟天子以令诸侯是大逆不道；另一种是深中了道家隐逸之毒，认为自己是得道高人，不是自己看得顺眼的人压根不愿出山相助。

见祢衡如此张狂无礼，曹操的态度也开始发生变化，由最初的理解与宽容到后来暗自生气。生气之后的曹操，一道令下，要召祢衡为军乐队中击鼓的鼓手。

对"粪青"来讲，一般都有点"二傻"，把他当名士，诚邀共商国是，数次相请，他玩拽；一纸诏令下来，让他当乐手，他竟然接受了。你既然那么恨曹操，还来许昌干什么？你的目的不就是扬名立万，实现个人价值吗？如果看不起曹操，对他恨之入骨，你应该去投靠别的英雄麾下呀。此时的天下正是群雄四起的时期，除曹操占据许昌、兖、豫等地之外，袁绍占据冀、青、并三州，韩遂、马腾占据凉州，公孙瓒占据幽州，公孙度占据辽东，陶谦、刘备、吕布先后占据徐州，袁术占据扬州的淮南部分，刘表占据荆州，刘璋占据益州，孙策占据扬州的江东部分，士燮占据交州。以你祢衡自以为是的能力，与任何一位军阀整合资源，难道还愁不能实现双赢？

祢衡如此张狂憨傻，跟他的老师孔融是有极大关系的。孔融这个败家子，一生虚妄张狂，断送了两任老婆孩子不算，还非搭上个祢衡。在祢衡命运的十字路口，不但不帮他认清形势、理顺思路、更新观念，还一味怂恿他玩个性。特别是在做军乐队鼓手这件事情上，按照祢衡的德行，会出现什么状况，你孔融难道还不洞若观火？这时候你孔融如果让你的学生脚底抹油一溜了之，不就万事大吉了。对于孔融白纸黑字说出来的"不可多得"、"非常之宝"，去乐队当鼓手，你这夸他的老师脸往哪搁，这不是师生二人都掉价了？就算祢衡有下面的打算，想跟曹操硬碰硬斗一下，那不是鸡蛋碰钻石吗？

团拜会上的裸体秀

　　闻衡善击鼓，乃召为鼓史，因大会宾客，阅试音节。诸史过者，皆令脱其故衣，更着岑牟、单绞之服。次至衡，衡方为《渔阳》参挝，蹀躞而前，容态有异，声节悲壮，听者莫不慷慨。衡进至操前而止，吏呵之曰："鼓史何不改装，而轻敢进乎？"衡曰："诺。"于是先解袒衣，次释馀服，裸身而立，徐取岑牟、单绞而着之，毕，复参挝而去，颜色不怍。（《后汉书·祢衡传》）

　　祢衡进到军乐团不久，这一年的团拜会到了。百官群臣莫不欢欣鼓舞雀跃而至，曹操亲自主持大会。此类会议的议程，除领导讲话致辞外，开宴之前照例有文艺节目演出，皇家军乐队也得接受与会高官达人的检阅。轮到军乐队上场的时候，只听春雷般一阵鼓声，身着鲜艳服饰的鼓队从斜刺里敲着威风鼓一溜开到了前场，这其中，有一个人显得特别显眼，整齐簇新的队列里，他穿一身日常便衣，极不配合地跟在中间，与整个鼓队有着巨大反差。一时间，所有的目光刷地一下全被他抢了过去。国家大典，生出这等蓄意破坏演出效果的乱子，那还得了？所有人看了台上那人，又把担忧惊恐的目光齐刷刷投向曹操，这么大型的国事活动，惹恼最高领袖，如何是好？

　　那便衣鼓手却若无其事，向前跨出一步，凝神静气，一双鼓槌一举，一支《渔阳》鼓曲宛如烟雨迷雾刹那自天际弥漫开来，便衣鼓手神色哀伤而愤

28

澺，鼓点声声透出悲壮，一曲下来，与会人员莫不受其影染，感慨万端。

便衣鼓手径直走到前排中央的曹操面前，停了下来，睁着双眼看着曹操。此时舞台总监和台下的安保人员早已按捺不住，大声呵斥道："大胆鼓手，为何不换演出服装？还竟敢靠近领袖？"祢衡应了一声："好的。"于是双腿叉开挺立在曹操面前，先脱外衣，再脱内衣，接下来又将外裤内裤一并脱去，扔出老远。此时，现场变得一片混乱，台下的数百王公大臣早已一片哗然，纷纷站立起来，抬起袖子揉完眼睛，重新审视眼前的一切。但见，祢衡赤条条站在曹操面前，一动不动。卫兵、工作人员顿时傻了，不知道该怎么办。只见祢衡慢慢蹲下身去，从随身的包里拿出鼓手的表演服装，不慌不忙地穿上。穿戴完毕，整了整衣冠，又是一通鼓曲表演之后，才若无其事地退出表演场。

"哈哈哈哈……本想羞辱一下这小子，没想到反而被他给羞辱了。哈哈……"一直默不作声的曹操，终于开口了。与会达人看到这里悬着的心放了下来，曹操并没迁怒别人。

在现场从头到尾亲历这场让人巨汗表演的孔融自己也觉得祢衡过了。演出结束后，待曹操稍稍缓过神来，便借机靠近曹操，为祢衡打圆场，替他求情。曹操似乎并没怎么在意刚才发生的一切。

团拜会一结束，孔融就匆匆赶回，数落了祢衡一顿，也顺便说了曹操对祢衡的诚意。看到老师的态度，祢衡答应第二天去给曹操赔罪。于是孔融连夜再次拜见曹操，说祢衡得了狂病，当时无法自已，他请求明天亲自来向您谢罪。曹操一听，非常高兴。同样出生贫下中农，以唯才是举闻名天下的曹操，此时对祢衡这个进城打工求职的乡下孩子，还在抱着归顺的最后幻想。当即传下令去，让守门人明儿一早起，凡有人拜见，务必认真接待，不得延误通报。

第二天，曹操一早就坐在迎宾大堂，等候祢衡的到来。从旭日东升，到日上三竿，始终未有祢衡的消息，曹操不禁在厅堂踱起步来。直到日头偏西，正当曹操寻思祢衡可能不会来了的时候，有门卫来报，说大门外面有一青年，穿着白色普通单衣、缠着一条半旧头巾，手拿三尺长的大木棒，坐在地上，用大木棒一边捶地一面对着门内，点着曹操的名字大骂。

曹操一听顿时怒火中烧："祢衡这小子，敬酒不吃吃罚酒，我杀他就像杀一只麻雀老鼠！"说完之后，又转念一想，召集亲近僚属商议道："祢衡这个人一向有些虚名，如果我杀了他，远近的人会认为我曹操小肚鸡肠，俗话说，惹不起，躲得起。大家看看，能不能把他送给刘表？"在场人等早已是一腔愤怒，无不高声附和。

坟茔和尸体间的告别

不管曹操如何残忍，如何杀人如麻，从另一面来说，他终究是写出"对酒当歌，人生几何？譬如朝露，去日苦多"和"白骨露于野，千里无鸡鸣。生民百遗一，念之断人肠"等千古名篇的诗人作家。在对待作家的态度上，他似乎更愿意用诗人作家的方式来处理。

长亭外，古道边，芳草碧连天。许昌城南，锣鼓喧天、彩旗招展，一场由国务院总理曹操亲自发起的，"欢送青年作家祢衡赴荆州挂职仪式"摆开了。让曹操没料到的是，由于自己的日理万机，不能亲赴现场，致使欢送仪式中间又生出令人不快的情节。

数百奉命在许昌城郊欢送祢衡的名士、官僚、达人其实早看不惯祢衡的言行，要不是曹操的命令，谁也不愿意来给这位狂士饯行。一到现场，就有人私下传出话来："祢衡这小子，向来目中无人，狂傲无礼，实在让人恶心，一会儿他来了，咱们大家坐的坐，躺的躺，谁都不给他好脸色才行！"话就这样在人们的心领神会之间悄悄传了开去。骑在马上的祢衡，带着大骂曹操告捷的老子天下第一的情绪，春风得意马蹄疾，快马加鞭来到城郊欢送现场。他万万没有料到的是，数百送行人员看到他的到来，竟无一人按照当时送行的礼节起身敬酒、吟诵送别之辞。大家坐的坐、躺的躺，一派若无其事的样子。带着骂曹胜利心情的祢衡，本来是要好好享用一番曹操为自己安排的精神大餐的，他甚至在心里反复推敲了答谢词，对着镜子练习了每一句话所用的表情手势。看到眼前的一切，祢衡满腔激情犹如被消防车喷上了泡沫，不但无法燃烧，甚至连呼吸的可能也没有了。

祢衡毕竟是祢衡，有着非同一般的才情。于是他滚鞍下马，两腿长伸，

双手捶地，泪飞倾盆，失声号哭，哭得在场的人等面面相觑，不知其所以然。这时，有憨厚之辈上前问话："先生，有什么事情这么悲伤呢？快起来吧！"此问正中祢衡下怀，他要的就是有人发问。他迅速抓住这一时机大声回答说："坐着的都是坟茔，躺着的都是尸体，我一不小心走了进来，面对这么大的一片坟茔和尸体，难道能不悲伤吗？"

一场高规格的赞颂伟大、祝福吉祥的欢送活动，竟在"坟茔"与"尸体"的晦气中结束，这种晦气竟在两年之后成了祢大才子的谶语。

好一只鹦鹉

祢衡的名字，早在其认识孔融之后就从孔败家子家的客厅派对上不胫而走，接下来孔融《荐祢衡表》里"忠果正直，志怀霜雪。见善若惊，疾恶若仇"、"飞辩骋辞，溢气坌涌，解疑释结，临敌有余"、"非常之宝"、"不可多得"的句子也传到了荆州。此后，团拜会上裸体秀，大木槌迎门捶地骂曹和欢送会上种种轶闻都传到荆州。在人们口口相传、书信往来、政府文件之间，祢衡显然一跃成了华夏大地上最当红的天王级明星。

天王明星祢衡要来荆州工作的消息，一夜之间传遍了荆州，人们奔走相告，为自己的城市拥有这样的明星而倍感自豪。以荆州一号人物刘表为首的士大夫粉丝团，用最高待遇欢迎祢衡的到来。中央政府乐队里的一名鼓手，终于在荆州找到了自己的感觉，无论文件起草还是大小政事商议，没有祢衡的参与或表态刘表是绝对不会定下来的。

刘表何许人也？雄踞荆州（今湖南、湖北两省）的大军阀，与曹操、袁绍等齐名的实力派人物。一次，祢衡有事外出，恰好有一篇上报中央政府的文件需要起草，等祢衡回来显然来不及了，无奈之下，刘表只好亲自与手下原有的一班子文人，你一言我一语搜肠刮肚地拼凑着文件句子，群策群力一番挑灯夜战穷尽文墨之后，奏章大功告成。这时祢衡恰好从外面回来，刘表如遇救星又有点得意地请祢衡看看。哪知祢衡瞄了几行之后，当着熬了个通宵的大伙的面，刷刷刷将文件撕得粉碎，狠狠地将纸屑扔在地上，并踏上几脚，嘴里说："这也叫奏章？太不严谨了，臭！臭！臭！"

看到祢衡如此愤慨的样子，刚才还有些沾沾自喜于自己多少有点文采的刘表顿时失望至极，脸上显出在下属面前从未有过的不安。祢衡于是要来笔纸，重新起草，只一会儿就写好了，刘表拿起一看，无论语言、逻辑还是深度都非常棒。先前沮丧和不安的刘表转而大喜，从此便更加器重祢衡。

面对刘表这样一位拥兵百万，雄踞一方，阅人无数的老大，祢衡照样恶习不改，更不讲方式方法，多次让刘表感到难堪。刘表对祢衡，也渐渐由撕毁奏章重新起草时的高兴，转而变得难以接受，最终再也无法容忍下去。你小子有才气有能力，但做派实在令人恼火，你大概没尝过给别人当秘书是什么滋味吧，送你去磨炼磨炼你就知道锅是铁铸的了。反复权衡后，刘表一纸介绍信把祢衡送到了江夏太守黄祖那里。

当时间的年轮顺转一千八百转之后，在夏季平均气温不足二十四摄氏度的西南一隅贵阳，一位以阅读为生的佯狂混混在翻阅汉末魏晋那段历史的时候，与祢衡不期而遇。此时，他想起了自己生活在黔东湘西大山深处目不识丁的母亲常说的一句话，"猴尖不会解索，人尖不知死活"，用书面普通话翻译过来的意思是：再伶俐的猴也不知道要解开套在自己脖子上的绳索才会真正获得自由，智商再高的人也往往不知道自己面临的死亡。

祢衡，这位来自山东临邑德平镇小祢家村的农村青年，这位貌似藐视一切权威、权势的狂士，似乎就像一只不知道解开自己脖子上绳索的让人牵着四处耍的猴，即使头破血流，也舍不得放弃通向功名实现抱负的途径——充满险恶的官场。

黄祖，刘表手下的一流虎将，没多少文化，性情耿介暴躁，曾在汉献帝初平三年（192）对东吴的战争中射死过吴国奠基人孙坚（孙权父亲），因此在刘表手下，堪称战功卓著，也由此成了东吴孙权的死敌。

面对刘表给自己送来的一位才华出众的文书，黄祖很是高兴，于是对祢衡优待有加。

狂妄的祢衡还真是一位先进工作者，真正能上能下，任劳任怨，从大军区司令员的贴身文书降为一个军长的秘书，仍然无怨无悔，在替黄祖处理文案方面的工作中，兢兢业业，有条不紊，处理得恰到好处，凸显出良好的职业素养。在起草文件信函的时候，武夫出生的黄祖时常是茶壶里煮饺子有货倒不出，祢衡就按照自己的理解把文章写了出来，然后读给黄祖听，黄祖听完后，常常激动不已，屡屡拉着祢衡的手说："先生啊，您真是太了不起啦！简直就和我心中要说的话一模一样，您是怎么知道的呢？"

黄祖的长子叫黄射，已经工作了，与黄祖的官职一样，在章陵做太守，对祢衡非常崇拜。一次，黄射与祢衡一起外出郊游，两人一起见到一块由大文豪蔡邕所作的碑文。黄射很喜欢碑上的文辞，回到家后，老是遗憾自己没能当场抄写下来。祢衡说："我虽然只看了一遍，现在还能记得，唯独其中残缺的两个字无法看清。"于是，当场默写下来，黄射不信祢衡会记得这么清楚，又亲自跑了一趟誊抄一遍，回到家中与祢衡默写的进行比较，竟然一字不差，由是更加佩服祢衡，从此成了祢衡的钻石级粉丝。

在江夏的日子，祢衡常常在一帮粉丝仰视的目光中侃侃而谈，经常说的话题当然是自己在首都如何如何牛 x，如何如何大骂曹操及戏弄其手下一拨蠢货云云。当有人问及他在京城有何朋友的时候，他总回答："大儿孔文举，小儿杨德祖。余子碌碌，莫足数也。"意思是说，瞧得起的、有水平的男人第一是孔融，第二是杨修，至于别的都是些碌碌无为的家伙，不想跟他们啰唆。

祢衡在黄祖手下的日子，除了工作之外，几乎每天都是"周末嘉年华"。一天，黄射宴请宾客，恰好有朋友送一只鹦鹉给黄射，黄射把鹦鹉捧到祢衡面前说："希望先生您以这只鹦鹉为题，作一首辞赋，让朋友们开心开心吧！"于是，祢衡揽笔而作：

> 惟西域之灵鸟兮，挺自然之奇姿。体全精之妙质兮，合火德之明辉。性辩慧而能言兮，才聪明以识机。故其嬉游高峻，栖跱幽深。飞不妄集，翔必择林。绀趾丹嘴，绿衣翠矜。采采丽容，咬咬好音。
> ……

全文四百余字，一气呵成，无一处圈点改动。文中以鹦鹉的奇美，暗示自己志向的高超和才智的出众，末了以美丽高洁的鹦鹉身陷鸟笼却时时"想昆山之高岳，思邓林之扶疏"，暗衬自己耿耿于怀的有志难酬有才无时的愤懑情怀。祢衡搁笔下来，全场掌声雷动。

应该感谢黄射，他的请求使祢衡的名字不仅仅以狂徒的身份出现在今人面前。

并非美食惹的祸

十月朝黄祖，在艨冲舟上，宾客皆会，作黍臛。既至，先在衡前，衡得便饱食，初不顾左右。既毕，复搏弄以戏。时江夏有张伯云亦在座，调之曰："礼教云何而食此？"正平不答，弄黍如故。祖曰："处士不当答之也？"衡谓祖曰："君子宁闻车前马屁？"祖呵之衡，熟视祖，骂曰："死锻锡公！"祖大怒，令五伯将出，欲杖之，而骂不止，遂令绞杀。黄射来救，无所复及，凄怆流涕曰："此有异才。曹操及刘荆州不杀，大人奈何杀之？"祖曰："人骂汝父作锻锡公，奈何不杀？"（《太平御览·卷八百三十三·资产部十三·锻·祢衡传》）

公元198年一个秋高气爽的日子，黄祖率祢衡、黄射在大型快速战舰上宴请朋友，一时间江夏地区的达官贵人齐聚舰上。宾主在甲板上，赏云看水，天水相间，一碧如洗，人人显得兴高采烈，殊不知，接下里的时间，鲜血就在他们脚下的甲板上浸染开来。

席间吃的是一道叫"黍臛（huò）"的小米肉羹，这是一道过节才有的美食。宾主就座后，服务员将香喷喷的小米肉羹一一呈上。估计是所处位置距离服务员较近的原因，第一个得到肉羹的是祢衡。此时，主人黄祖和嘉宾面前尚未盛上，祢衡根本没有一点推让或呈送嘉宾及主人的意思，端起碗目不斜视地就喝开了，弄得众人面面相觑。祢衡一气吃饱之后，桌上的宾主刚刚得到肉羹，一番礼仪之后才开始慢慢品尝享用。此时的祢衡不知是哪股神经犯了，竟像孩子一样，用筷子不停地拨弄戏玩碗里未喝干净的汤羹。席间有一位叫张伯云的江夏达人实在看不下去了，就问祢衡："礼教有教人这样吃东西的吗？"祢衡既不看他，也不回答，依旧拨弄不停。从祢衡不讲礼节独自先吃到现在为止，见自己请来的嘉宾遭到秘书祢衡如此轻视，黄祖强压怒火，低声下气地对祢衡说："先生，你怎么不跟人说话呢？"祢衡回答说："君子难道愿闻拉车的马放的屁吗？"黄祖终于发怒了，就呵斥了祢衡几句。祢衡一听，眼睛长时间怒视着黄祖，并骂道："死老东西，少啰唆！"黄祖忍无可忍，命令士兵拉祢衡下去打，哪知祢衡非但没有表示认错求情，反而骂得更凶。黄祖一怒之下，命士兵拉出去砍了。

黄祖手下原来的主簿（秘书）本来就痛恨祢衡，听到命令按捺不住高兴，以最快的速度执行了。钻石级粉丝黄射当时估计是在另外的船上，得知消息后光着脚来救祢衡，却只看到了祢衡的尸体和鲜血。黄射声泪俱下地说："父亲，这样有才的一个人，曹操和刘表都没有杀他，你什么就一定要这样呢？"黄祖说："他骂我死老东西，我没办法不杀他！"

祢衡，这个二十五岁的生命就这样结束了。

不知道他远在山东乡下的父母，在那个通信不便的年代，是何时才得到他的死讯的。

【成语】不可多得
【拼音】bù kě duō dé
【释义】得：得到；获得。形容非常稀少，很难得到（多指人才或稀有物品）。
【出处】汉·王充《论衡·超奇篇》："譬珠玉不可多得，以其珍也。"后孔融在《荐祢衡表》中说祢衡是不可多得的人才。

【成语】淑质英才
【拼音】shū zhì yīng cái
【释义】淑：善良。英：非凡。善良的品质，非凡的才能。
【出处】字正平，淑质贞亮，英才卓砾。（《后汉书·祢衡传》）

【成语】文不加点
【拼音】wén bù jiā diǎn
【释义】点：涂上一点，表示删去，改动、修改的意思。文章一气呵成，无须修改。形容文思敏捷，写作技巧纯熟。指做文章水平极高，写文章一气呵成，无须修改。
【出处】"文不加点"最早见于萧统《祢衡〈鹦鹉赋〉序》："衡因为赋，笔不停辍，文不加点。"

【成语】忘年之交

【拼音】wàng nián zhī jiáo

【释义】忘年：指不拘年岁、辈分年龄不相当的人所结成的深厚友谊。

【出处】《后汉书·祢衡传》："衡始弱冠，而融年四十，遂与为交友。"《南史·何逊传》："弱冠州举秀才，南乡范云见其对策，大相称赏，因结忘年交。"

祢衡 咱们『粪青』悠着点

王祥 雷人孝子与干部楷模

人物简介

姓名：王祥，字休徵，外号无
家庭出身：门阀之家
籍贯：山东琅琊
生卒：公元185-269年
社会关系：汉朝谏议大夫王吉的后人，青州刺史王仁的孙子。王戎、王羲之的先人。何曾、郑冲、何晏、阮籍等人的同事
社会身份：可怜虫、著名孝子、高官
容貌：未有记载
主要作品：无

雷人言行

◎适逢天寒地冻，后母想吃鲜鱼汤，用解衣卧冰法捕鱼。
◎后母用斧头想砍死他，未中，王祥怕后母不解气，主动用头迎上去。
◎后母让他看守李子，见风雨打落果实，一边大哭一边抱着李树不让它摇晃。
◎六十岁才参加革命工作（不错！比姜太公提早二十年）。

相关成语

卧冰求鲤　冻浦鱼惊

作者评价

榜样是这样炼成的。
好人好报，"模范"的泪不会白流！

六十岁，终于参加革命啦

公元 244 年，鼎立三国的纪年分别是：曹魏正始五年、蜀汉延熙七年、孙吴赤乌七年。

这一年，曹魏大将军曹爽欲立威名于天下，采用邓飏等人的建议，出兵伐蜀，司马懿劝阻无效，损失惨重；八月，曹魏毌丘俭大军步骑万人攻入高句丽境内；在孙吴，陆逊继顾雍之后任丞相。

> 徐州刺史吕虔檄为别驾，祥年垂耳顺，固辞不受。览劝之，为具车牛，祥乃应召，虔委以州事。（《晋书·王祥传》）

这一年，适年六旬，少小就因"卧冰求鲤"闻名乡里的孝子——王祥，在家中接到了参加革命工作的通知书。与通知书一起到达的还有当时的徐州刺史吕虔一行。吕虔此行的目的，是专程上门邀请王祥这个六十岁的老头到自己手下工作的，他给王祥的职位是别驾从侍（相当于现今的省长助理）。

刺史吕虔的到来，使王祥百感交集。一方面，几十年如一日默默承受后母恶毒刁难，忍辱负重恪尽孝心，终于得到官方高层的认可；另一方面，不知不觉自己已经六十岁了，耳顺之年的自己出去还能做些什么呢？就算挂个虚职，过一把成功男人呼风唤雨的干瘾，难道还要抛开绕膝的儿孙，把老骨头丢在远离亲人的异乡？王祥伤心地哭了起来，老泪纵横。

"老了！现在老了，哪也不去了！"他说。

看着王祥伤心的样子，弟弟王览说不出话来。是啊，这么多年来，哥哥太不容易了，现在政府高层终于知道了他的事迹，但现在他老了。

王览劝说他，并且默默地为王祥套好牛车，装备好洗漱用具和出行的一切。

款待吕虔的宴席结束之后，王览把哥哥拉进房间，一声不响强行给哥哥换上了吕虔带来的官服，把他推到了吕虔面前。

至此，魏晋历史上以六十高龄参加革命工作的纪录产生了。

徐州刺史吕虔，为中国历史送上了一名清官、好官和当时为数稀罕的高龄官员。

衙门里来了个六十岁新参加工作的同事，所有的官员都哭笑不得，而这个同事却是刺史大人亲自辟举（征召荐举）请来的，一个个只得装出若无其事的样子与他应付。看他对待工作的样子，纯粹是处理庄稼、牲畜和家长里短的方式，这个样子让同僚私下里常常忍俊不禁，大家免不了为刺史大人捏了把汗。

而这个迂腐的据说是大孝子的乡下老头，在紧接下来的日子里，所做的事情却差点让人惊诧得跌落眼镜。

乡下老头王祥的主要工作是协助刺史吕虔处理好地方的社会治安。此时正是三国鼎立、兵荒马乱，有枪便是草头王的年代，徐州境内到处都是强盗，打家劫舍，"两抢一盗"犯罪十分严重，老百姓人心惶惶。

> 于时寇盗充斥，祥率励兵士，频讨破之。州界清静，政化大行。

（《晋书·王祥传》）

王祥负责治安工作之后，立即投入到走访百姓、摸底调查的工作中，另一方面，大力整顿政法队伍，大抓"警察"和"地方武警部队"的战斗力，勉励士兵好好工作，当好"人民的钢铁卫士"。一旦得到大股土匪和黑社会武装确切的行动计划，他往往不顾自己的年迈之躯，亲自带领广大"武警战士和公安干警"突袭一线，那些盗匪和黑社会本是一群乌合之众，此前只不过因与个别腐败分子内外勾结或主管官员不作为而愈演愈烈，现在遇到王祥治下的政府力量，哪里抵挡得过？于是乎，王祥屡战屡胜，徐州境内的治安状况迅速得到扭转。他的州郡之内和谐清静，政令畅通，教化施行。

中国的百姓从来都是容易满足的，靠他们血汗养活的官员一旦做一点像样的分内之事，他们就会感激流涕。治安环境的改善，让王祥治下的百姓喜不自禁，他们自发编出歌谣，感谢这位刚参加革命的老人："海沂之康，实赖王祥。邦国不空，别驾之功。"

在科举未开之前的魏晋，非王公大臣子弟者，做官的渠道只能有两种：一种叫察举，另一种叫征辟。

察举又叫荐举，是三公九卿、地方郡国守相等高级官员根据考察，把所谓品德高尚、才干出众的平民或下级官吏推荐给朝廷，授予他们官职或提高其官位。

征召和辟举合称征辟，具体来说是由皇帝直接聘请做官称为"征"，由官府聘请任职叫"辟"。前者多是一些德高望重、学识渊博、闻名于世的人，后者则主要是由长官自行聘请的僚属。

而此时的王祥纵然有超级孝子的声名，却也仅仅属于吕虔辟举的僚属，还算不上是朝廷的命官。

在徐州治安工作中的突出表现，使吕虔下定了决心要将王祥从"事业编制"转为"国家正式公务员"。而这样的转正并非容易的事情，需要有过硬的理由。这事，还得挖掘王祥对恶毒后母尽孝的"先进事迹"。

写到此处，笔者似乎已经明白，王祥少年时的"剖冰求鲤"到后来为何就变成"卧冰求鲤"的原因了。

在徐州别驾的位置上，六十有余的乡下老头王祥，得到了咸鱼大翻身的机会。鉴于民间口口相传的曾经"卧冰求鲤"的孝行和在徐州的政绩，他被朝廷正式察举为秀才。身份由此转为国家正式公务员，因此也离开了徐州吕虔，官位节节攀升，几年之内升迁为主管税收、财政的大司农。

到高贵乡公曹髦即位之后，又一次因他在管理国家大事上的策略和劳苦，被封为关内侯，拜为光禄勋，转任司隶校尉（监督全国官员的监察官）。

三国时期的政权斗争，就像夏天的雨，谁也说不清楚。公元255年正月，毌丘俭与曹爽邑人、扬州刺史前将军文钦举兵于寿春，讨伐司马师，企图颠覆现有政权。在司马师大军打击下，毌丘俭兵败，被诛三族。这场战争中，年逾古稀的王祥也走上了平叛的战斗前沿。鉴于他在战争中不顾年迈，一不怕苦、二不怕死的精神，战争结束后，王祥受到了加薪四百石，和受封侯爵的表彰（万岁亭侯）。

此时的王祥，经过十年官场的磨炼，再也不是当初那个只懂得孝顺母亲和侍弄庄稼家畜的农村老头，而是一位风度超然，德高望重的高龄高官了。

从讨毌丘俭，增邑四百户，迁太常，封万岁亭侯。天子幸太学，命祥为三老。祥南面几杖，以师道自居。天子北面乞言，祥陈明王圣帝君臣政化之要以训之，闻者莫不砥砺。（《晋书·王祥传》）

一次，天子巡幸到太学，忽然想到需要设置一名掌管教化的楷模型官员——三老。于是，圣旨一下，王祥又荣任了"国家三老"（三老也有县乡级的）。王祥在南面的几案后，挂着拐扙，以师道自居。天子坐在北面请求他训话，王祥一发如滔滔江水，把自己理解的儒家君臣父子关系、责任义务等等一一道来，从皇上到百官听了王祥的一番教诲，莫不感叹大受裨益。

等到高贵乡公被杀，朝廷大臣哀悼之时，王祥号哭说："是老臣没有做好啊！"他涕泪交流，众人听了，大都露出惭愧之色。此后不久，王祥的位置再一次得到提升，到了一人之下万人之上。此时，这个仅仅以孝道出名的，六十岁才参加革命的农村老头让天下青年看到了作为道德模范的个人前景。

"小白菜"的雷人事迹

一位看护果树的男孩，一树盈盈满枝即将成熟的李子，在日升月落中相互守望。不能让枝头的李子少一颗，这绝对是一个天大的难题。男孩满脸凄迷，神色忧伤。两年前，母亲已经病故，父亲的续弦极度恶毒。每天，她拎着他的耳朵说："卑贱的家伙，我怎么一见你就恶心！那李子少了一颗你也别想吃饭，看护不好我就打死你！"

这个可怜的孩子叫王祥。谁也没想到，他将来会作为男人的万世标杆而位至朝廷三公（皇帝之下最大的三位官员之一）。

"有丹柰结实，母命守之，每风雨，祥辄抱树而泣。"

天空忽然雷雨交加狂风大作，王祥顿时慌乱起来。他跑过去，抱住树干，但仍然无济于事，他无助极了，只得号啕大哭。

这是《晋书·王祥传》和《世说新语》里都有的记载。

王祥，字休徵，琅琊郡临沂人，汉朝谏议大夫王吉的后人。他的祖父叫王仁，做过青州刺史，父亲叫王融，曾多次受到政府官员的推荐辟举，却始终不愿做官。王融早年丧妻，为了生活能够继续，他续娶了一位姓朱的女人。哪知朱氏爱心全无，动辄打骂虐待王祥，还常常在王融面前说王祥的坏话，久而久之，王融对王祥也失去了慈爱之心。

虽然父亲王融没有做官，但其家庭氛围却深受祖上一脉相传的儒家文化和礼法浸淫，"孝亲事后"的信念自小就在王祥的心里深深地扎下了根。除了忍受和做得更好，他别无选择。

> 母又思黄雀炙，复有黄雀数十飞入其幕，复以供母。（《晋书·王祥传》）

一次，后母为了刻薄小王祥，有意说自己想吃烧烤黄雀肉，命王祥去抓黄雀，如完不成任务，又会是一顿皮开肉绽的饱打。一个没有任何捕鸟专业知识的孩子，要完成捕获供全家消耗一顿的黄雀，谈何容易。这不明明就是找借口打人吗？王祥找来一张破布张开，学着捕鸟人的样子坐着等候，眼看一天过去了，却没有一只黄雀飞来，天快黑的时候，王祥知道等着自己的必是后母的一顿痛打，此时他吓得大哭起来，不知是上苍还是捕鸟高人的帮助，哭到最后，正待王祥起身要回家的时候，一只只黄雀像着了魔似的，纷纷投向他张开的破网。这一次，王祥又一次逃过了后母的刁难。

父亲不喜欢他之后，小王祥的日子雪上加霜。父亲把家里打扫牛圈等又脏又累的活交给他当做日常工作。为了更好地表现自己的孝道，王祥只得更加小心翼翼地做好父母交办的各项任务。虽然父母常常虐待自己，但是父母亲一旦有病，他就使出浑身解数，熬汤递药、亲自尝试，整夜衣带不解守在一旁。

王祥一次又一次地逆来顺受，小心翼翼孝顺父母，让父亲对他的态度有所转变，这一切，让后母对他更加恨之入骨。

> 祥尝在别床眠，母自往暗斫之；值祥私起，空所得被。既还，知母憾之不已，因跪前请死。（《世说新语·德性十四·王祥事母》）

一次，恶毒的后母竟然趁父亲外出之际，要杀掉王祥。恰巧王祥正待翻身起床小解，一斧下去，没有砍中，却砍了被子一个大洞。突然翻身要去小解的王祥和后母都被对方吓呆了，当王祥明白眼前的一切后，做出了一件雷死后人的举动：

他翻身起床，跪在后母面前，说："母亲大人，我知道您一直恨我，我也没有办法。这样吧，反正爹爹不在家，您老要是不解气，就杀了我解气吧。"说完，诚恳地将头向后母的斧头迎去。恶毒的后母终于没能下手。

虽然后母这次没能下手，但后来，父亲跟后母有了弟弟王览，王祥的日子就更加不好过了。

母常欲生鱼，时天寒冰冻，祥解衣剖冰求之，冰忽自解，双鲤跃出，持之而归。（晋干宝《搜神记》卷十一）

天寒地冻的日子，后母为了刁难王祥，说自己想吃鲜鱼汤，让王祥去河里抓鱼。深冬的山东琅琊，寒风刺骨，河面上结着几尺厚的冰。王祥只得来到河边砸冰抓鱼，直干到汗水四溢，于是他解开衣衫继续砸冰，终于为后母抓回了两条鲜鱼。王祥如此孝顺恶毒的后母，这事在当时被传得沸沸扬扬。不知是朝廷宣传的需要，还是吕虔打造孝行楷模，要包装王祥这个六十多岁的新干部的需要，反正在后来民间的转述与记录中，就成了"卧冰求鲤"。

"剖"明明是一个带立刀的字，此时却变成了"以体温融化"之意了。

36.5摄氏度的人体体温，要在至少零下几度的环境中焐化厚厚的冰，估计冰没化开，人早成僵尸了。可以说，这绝对是一个有着文学硬伤的说法。

但恰恰是这样的传说，让王祥在举孝廉的过程获得了"秀才"资格。在科举未开的魏晋时代，这是最名正言顺获得地位和身份的途径。

王祥在父亲生病和服父丧期间至真至诚的孝举得到了周围人的一致钦佩，父亲死后，他对后母的孝顺不仅没有减少，反而更加殷勤周到，于是名气渐渐大了起来。但是，这一切却更加刺激了恶毒的后母朱氏，她对王祥的忌恨越发加深，甚至想用下毒的方法害死王祥。

祥丧父之后，渐有时誉。朱深疾之，密使鸩祥。览知之，径起取酒。祥疑其有毒，争而不与，朱遽夺反之。自后朱赐祥馔，览辄先尝。朱惧览致毙，遂止。（《晋书·王祥传》）

后母的这一切，被王祥的异母弟弟王览看在眼里，当朱氏将毒酒递到王祥手里的时候，王祥不知就里，正受宠若惊不知如何感谢后母。此时王览见状，上前一把夺过酒杯。朱氏大惊，直到此时王祥才发现不对，于是跟弟弟

争抢着要吃那有毒的东西。朱氏看到兄弟俩如此情深，趁兄弟俩不注意，夺下毒酒就走。自此后，朱氏给王祥吃的饭菜，王览都要抢先尝试，确信无毒才敢让哥哥吃。朱氏想毒死王祥的阴谋，终因怕毒死自己的亲生儿子而作罢。

王览小的时候，只要见到王祥被打，就会跑上去抱住王祥大哭。到了少年时代，王览常常劝母亲为善，不要轻易毒打哥哥，在王览的劝告下，母亲对哥哥也有所改变。但还是经常有理无理驱使王祥，王览一见母亲刁难哥哥，也跟着一起去完成母亲交代的事情。到王祥、王览兄弟俩都婚配后，朱氏就把对王祥的虐待转嫁到了王祥妻子身上，往往到这个时候，王览就让自己的妻子跟随嫂嫂一起去做同样的事。此时母亲虽然很不高兴，却也没办法，不得不渐渐收起过去那些狠毒。

汉朝末年，天下大乱。王祥扶携母亲，带着弟弟王览，从琅琊出发到庐江躲避战乱。隐居在当地，侍候后母长达三十年。后母去世，王祥竭尽所有，把后母的丧事办得热热闹闹。居丧期间，他严格恪守儒家礼法服丧，按照孝子的定量饮食，直到形容憔悴。为了更好地表达丧母的心情，他每一次站起来都要按照礼法在拐杖的帮助下才能起立。王祥为恶毒后母所做的这一切，对汉末晋初的统治者来说，正是他们千方百计所要寻找的安邦定国的活教材。因为，儒家所倡导的"忠君、孝亲"定律，在历史的变故中，早已被曹魏和司马家族赤裸裸的废君篡权弄得只剩下"孝亲"这点遮羞布了。为将这块遮羞布抻拉得更宽，遮得更好，统治者不得不打着灯笼火把四处寻觅"孝亲"的标杆、典范。于是乎，王祥雷人的孝亲之举，正好暗合了朝廷政治的需要。在我们伟大的祖国，任何一个人，假如挖空心思或者一不小心干了一件正好暗合帝王大政需要的事情，那么，这件事情所带来的效应，是他到死都想象不出的。王祥这个六十岁的乡下老头，能一步踏上显贵之门，最后位至"三公"，不能说没有这样的因素。

向王祥同志学习

当然，如果将王祥后来在仕途上的成功说成纯粹靠先前雷人的孝行换得，那绝对是不公平的。

王祥之所以成为男人的万世标杆，还因为他的骨气和勇气。在孝顺父亲和后母的过程中，他表现的是唯唯诺诺，但这个六十岁才参加工作的老头，在官场却有着让桀骜不驯的名士们刮目的表现。

公元 264 年，司马昭胁迫曹魏皇帝曹奂封自己为晋王（也就是逼迫阮籍执笔写劝进文那件事），晋王正式加冕那天，王祥与荀颛受命前往晋王府谒拜司马昭。在封建帝王时代，大臣让皇上封自己为王并赐车马仪仗等"九锡"，本来就有欺君压上之嫌。对此，除少数几个见风使舵的家伙上蹿下跳极力拥戴之外，绝大多数大臣都敢怒不敢言，但是为了保命，他们会选择跟在别人后面三拜九叩，高呼千岁。

> 及武帝为晋王，祥与荀颛往谒，颛谓祥曰："相王尊重，何侯既已尽敬，今便当拜也。"祥曰："相国诚为尊贵，然是魏之宰相。吾等魏之三公，公王相去，一阶而已，班例大同，安有天子三司而辄拜人者！损魏朝之望，亏晋王之德，君子爱人以礼，吾不为也。"及入，颛遂拜，而祥独长揖。帝曰："今日方知君见顾之重矣！"
> （《晋书·王祥传》）

一路上，荀颛主动与王祥探讨一会儿见到昔日的同事——今天的晋王时，该用什么方式拜见。王祥沉默不语。荀颛就说："晋王尊贵权重，何曾（当时的第一高官）这样的公侯对他都已很尊敬，如今我们见到他应当以臣子的礼仪参拜他。"王祥当即说："晋王的确尊贵，然而却还是曹魏皇帝下面的一员，你我这些曹魏皇帝下的三公，按照公职跟晋王最多只相差一个级别，哪有天子的三司动不动跪拜别人的？一是折损了曹魏皇帝的威望，再者也会影响晋王的德望。所以，我绝不做这样的事。"等到晋王府内，荀颛倒头便拜，而王祥却只对着司马昭做了一个长揖。司马昭见了不由得钦佩地说："王大人，原来我只是听说你的修为，今天算是真正见到了！"

一年之后，晋王司马昭撒手人寰。他的儿子司马炎像当年曹丕废掉汉献帝刘协一样，废掉了曹奂，自己坐上了皇帝的位置，改国号为晋。对此，年逾八旬的王祥只能摇头叹息。为了拉拢王祥，司马炎给朝中重臣普遍加官一级，拜王祥为太保，进为公爵。此时，作为标杆男人的王祥再次显示出了正义、铮然的秉性。接到加官进禄的任命书后，王祥一纸辞职书，"以年老疲毫，累乞逊位"。在"帝不许"的情况下，他干脆来个"老将不会面"，懒得上朝。任凭司马炎派出身边人主动上门咨询请教，他概不吱声。在那血雨腥风的时代，王祥此举当然是令人敬佩的。

此时朝中就有那么个把人，觉得王祥碍眼，既然年老体衰，不能上班就应该免职，于是向司马炎提出请求罢免王祥的官职。深知民心力量的司马炎又一次下诏："太保王祥德高望重，我希望能依靠他给我稳固好意识形态，他前后多次提出让位，我都没有答应，这不是你们可以讨论的事情，今后就不要再提了。"于是类似的话题再也没有人提起，直到王祥终老。

有意思的是，王祥出山做官后，随着地位的一步步上升，弟弟王览对哥哥的悌爱也随之广为人知。不久，王览也被招进了公务员队伍，并且地位也一步步高升，直做到宗正卿（皇帝之下，除三公外，最重要的九个官员，称九卿，正宗卿属九卿之列）的位置。此后，"竹林七贤"之一的王戎、名相王导、"东床坦腹"的书法家王羲之、"雪夜访戴"的王徽之，皆为其后人。

公元269年，八十四岁高龄的王祥在满堂儿孙的哭泣中闭上了眼睛，走完了他传奇的一生。

临终前，他一再告诫后人对其丧事从简，不可张扬，更不可奢侈浪费，家人也严格遵照执行了。

让王祥不曾料到的是，他的忍辱负重、他的雷人孝行和六十岁参加工作的种种机遇，一不小心开创了一个"王与司马共天下"的"中国第一望族"的豪族门阀。造就了"山阴道上桂花初，王谢风流满晋书"的豪门盛况。

【成语】卧冰求鲤

【拼音】wò bīng qiú lǐ

【释义】卧在冰上以求得鲤鱼。指忍苦孝亲。

【出处】《搜神记》卷十一："王祥字休徵，琅琊人。性至孝……母常欲生鱼，时天寒冰冻，祥解衣，将剖冰求之。冰忽自解，双鲤跃出，持之而归。母又思黄雀炙，复有黄雀数十入其幕，复以供母。乡里惊叹，以为孝感所致。"

【成语】冻浦鱼惊

【拼音】dòng pǔ yú jīng

【释义】指晋王祥卧冰求鲤事。后因以"冻浦鱼惊"为孝亲之典。

【出处】《晋书·王祥传》："王祥字休徵，琅琊临沂人……父母有疾，衣不解带，汤药必亲尝。母常欲生鱼，时天寒冰冻，祥解衣将剖冰求之，冰忽自解，双鲤跃出，持之而归。"

驴叫皇帝与狗鼠嫌弃的文学领袖

人物简介

姓名：曹丕，字子桓
家庭出身：曹魏王之家
籍贯：安徽省亳州市
生卒：公元 187-226 年
社会关系：曹操与武宣卞皇后的儿子，曹植、曹冲的哥哥，名士王粲的好友
社会身份：文学领袖、王世子、丞相、皇帝、弹棋高手
容貌：史书无记载，从其父的丑陋来看，至少不是帅哥
主要作品：《燕歌行》等诗词文赋二百多篇

雷人言行

◎身为一国元首的继承人——魏王世子，却在朋友的葬礼上，带领大家学驴叫，以此悼念死去的朋友。
◎父亲曹操刚一咽气，就将他身边的美女尽收自己宫中，纳为己用。

相关成语

手不释卷　人生如寄　回肠荡气　如饥似渴　煮豆燃萁　秉烛夜游
文人相轻　七步成诗　伯仲之间　沉李浮瓜　妙绝时人　酒酣耳热
不护细行　箕山之志　穷兵黩武　车载斗量　寻章摘句　七步之才
敝帚自珍　本同末异　深自砥砺　车载斗量　见猎心喜　画饼充饥
稀世之宝　巧夺天工　物是人非　贵远贱近　审己度人　清尘浊水
过屠门而大嚼

作者评价

有人说你伟大，有人说你狠毒、卑鄙。其实没什么两样，狠毒、卑鄙本来就是伟大的另一面。

史上最雷人的追悼会

> 王仲宣好驴鸣。既葬，文帝临其丧，顾语同游曰："王好驴鸣，可各作一声以送之。"赴客皆一作驴鸣。（《世说新语·伤逝》）

东汉建安二十二年（217），中国文学史上"建安七子"之首、侍中（相当于常务副总理）王粲病逝，适年四十有一。消息传出，邺城一片悲戚，尤其当时的文学界，对于巨星陨落，莫不黯然。

一场由朝廷举办的、规格空前的追悼活动，在王粲的归西之地、中原最繁华的大都市——邺城举办开来。中原大地上的达官士子，学者名士纷纷前来吊祭这位英年早逝的文学明星、政治明星。即将发丧的那天早晨，灵堂内外早已侍卫密布，保安措施陡然提升。原来，刚刚被指定为魏王曹操唯一合法接班人的魏王世子、五官中郎将、副丞相，著名诗人曹丕，要亲自来为自己这位亲密文友送上最后一程。一通密集的礼炮之后，在嘶哑的哀乐声中，曹丕风尘仆仆，在一帮官员的簇拥下走进了灵堂。

曹丕一踏进灵堂，所有的声音都停了下来，偶有几声低低的抽泣声使现场显得更加安静肃穆。曹丕在王粲的灵柩前伫立良久，眼圈渐渐潮湿。所有的人都把目光聚集在曹丕的脸上。

曹丕抬起头用目光环顾一圈在场人等，突然提高声音说："各位，仲宣（王粲的字）平日最爱听驴叫，让我们都学一声驴叫，为他送行吧！"于是，他自己带头先叫了起来。曹丕的一声驴叫之后，灵堂里此起彼伏的驴叫声不绝于耳，好一阵才停了下来。

在《疯狂魏晋的牛人》这本书中，笔者本不想把任何一位皇帝写进去的，究其原因，浅薄而智商低下的笔者认为：人，一旦做了皇帝，不管他于国于民有多大的丰功伟绩，从人性的角度看，他们的另一面就会变得面目可憎。对这样的人，有精神洁癖的笔者，就像在路上远远看见一堆便便，只得绕而远之。

因为曹丕的这一声驴叫，这位魏国第一帝便拉进了自己与后世文人也包括本文笔者的距离。

在继往开来的领路人曹丕带领大家学驴叫的七十年之后，西晋一位叫孙楚的著名诗人，在悼念自己好友——西晋巨富、山西太原王家王济的追悼会上，也哭着对死者说：你生前喜欢听我学驴叫，今天我就再为你叫一次吧！

孙诗人此举，无非是"曹接班人"当年的翻版。

一位优秀的皇帝

曹丕，曹操的第二个儿子。

他顺利被立为王世子，接替曹操的爵位、官职，并在接任魏王的当年，就完成了曹操一生呕心沥血、梦寐以求的夙愿——登上了皇帝的宝座。从这点来讲，他首先应该感谢仇敌张绣，因为是张绣的婶娘帮了他的忙，最终为他消除了一个强有力的竞争对手。

作为曹操的第二个儿子，本来接班的事是怎么也不会落在他头上的。曹丕的哥哥叫曹昂，曹昂是曹操与刘氏所生，但刘氏早亡，于是交由正室丁氏养大。曹昂聪明且性情谦和，为曹操所喜爱，二十岁时即举孝廉。建安二年(197)曹昂随曹操出征张绣，张绣战败而降。张绣有位婶娘（张济的遗孀）长得非常漂亮，或许是守寡太久，终因一场战争才有幸走出深院，见到陌生的男人，也或许是美女爱英雄，一听到曹操占领城池的消息，就开始加倍装扮自己，一反别的女人扮丑保护贞洁的做法。待到曹操亲自清点后宫的时候，这位婶娘的形象在一群惊慌失措、衣衫敷衍的难民妇女中，显得艳若桃花，灼灼炫目。曹操一见，喜不自禁，按惯例又纳入帐中。本已投降的张绣听到这个消息，怒从心起，以为曹操欺人太甚。一怒之下，他降而复叛，使出突

曹丕 驴叫皇帝与狗鼠嫌弃的文学领袖

然袭击，曹操防不胜防，兵败如山。让曹操未曾预料的是，不但自己中了箭，长子曹昂、侄儿曹安民、爱将典韦全都死于这场战乱。

曹昂英年早逝，曹丕自然由老二递补到了长子的位置，有了这样的先决条件，再跟弟弟曹植争夺继承权，其成功的概率便毋庸置疑了。

曹丕到底长得如何，是帅哥还是青蛙，在喜欢品评人物龙章凤姿、面白如玉的魏晋时期，这无疑是个大问题。奇怪的是，在现存的史料中，对魏文帝曹丕的长相只字未提。从遗传学的角度来讲，曹丕的长相估计也有些困难。因为，曹操的矮小、丑陋几乎是众所周知的。成语典故"床头捉刀"，说的就是丑陋的曹操在接见匈奴使者的时候，由于对自己的长相缺乏自信，便命人换上装束坐在自己的宝座上，而自己却手拿利斧乔装成卫士站在一旁。再有，史料在谈及曹丕、曹植兄弟的时候，也有一笔带过，说的是曹植的长相优于曹丕。由此，我们便可推断出，曹丕绝对不是什么帅哥，如果把曹丕母亲卞氏对基因改良的贡献考虑进去，估计曹丕不会很丑。

正是这样一位不丑也不帅的角色，在他死去五十多年后，西晋一位叫陈寿的史家开始了《三国志·魏书》的撰写。在《三国志·魏书·文帝纪》里我们几乎看不到有关魏文帝曹丕一丝半点的缺点，字里行间通篇充满了"伟大、光荣、正确"。甚至在讲述曹丕篡夺汉朝刘氏天子皇位的过程中，也温情四溢、阳光明媚。

文中说，汉献帝感到天下大乱，自己又无力治理，为了百姓幸福，便主动下诏提出逊位，"从前尧帝把帝位禅让给虞舜，虞舜又把帝位禅让给禹，上天授予的帝位不是长久不变的，只归给有德的人"，所以魏王您应该承担起天下的大任，显扬您父亲的伟绩，力挽狂澜，顺应天命云云。并且，他主动派人将符节、玉玺、绶带等一应皇帝权力象征通通交给曹丕，命人筑高坛让曹丕登坛祷告就位。

而曹丕这边也显得实在没办法才接任。接任之后又将河内郡的山阳县一万户田庄送给汉献帝，封他做山阳公，在山阳县内使用汉朝的历法，按天子的礼仪举行祭祀，今后给曹丕上书不自称臣，曹丕在京城举办大型祭祀，必须要送祭肉给汉献帝；把汉献帝的四个儿子封为列侯，把汉朝封的诸侯王改为崇德侯，列侯改为关中侯等等。

汉献帝的逊位和曹丕的篡权，在当时乃至后世，无疑是秉承儒家忠君思想的国人唾骂的口实。但如果换一个视角说话，曹丕的这一行为可以说是一种冒天下之大不韪而顺应潮流的壮举。从这一点上讲，曹丕比他老子曹操挟天子以令诸侯要光明得多。

实话说，曹丕在位虽然只有短短几年（220～226），却实实在在地做了几件有意义的大事。

曹丕做的第一件大事，是重视文教，推广儒学文化。公元221年，他下令人口达十万的郡国每年察举孝廉一人，这让那些出身非门阀氏族的子弟有了进入政府的机会。同年又重修孔庙，封孔子后人为宗圣侯。公元224年恢复太学，设立春秋穀梁博士。《春秋穀梁》本是《春秋》的一个版本，然长期以来未能受到应有的重视，曹丕设立该科的博士，对传承这一历史文化无疑有着不可估量的作用。

第二件大事是修复洛阳故宫，营建洛阳、许昌、长安、谯郡、邺城五处都城。

第三是采取战略防守，恢复生产，与民休息。

第四是发展屯田制，施行谷帛易市，稳定社会秩序。魏国国库得到充实，累积巨万，基本解决了战争造成的通货膨胀问题。

第五是创立了选官用官的九品中正制。这一干部任用机制是对汉代选官制度的改革，对曹操用人制度的弘扬和规范。在科举制度出台之前，这肯定是最科学合理的选拔用人制度。这一制度直至隋唐科举出台才被废止。

第六是巩固中央集权，限制了后党权力，削夺了藩王权力，建立防辅制度。强化中书省，发展校事官制度（对官员的纪检监察机制）。

通过以上这些列举，可以想象，在三国鼎立、狼烟四起的时代，曹才子能够有如此的作为，实属不易。

帝王之家与女人

曹丕的父亲曹操是中国历史上典型的英雄人物，虽然长相丑陋，却应了那句"英雄爱美女"的话。曹操一生虽然东征西伐、戎马倥偬，有一点却不含糊，那就是无论打到哪里，只要有漂亮的女子，无论已婚未婚，生育与否，只要漂亮好看，通通采拾起来，纳入帐中。

从《三国志·魏书·后妃传》的记载中，我们知道曹操最早有丁夫人、刘夫人、卞夫人（后来拜为王后）。另从《武文世王公传》中，知道还有环夫人、杜夫人、秦夫人、尹夫人、王昭仪、孙姬、李姬、周姬、刘姬、宋姬、赵姬。这些人所以能载入史册，是因为她们（丁夫人除外）给曹操生了儿子，因为要记录儿子的出处，所以史册上才有了这些女人的名字。这些有记录的女人，一共给曹操生了二十五个儿子。没生儿子的女人，当然没有记录，但这些女人的数量到底有多少，至今仍是个未知数。史料上有蛛丝马迹的倒是不少，譬如说，上一章节讲到曹操痛失长子曹昂的那次，就是因为将张绣的婶娘收入了帐中，致使张绣反叛。还譬如说玄学领袖何晏的母亲。因为何晏爷爷大将军何进被杀，何晏父亲早逝，曹操又把何晏母亲招进了后宫，而何晏也自小就成了曹操的养子。"何氏之庐"的典故就是这样来的。《三国志·蜀书·关羽传》里记载，吕布部下秦宜禄之妻长得非常漂亮，被关羽暗恋。曹操和刘备围吕布于下邳时，关羽曾几次对曹操说：希望城破之后，能把这个女人赐给自己。曹操爽快地答应了。但城破之后，曹操发现"这个女人不寻常"，又把她纳为己有。如此算来，曹操的女人，真是无法统计。

曹丕似乎也承袭了他老子的风流。他的一生，有记载的女人就有文昭甄皇后、文德郭皇后、任妃嫔、李贵人、阴贵人、柴贵人、潘淑媛、朱淑媛、仇昭仪、徐姬、苏姬、张姬、宋姬、刘氏、汉献帝女，此外还有《拾遗记》、《太平广记》、《艳异编》等书提及的如薛灵芸、莫琼树、陈尚衣、段巧笑等，共计二十人之多。

在这些女人中，有一个女人差点让这个帝王之家的三个男人乱了套。

> 魏甄后惠而有色，先为袁熙妻，甚获宠。曹公之屠邺也，令疾召甄，左右白："五官中郎已将去。"公曰："今年破贼正为奴。"
> （《世说新语·惑溺第三十五》）

魏甄后就是甄洛，也叫甄宓，中山无极（今河北省定元县）人，上蔡令甄逸的女儿。甄洛长大后，袁绍听说她有才貌，就将她娶为次子袁熙的妻子，婚后袁熙北上幽州带兵，留下甄洛在邺都（今河南省临漳县）侍奉婆母，因为贤惠又漂亮，深得袁氏一家的宠爱。曹操攻破邺城的时候，吩咐手下赶快召甄洛来见。在此，曹操再一次想把这位甄美女纳入帐中。而左右却告诉曹操说："五官中郎将曹丕大人已经将她带走了。"于是曹操只得顺坡下驴，说道："今年打这一仗，就是为了我这个傻儿啊！"

《三国志》对这件事，写得就比较简单：

> 建安中，袁绍为中子熙纳之。熙出为幽州，后留养姑。及冀州平，文帝纳后于邺，有宠，生明帝及东乡公主。

关于曹丕与甄洛的见面，史书如下描述：

> 熙出在幽州，后留侍姑。及邺城破，绍妻及后共坐皇堂上。文帝入绍舍，见绍妻及后，后怖，以头伏姑膝上，绍妻两手自搏。文帝谓曰："刘夫人云何如此？令新妇举头！"姑乃捧后令仰，文帝就视，见其颜色非凡，称叹之。太祖闻其意，遂为迎取。（《魏略》）

> 太祖下邺，文帝先入袁尚府，有妇人被发垢面，垂涕立绍妻刘后，文帝问之，刘答"是熙妻"，顾揽发髻，以巾拭面，姿貌绝伦。既过，刘谓后"不忧死矣"！遂见纳，有宠。（《世说新语》）

以上两段记载加在一起，我们可以这样理解：

当曹丕一马当先赶往袁绍府上的时候，偌大一个袁府，只有一老一少的婆媳两人抖抖瑟瑟，那年轻的女子披头散发吓得直哭。曹丕于是对老妇人说："刘夫人，这女子是谁？"那老的那位战战兢兢地回答说："是袁熙的爱人。"曹丕接着说："为什么要这样呢？让她抬起头来吧。"于是刘夫人为儿媳梳理了一下头发，用手巾帮她擦了擦脸上的泪，然后将她的脸捧仰起来。甄洛的脸刚一抬起，曹丕的眼睛里就放射出惊诧的神色，他没想到，传说中的甄洛，竟是如此的绝色美貌，不知不觉叹出声来。此时的婆婆刘夫人，竟悄悄在儿媳耳边说："闺女，现在我们不用担心会被杀死了。"看来，在生命和尊严面前，尊敬的袁绍夫人的确有点让人失望。

甄洛来到曹家，凭着贤惠和美貌，仍然受到曹家一家的宠爱。

一次，曹家宴请百官，曹丕让夫人甄氏出来与客人相见，座上客人都拜伏在地，独独只有一位叫刘桢的官员对着甄氏直目平视。这件事让曹操知道了，把刘桢逮捕下狱，判罚做苦工。由此可见，相比曹丕，曹操对儿媳的美貌是何等地敏感。

甄洛在曹家生了一男一女，男孩就是后来的魏明帝曹叡，女孩就是东乡公主。再后来，这家人就不知发生了什么，到曹丕做了魏文帝不久，甄洛就被莫名赐死，代之而起的是郭皇后。

令人不解的是，甄洛死后，曹丕将甄洛使用过的一个盘金镶玉枕头赐给了曹植。如此处置其人其物，相信读者在感到血腥残暴的同时，还不难闻出一股咬牙切齿的醋味来。这也给后人留下了无尽的猜想和口实。

据说曹植睹物思人，不免触怀伤情。回自己驻地经过洛水时，夜宿舟中，恍惚之间，遥见甄洛凌波御风而来，并说"我本有心相托"等语，曹植一惊而醒，于是写下了《感甄赋》：

> 翩若惊鸿，婉若游龙，容耀秋菊，华茂春松，仿佛兮若轻云之蔽月，飘飖兮若流风之回雪。延颈秀项，皓质呈露，芳泽无加，铅华弗御。云髻峨峨，修眉联娟，丹唇外朗，皓齿内鲜，明眸善睐，靥辅承权，瑰姿艳逸，仪静体闲，柔情绰态，媚于语言……

后来，曹丕与甄洛的儿子曹叡继位，是为魏明帝。明帝觉得这首赋，泄露了母亲的私情，于是，便将此赋改名为《洛神赋》。此赋至今仍为人们传唱，究其原因，不仅仅是艺术上的缘故吧。

史上最牛的作协秘书长

> 秋风萧瑟天气凉，草木摇落露为霜。群燕辞归雁南翔。念君客游思断肠，慊慊思归恋故乡，君何淹留寄他方？贱妾茕茕守空房，忧来思君不敢忘，不觉泪下沾衣裳。援琴鸣弦发清商，短歌微吟不能长。明月皎皎照我床，星汉西流夜未央。牵牛织女遥相望，尔独何辜限河梁？

这是本文主人翁曹丕的杰作，名叫《燕歌行》，此为其中之二。

全诗表现了一位妇女在不眠的秋夜怀念丈夫的情态，既未脱离当时民歌

的风格，又有自己的创造。此诗运用了七言诗的长处，音节和谐舒缓，描摹细致生动，感情缠绵动人，语言清新流丽，取得了多种效果的统一，读来让人击节赞叹，被文学界公认为我国早期七言诗走向成熟的标志。

在我们伟大的祖国，几千年以来，几乎所有的封建帝王，且无论他们是通过什么手段获得天下，一旦登上皇位宝座，也无关他们文化高低、是否读书习文、是否识字，都必定要将文学这个"女神"抓来"做"了。这当中，刘邦算不严重的，大权在握，衣锦回乡的时候，也来了一首"大风起兮云飞扬"；而清朝的乾隆皇帝，写诗就像拉稀一样，一生写下了四万多首，到最后一首都没能流传开来，十足的文章如尿崩，谁与我争锋？

本文的主人翁曹丕，与他的父亲曹操在这方面却是个异类。他们与文学"女神"的关系，可算是超高品质的恋爱。他们在总角年少之时，诚心诚意地敬重她、护着她、揣摩她，一直到地位天下独尊的成年乃至生命最后，都始终伴随着这位女神，以至为后世留下了不少脍炙人口的佳作。

一千多年后红色领袖毛泽东在《沁园春·雪》中大骂秦皇汉武、唐宗宋祖、成吉思汗的时候，也不敢将曹丕两爷子骂进去，究其原因，就是因为曹操、曹丕父子的文学功夫了得。

在中华文学史上，"建安文学"、"建安风骨"绝对是无人可以绕过的一道坎。

汉献帝建安时期，无论是诗歌、辞赋、文章都获得了极大的进步，尤其是诗歌，实现了中国文学史上第一次文人诗的创作高潮，使汉乐府诗完全成熟，五言诗体得以发展，七言诗体从此开创。打破了当时盛行的骈体文格式，采用通脱的文体作文。情词并茂，具有慷慨悲凉的艺术风格，真实地反映了汉末的社会现实以及文人们的思想情操。在北方，不仅出现了一个文学繁荣的局面，而且使一代文风得以转变。

建安文学，如果没有"三曹"（曹操、曹丕、曹植）的倡导，就不可能有以"建安七子"（孔融、陈琳、王粲、徐幹、阮瑀、应玚、刘桢）为核心的文学风潮。在这里面，以曹丕的身份和地位来担当作协常务副主席兼秘书长一职，对文学的影响自不必言说。下面一些记载很能说明曹丕在文学活动中的组织作用：

建安十九年四月初夏的一天，曹丕被文昌殿前的槐树激发了创作冲动，立即召集曹植、王粲等文朋诗友，展开了一场"槐树命题作文大赛"，今天曹丕、曹植、王粲等人的同题诗作仍然流传。

迷迭香，是曹丕院子里的一种香料植物。曹丕曾在召集组织的一次文学活动中，以此为题，再次举办了一场"'迷迭香杯'文学大赛"。曹植、王粲、陈琳、应玚等建安才子们通通以此作赋，自然佳作迭出。

曹丕作为太子对文学的爱好和重视，直接推动了建安文人集团文学创作的繁盛与活跃。此外，他的文学批评名篇《典论·论文》，提出"文以气为主"的见解，将"文章"视为"经国之大业，不朽之盛事"，都对后世影响深远。另外，"建安七子"之名始由他提出，各子的文集也是由他下令搜集的。你说他的文学造诣牛不牛。

狗鼠都嫌弃的领袖死了

曹丕以王世子身份参加王粲追悼会并带领大家学驴叫的那年，他刚三十岁。此后的三年中，他靠着父亲打下的根基，一路从王世子做到了魏王、丞相，并在公元 220 年逼下了汉献帝，堂堂正正将国号改成了魏国，做起了魏国的首任皇帝。

在争夺曹操的继承权和皇权上，曹丕自然是付出了不少努力，尤其是他与弟弟曹植、曹彰之间的斗争可谓你生我死、惊心动魄。

《世说新语》里有这样一则记载：魏文帝曹丕猜忌他的弟弟任城王曹彰勇猛刚强。趁在卞太后的房里一起下围棋、吃枣的机会，曹丕先把毒药放进枣子的果肉里，自己挑那些没放毒的吃；曹彰没有察觉，就把有毒、没毒的混着吃了。发现中毒后，卞太后要找水来解救他，可曹丕事先命令手下人把装水的瓶罐都打碎了，卞太后匆忙间光着脚赶到井边，却没有东西打水，不一会儿曹彰就死了。此后不久，曹丕又把黑手伸向曹植，卞太后看出来后，就对曹丕说："你已经害死了我的任城王曹彰，不能再害我的东阿王曹植了！"

曹植，曹丕同母的兄弟，皆曹操与卞氏所生，曾封为陈王，死后谥（皇帝、贵族、大臣、杰出官员或其他有地位的人死后所加的带有褒贬意义的称号）为"思"，也被后世称作陈思王。在建安文人中，他的作品留存最多，对当时及后代的影响最大，评价也最高。

曹植天资聪颖，才思敏捷，早年即有"绣虎"雅号。在曹操接班人的斗争中，曹植可以说是典型的"羊肉没吃着，倒惹一身骚"。他一度受到曹操的信任，差点被立为太子。但最后还是败在了曹丕手下。曹操指定曹丕为继承人后，找借口将曹植的良师益友杨修杀害；此后曹植日子一天不如一天，曹丕即位后，又将一贯支持曹植的丁氏兄弟杀害，此时曹植的日子就更加难过了，封地一改再改，虽然身为王侯，基本处于软禁状态，行动一点也得不到自由。

曹丕死后，明帝曹叡即位，曹植的处境有所改变，他曾一度焕发希望，上表请求自试，但是却始终得不到重任，几年之后终在忧郁中死去。

人们耳熟能详的成语"七步成诗"讲的就是曹丕、曹植兄弟俩的殊死斗争。

> 文帝尝令东阿王七步中作诗，不成者行大法。应声便为诗曰："煮豆持作羹，漉菽以为汁。萁在釜下燃，豆在釜中泣；本自同根生，相煎何太急？"帝深有惭色。（《世说新语·文学第四》）

这里说的就是曹丕找借口要杀死曹植，要求曹植在走完七步之内的时间里作出一首诗来，否则的话，就要动用死刑。在这个集文学领袖与帝王权势于一体的家庭中，我们不得不惊讶地看到，文学成了直接杀人的借口。让曹丕没想到的是，曹植在生死时速之间，不但吟出了诗歌，还在诗中对兄弟俩人的境遇做了绝妙的比喻，对曹丕残害自己兄弟的暴行，进行了责问和感叹。曹丕一听，顿时面露惭愧之色。

登上皇位的曹丕，在皇帝的位置上只干了七年，就一命呜呼了。

据《三国志·魏书》记载，黄初三年（222），正月初一，魏国上空惊现日食。

此时，曹丕似乎隐约感觉到了末路已经不远，他的内心反复纠结。这一年，他写下了《终制》——对自己后事做了详细的安排：

> 昔尧葬谷林，通树之，禹葬会稽，农不易亩，故葬于山林，则合乎山林。封树之制，非上古也，吾无取焉。寿陵因山为体，无为

封树，无立寝殿，造园邑，通神道。夫葬也者，藏也，欲人之不得
见也……

曹丕在文中说，自己的陵墓要像尧舜一样，尽量不要占农民耕地，要葬
在山林里，不要大肆建陵园、铺设神道，不要以铜器铁器陪葬，太过铺张可
能会被人挖掘，国家不可能不改朝换代，只有低调地处理埋葬我这件事情，
尸体才不至于被侮辱，如果哪位大臣和儿子不按照我说的办，我在九泉之下
也不会赐福他。这份诏书一式三份，分别存放在尚书省、秘书省、三公府，
方便今后对照办理。

这份交代后事的文件写完后的第四年，也就是黄初七年（226），还是正月，
曹丕巡视许昌，刚一到达，许昌南城门就无辜坍塌下来。一种不祥之兆再次在
曹丕心里涌起，他当即就放弃了进城的念头，回到家里一病不起。这年五月，
曹丕病情陡然加重，于是召来大将军曹真、镇军大将军陈群、征东大将军曹休、
抚军大将军司马懿，向他们交代了辅佐曹叡登基执政事宜，并遣散了后宫淑媛、
昭仪以下的嫔妃。两天之后，曹丕走完了自己四十岁的一生。

《世说新语》记载，曹丕病重期间他与母亲卞太后还发生了一件不愉快
的事。

及帝病困，卞后出看疾；太后入户，见直侍并是昔日所爱幸者。
太后问："何时来邪？"云："正伏魄时过。"因不复前而叹曰："狗
鼠不食汝余，死故应尔！"至山陵，亦竟不临。

这一段翻译过来，是这样说的：魏文帝曹丕病重期间，卞太后前去探
望。太后一进内室，看见值班的、侍奉的都是从前曹操所宠爱的美女。太后
就问她们："你们是什么时候到这里来的？"美女们说："是曹丞相断气的时
候就被文帝要过来的。"卞太后一听，当即停下探视的脚步，长叹一声："你
这样做，猪狗和老鼠都会嫌弃你。你父亲留下的女人你也要，看来你真的该
死啊！"卞太后愤而转身离去。几天之后，曹丕真的死了，卞太后从头至尾
都没去哭吊。

想不到，一个帝王的辞世，竟会以这种尴尬的事件结束。这在中国历上
实在不多。

60

【成语】手不释卷
【拼音】shǒu bù shì juàn
【释义】释：放开。卷：书本。书本不离手。形容勤奋好学。
【出处】三国·魏·曹丕《典论·自叙》："上雅好诗书文籍，虽在军旅，手不释卷。"

【成语】人生如寄
【拼音】rén shēng rú jì
【释义】寄：寓居，暂住。指人的生命短促，就像暂时寄居在人世间一样。
【出处】三国·魏·曹丕《善哉行》："人生如寄，多忧何为。"

【成语】回肠荡气
【拼音】huí cháng dàng qì
【释义】回：回转。荡：动摇。使肝肠回旋，使心气激荡。形容文章、乐曲十分婉转动人。
【出处】三国·魏·曹丕《大墙上蒿行》："女娥长歌，声协宫商，感心动耳，荡气回肠。"

【成语】如饥似渴

【拼音】rú jī sì kě

【释义】形容要求很迫切，好像饿了急着要吃饭，渴了急着要喝水一样。

【出处】三国·魏·曹植《责躬》："迟奉圣颜，如渴如饥。"

【成语】煮豆燃萁

【拼音】zhǔ dòu rán qí

【释义】燃：烧。萁：豆茎。

【出处】南朝·宋·刘义庆《世说新语·文学》："文帝尝令东阿王七步作诗，不成者行大法。应声便为诗曰：'煮豆持作羹，漉菽以为汁，萁在釜下燃，豆在釜中泣，本自同根生，相煎何太急？'帝深有惭色。"

【成语】秉烛夜游

【拼音】bǐng zhú yè yóu

【释义】秉：执持。旧时比喻及时行乐。

【出处】三国·魏·曹丕《与吴质书》："少壮真当努力，年一过往，何可攀援？古人思秉烛夜游，良有以也。"

【成语】文人相轻

【拼音】wén rén xiāng qīng

【释义】指文人之间互相看不起。

【出处】三国·魏·曹丕《典论·论文》："文人相轻，自古而然。"

【成语】七步成诗

【拼音】qī bù chéng shī

【释义】称人才思敏捷。

【出处】南朝·宋·刘义庆《世说新语·文学》："文帝尝令东阿王七步中作诗，不成者行大法；应声便为诗曰：'煮豆持作羹，漉菽以为汁；萁在釜下燃，豆在釜中泣；本自同根生，相煎何太急？'帝深有惭色。"

【成语】伯仲之间

【拼音】bó zhòng zhī jiān

【释义】伯仲：兄弟排行的次第，伯是老大，仲是老二。间：中间。比喻差不多，难分优劣。

【出处】三国·魏·曹丕《典论·论文》："傅毅之于班固，伯仲之间耳。"

【成语】沉李浮瓜

【拼音】chén lǐ fú guā

【释义】吃在冷水里浸过的瓜果。形容暑天消夏的生活。

【出处】三国·魏·曹丕《与朝歌令吴质书》："浮甘瓜于清泉，沉朱李于寒水。"

【成语】妙绝时人

【拼音】miào jué shí rén

【释义】指作品的好，不是当时的人所能比。

【出处】三国·魏·曹丕《与吴质书》："其五言诗之善者，妙绝时人。"

【成语】酒酣耳热

【拼音】jiǔ hān ěr rè

【释义】酒酣：酒喝得很痛快。形容喝酒喝得正高兴的时候。

【出处】三国·魏·曹丕《与吴质书》："每至觞酌流行，丝竹并奏，酒酣耳热，仰而赋诗，当此之时，忽然不自知乐也。"

【成语】不护细行

【拼音】bù hù xì xíng

【释义】指不注意小节。

【出处】三国·魏·曹丕《与吴质书》："观古今文人，类不护细行，鲜能以名节自立。"

【成语】箕山之志

【拼音】Jī shān zhī zhì

【释义】旧时用以称誉不愿在乱世做官的人。同"箕山之节"。

【出处】三国·魏·曹丕《与吴质书》："伟长独怀文抱质，恬淡寡欲，有箕山之志，可谓彬彬君子者也。"

【成语】穷兵黩武

【拼音】qióng bīng dú wǔ

【释义】黩：随便，任意。穷：竭尽。形容极其好战。

【出处】三国·魏·曹丕《车驾临江还诏三公》："三世为将，道家所忌；穷兵黩武，古有所戒。"

【成语】车载斗量

【拼音】chē zài dǒu liáng

【释义】形容数量很多，多用来表示不足为奇。

【出处】《三国志·吴书·孙权传》："遣都尉赵咨使魏。"裴松之注引《吴书》："吴使与文帝曹丕曰：'如臣之比，车载斗量，不可胜数。'"

【成语】寻章摘句

【拼音】xún zhāng zhāi jù

【释义】寻：找。章：篇章。摘：摘录。旧时读书人从书本中搜寻摘抄片断语句，在写作时套用。指写作时堆砌现成词句，缺乏创造性。

【出处】《三国志·吴书·孙权传》："遣都尉赵咨使魏。"裴松之注引《吴书》："吴使与文帝曹丕曰：'虽有余闲，博览书传历史，藉采奇异，不效诸生寻章摘句而已。'"

【成语】七步之才

【拼音】qī bù zhī cái

【释义】指敏捷的文采。

【出处】南朝·宋·刘义庆《世说新语·文学》："文帝尝令东阿王七步中作诗，不成者行大法；应声便为诗曰：'煮豆持作羹，漉菽以为汁；其在釜下燃，豆在釜中泣；本自同根生，相煎何太急？'帝深有惭色。"

【成语】敝帚自珍

【拼音】bì zhǒu zì zhēn

【释义】敝：破的，坏的。珍：爱惜。把自己家里的破扫帚当成宝贝。比喻东西虽然不好，自己却很珍惜。

【出处】三国·魏·曹丕《典论·论文》："里语曰：'家有敝帚，享之千金。'此不自见之患也。"

【成语】本同末异
【拼音】běn tóng mò yì
【释义】本：本原。末：末流。比喻事物同一本源，而派生出来的末流则有所不同。
【出处】三国·魏·曹丕《典论·论文》："夫文，本同而末异。"

【成语】深自砥砺
【拼音】shēn zì dǐ lì
【释义】砥砺：磨刀石，引申为磨砺，磨炼。自己刻苦地磨炼。形容自己努力磨炼自己，以期大有所为。
【出处】《三国志·魏书·贾诩传》："文帝使人问诩自固之术，诩曰：'愿将军恢崇德度，躬素士之业，朝夕孜孜，不违子道，如此而已。'文帝从之，深自砥砺。"

【成语】见猎心喜
【拼音】jiàn liè xīn xǐ
【释义】猎：打猎。看到打猎心里就高兴。比喻看见别人在做的事正是自己过去所喜好的，不由得心动，也想试一试。
【出处】三国·魏·曹丕《典论·自序》："和风扇物，弓燥手柔，草浅兽肥，见猎心喜。"

【成语】画饼充饥
【拼音】huà bǐng chōng jī
【释义】画个饼来解除饥饿。比喻用空想来安慰自己。
【出处】《三国志·魏书·卢毓传》："选举莫取有名，名如画地作饼，不可啖也。"

【成语】稀世之宝
【拼音】xī shì zhī bǎo
【释义】稀世：世所稀有。世上稀有的珍宝。
【出处】三国·魏·曹丕《与钟繇书》："猥以蒙鄙之姿，得睹稀世之宝。"

【成语】巧夺天工

【拼音】qiǎo duó tiān gōng

【释义】夺：胜过。人工的精巧胜过天然。形容技艺十分巧妙。

【出处】曹丕称赞他抢来的夫人甄氏盘头发的技巧巧夺天工。

【成语】物是人非

【拼音】wù shì rén fēi

【释义】东西还是原来的东西，可是人已不是原来的人了。多用于表达时过境迁，因而怀念故人。

【出处】三国·魏·曹丕《与朝歌令吴质书》："节同时异，物是人非，我劳如何！"

【成语】贵远贱近

【拼音】guì yuǎn jiàn jìn

【释义】重视相距远者，轻视相隔近者。犹言厚古薄今。

【出处】三国·魏·曹丕《典论·论文》："杨班俦也，常人贵远贱近，向声背实，又患暗于自见。"

【成语】审己度人

【拼音】shěn jǐ duó rén

【释义】审：审查。度：估量。先审查自己，再估量别人。

【出处】三国·魏·曹丕《典论·论文》："孟君子审己度人，故能免于斯累而作论文。"

【成语】清尘浊水

【拼音】qīng chén zhuó shuǐ

【释义】清尘：喻他人。浊水：喻自己。比喻相隔很远，会面没有希望。

【出处】三国·魏·曹植《七哀诗》："君若清路尘，妾若浊水泥，浮沉各异势，会合何时谐？"

【成语】过屠门而大嚼

【拼音】guò tú mén ér dà jué

【释义】屠门：肉店。比喻心里想而得不到手，只好用不切实际的办法来安慰自己。

【出处】汉·桓谭《新论》："人闻长安乐，则出门而向西笑；知肉味美，则对屠门而大嚼。"三国·魏·曹丕《与吴质书》："过屠门而大嚼，虽不得肉，贵且快意。"

何晏 毒品、宗师、伪娘与高干子弟

人物简介

姓名：何晏，字平叔，外号假子。

家庭出身：权贵名门

籍贯：河南南阳

生卒：公元 190—249 年

社会关系：大将军何进的孙子，曹操的养子、女婿，曹丕、曹叡讨厌的人，曹爽的发小

社会身份：玄学宗师、国学大家、药鬼、高干子弟、官员

容貌：美姿仪而色白

主要作品：今存《论语集解》、《无名记》、《无为论》、《景福殿赋》等

雷人言行

◎ "夏侯玄、司马师是能成事的人，但能成大事的人，却不是他俩，这个人我看不见他的脸，但现在听到他在说话。"

◎ 不仅开创了魏晋玄学，还开创了服用"伟哥型摇头丸"——五石散先河，惹得天下名士竞相效仿直至唐代。

◎ 喜着女人服装招摇过市，面霜、粉饼不离手，且顾影自怜，自恋得惹人恼火。

相关成语

傅粉何郎 魂不守舍 势合形离 老生常谈

作者评价

活得惊天动地，死得古怪离奇。

高干子弟的自述

"咱是堂堂正正的皇亲国戚，顶尖钻石级高干子弟，打小在魏王宫中长大，知道吗？

你们不是喜欢装有文化吗？好了，从《周易》到《道德经》，再到《论语》，我读了个烂熟于心，出了它好几十卷书，我著作等身啊，敢在我面前叽叽歪歪谈文化？

你们不是喜欢另类吗？是我带头吃的'五石散'，吃完之后，精神百倍，'她好我也好'。那东西，你就是有万贯家产，也想不到会玩这个咯！

大家不都喜欢帅男人吗？我本来就长得又帅又白，还'男士面霜'不离手，连那些比较帅的男人也羡慕死我了。

你们不是喜欢玩有地位又漂亮的女人吗？我除了经常当新郎，还把天下第一的曹操的女儿——金乡公主搞到手了，不管她再怎么金贵，只要我一回家，她就像一匹发情的小母马，到处追着我走，你们能做到吗？

你们不是喜欢标榜自己穿着多有个性吗？我穿大红大紫有女性倾向的袍服，让全城人都掉眼珠！

你们不是喜欢位子、银子这两样东西吗？这不，咱前一段还是吏部尚书（中组部部长）呢，封了侯爵，银子嘛，随便划拉，富可敌国。

怎么样？我够本吧我！"

对不起，这不是何晏的原话，为了能更好地表述何晏离奇而狂怪的一生，根据史料记载，笔者模拟何晏自恋的性格，总结了这样一段话。

要了解魏晋，不了解何晏肯定不行。可以说，无论曹丕时代、曹叡时代还是曹爽辅政的正始年代，引领时尚生活的明星排行榜上，排名第一的明星绝对是何晏。何晏，曹魏时代著名高干子弟，时尚生活潮流的引领者。

怪异的"拖油瓶"

据《三国志·魏书·何晏传》记载，何晏的历史是这样的：

他的爷爷叫何进，原本是一杀猪匠，何进有个天仙似的妹妹，一不小心被汉灵帝选进宫去，竟做了汉灵帝的皇后，有着这样的裙带关系，何进也就扔掉杀猪刀正儿八经做起官来，并且噌噌几下就爬上了大将军的宝座。汉朝重门第，即使何进有着大将军的头衔，但私下里大家还是嫌他有股猪骚味，予以鄙视。在中国历史上，何进最能让人记住的一件事就是《三国演义》结尾诗里说的"何进无谋中贵乱，凉州董卓居朝堂"。一个屠夫能玩什么政治？本来是想请董卓来剪除宦患，却不但送了性命还引狼入室，搅乱了天下。

何晏小的时候父亲就死了，风流英雄曹操把何晏母亲娶了回去，做了若干妻妾中的一个，何晏作为一"拖油瓶"由此也住进了魏王后宫，从此成了曹操的养子。从小失去父亲的何晏，不但长相乖巧且明慧若神。

看着眼前巍峨的魏王宫殿、威严的卫兵、交头接耳的下人以及曹操与其他女人所生的一大群陌生的孩子，何晏无所适从，战战兢兢，他从没在这么大的宅子里跟这么多陌生人相处过。在他出生的时候，贵为国舅的爷爷已经身首异处几年。初入魏宫的日子他时常想起自己的父亲和父亲在世时家里的境况。

> 晏小时，武帝雅奇之，欲以为子。每挟将游观，命与诸子长幼相次。晏微觉，于是，坐则专席，止则独立。或问其故，答曰："礼，异族不相贯坐位。"（《何晏别传》）

他不甘心母亲与自己眼前的际遇，他想改变这种寄人篱下的状况。特别是在与曹操一家出游的时候，别扭的感觉更加强烈，不管是游览还是坐下休息，养父曹操都让所有的孩子按长幼顺序依次而坐，何晏从来就不愿意进入那些孩子的秩序里边，跟大家离得远远的，于是有人问他为什么不跟大伙一块，何晏回答说："异族一般不依次挨坐一起的，这是礼仪和尊严。"

> 何晏七岁，明慧若神，魏武奇爱之，以晏在宫内，因欲以为子。

宴乃画地令方，自处其中。人问其故，答曰："何氏之庐也。"魏武知之，即遣还外。（《世说新语》）

除此之外，他还在魏宫中，用笔画出一块区域，一个人待在里面，也不允许别人进去，别人问他："你这是干什么呢？"何晏说："这就是我何家的房子，我只住自己家。"曹操听到这个事情后，对这孩子的智商和做法很是惊讶。于是深得曹操喜爱，把他视为己出，并因此特别尊重他。这就是"何氏之庐"的来历。

阅读兵书是曹操每天的必修课，到何晏七八岁的时候，曹操读兵书有不解的地方就试着去问何晏，何晏每一次对曹操提出的疑问无不解释得头头是道，清清楚楚。于是何晏聪慧声誉传遍了魏宫。

然而，有神童之称的小何晏也并不是什么好鸟，从小就显出对美色的嗜好，像贾宝玉一样，常常借机混迹于曹操的一群女儿中间，讨好她们，纠缠她们。曹丕、曹植对他这一点很是不满。小时的何晏在服饰及穿戴上与成年后喜着女性倾向的服装大相径庭，也许是想快点长大吧，他特别喜欢仿照曹丕的模样打扮，让曹丕总觉得有一个小小的影子跟着自己，因此特别烦他。每每用"假子"称呼何晏。"假子"者，照本意来讲，有两层意思，一是妻的前夫之子或夫的前妻之子，二是指养子、义子。曹丕口中的假子，估计还有更多别的意思吧。

在魏宫的日子，何晏除时不时到姐姐妹妹的闺房中耍耍娇，胡闹胡闹之外几乎没自己的男孩圈子，唯一与他友好的，是那个经常进宫来玩的叫曹爽的孩子。曹爽是曹操的族孙，按辈分理应叫何晏叔叔，那是一个显得憨厚的、在魏宫人面前带着几份自卑的孩子，只有他愿意跟何晏玩。

在这样的环境里，何晏一天天长大。

恰恰是这个曹爽，使后来的何晏从单纯的高干子弟、花花公子、学者成了大权在握的人，并最终送命。

色鬼的自恋和婚姻

何平叔美姿仪，面至白。魏明帝疑其傅粉，正夏月，与热汤饼。

既啖，大汗出，以朱衣自拭，色转皎然。（《世说新语·容止》）

何晏的自恋似乎已到了极点，明明皮肤已经很白了，却还要面霜、粉饼不离手，弄得魏明帝曹叡也不知道他的皮肤到底是搽粉变白的，还是自然就有这么白。一天，曹叡再也忍不住了，于是，召这个整天不务正业的家伙进殿，当场赐一碗皇家精制面条给他，何晏当即就将那碗热腾腾的面条吃了下去，时值炎热盛夏，加上那碗热汤面下去，还没吃上几口，顷刻之间大汗淋漓。于是何晏抬起女性化的朱红袖袍擦起汗来，这不擦不要紧，一擦反而是皮肤更加光洁白亮。在场所有人，没有一个不叹服的。这就是"敷粉何郎"典故的来由。

关于何晏的出生年份一直是个谜，史学界至今仍争论不休，但不管怎么争执，有一点是可以肯定的，那就是何晏出生年份大致是公元 189 ~ 195 年之间，这中间相差仅仅六年。到公元 220 年（黄初元年）曹操去世为止，何晏的年龄至少已经二十有五，却并未有一官半职。

这其中，应该有两个方面的原因，一是宫廷斗争、争权夺势的惨烈，就连曹丕、曹植亲兄弟也上演了"煮豆燃豆萁"的残酷，更何况你何晏一个"假子"，怕是连爱他的曹操也顾不过来照顾他了；二是从儒家正统的角度来看，成年之后的何晏名声实在太烂，好色且不说，还常常做出一些离经叛道的事情来。

晏性自喜，动静粉白不去手，行步顾影。（《三国志·魏书·何晏传》注引《魏略》）

譬如说，他非常自恋，走起路来一步三摆顾影自怜，一副装腔作势的样子，说起话来也拿腔拿调，可以想象，这副跟芒果台某位明明是内地土生土长的，却操一口港台腔娘娘腔的那位"不男不女"的"中年小伙子"主持人一个款式的样，如何能拿得上以玩深沉为职业的官员的台盘呢？

到明帝曹叡当政后，也说何晏务虚浮华，对他大加抑制，仅仅给了一点只拿工资不管事的闲官做做。

直到公元 240 年（正始元年），曹芳继位，曹爽辅政的时候，何晏才在幼年的好友曹爽的提携下，堂堂正正做起朝官来。

从进入魏宫开始，将近五十年的时间里，寄人篱下，极度敏感和要强的何晏，为抵抗压抑，想出了各种各样的方法。这五十年归纳起来，他实际上只做了三件大事：一是泡妞，陶醉在女人的香唇与罗裳之间；二是清谈，读书写书、交友聊天，成了玄学开宗大师；三是发现了"五石散"的神奇妙用，并进行改进，继而免费做了"五石散"形象代言人，并将之在名士隐士士大夫中间推广开来。

虽然在个人命运和前途上曹操没有给予何晏什么，但却在另一面给了他补偿，将自己的掌上明珠金乡公主许配给了他。对于何晏来讲，以自己何进孙子、曹操养子的身份，女人他是不缺的，缺的只是更高的个人地位和更加闪亮的光环，金乡公主与他的婚姻，让他彻头彻尾从寄人篱下的"假子"变成了举国青年恭敬和眼红的驸马爷。

然而，对一个幼年寄人篱下时就说出"异族不相贯坐"与画地为"何氏之庐"的要强男人来说，即便是贵为千金公主的玉体的束缚力也远远不够，他需要的是男人的尊严和地位，而不仅仅是驸马的名头。他有的是文化和能力，却得不到曹操、曹丕的重用，这样的压抑白昼黑夜间在何晏的胸中灼烧。他无处疗伤，一个偶然的机会，他似乎找到了疗伤的最后方法。他自己也没想到的是，这种东西会害了那么多的人，一代一代的名士达人竞相效仿，直到唐朝才渐渐消弭。

面对何晏的折腾，最受不了的就是一个人，这个人就是他老婆金乡公主。忍无可忍的金乡公主只得回到母亲那里，对母亲诉苦说："何晏简直太作怪了，而且越来越严重，这样下去真不知道该怎么办好！"母亲笑着对她说："你不要嫉妒他嘛！"

药鬼和"伟哥型摇头丸"

上一章节所讲的害人的东西，是神医张仲景在东汉末年研制出来治疗伤寒的"五石散"。

所谓"五石"乃石钟乳、石硫黄、白石英、紫石英和赤石脂，"五石散"

就是这五种矿石磨成粉末调制成的散剂。据笔者查到的中国中医研究院中医药信息研究所的《中国中药数据》表明，"五石"中有三种矿石的功效有着壮阳、温肺肾，主治阳痿等症的效果。

一次偶然的机会，何晏发现了"五石散"能够达到"她好我也好"的妙用，此后又屡试不爽，于是一发不可收，一边服用，一边对"五石散"做一些改进，从而使这种散剂不仅能够实现"她好我也好"，而且还能实现"非唯治病，亦觉神明开朗"——有一种类似摇头丸的功用。服药后，人体忽而发冷忽而发热，肉体暂时陷入一种莫名的苦痛中，然而精神却可以进入一种恍惚忘我的境界。世俗的烦扰、内心的迷惘都可以被忘怀，剩下的是一种超凡脱俗的感觉。在这样的时刻，什么都不放在眼里，什么都不配约束自己，只有自我意识的膨胀，任意所之。简而言之，这类似于醉酒，也许在生理上的反应和醉酒有所不同，但同样是精神恍惚的神奇效果。

在那个各种文化思潮大爆炸的时期，在嗜血成性的军阀横行年代，在那个名士达人只求愉悦一生的季节里，一旦遇上这种"摇头丸加伟哥"的神仙之药，人们岂有不热爱之理。加上当时科技的条件，开采"五石"的难度之大，"五石散"自然价格不菲，能吃上这样的东西似乎就成了身份的象征，再加上又有何晏这个"皮肤又白，个子又高，学习成绩又好，家庭出生又红"的高干子弟做形象代言人，达官贵人、名人隐士当然趋之若鹜了。一时间，高档夜场、高端会所、奢侈品商店等凡有钱人去的地方，通通以能否提供"五石散"为标准，就像时下的酒店不能提供"大龙虾燕鲍翅"不算高档一样。当然，假如名人士大夫一旦喜欢上了这东西，那就是真正流行的奢侈品了。

于是在何晏的带动下，王弼吃上了，夏侯玄吃上了，阮籍吃上了，嵇康吃上了，王戎吃了，皇甫谧吃了……高贵门阀的家庭成员都吃上了。史料记载，说王戎有一次吃了药后去上朝，因为"药发"竟然摔进了茅坑，朝廷之上见他从茅坑里被拉上来的那副样子，全场笑翻。

这种药吃下去详情是什么样子，鲁迅先生在《魏晋风度及文章与药及酒的关系》中这样说：

先吃下去的时候，倒不怎样的，后来药的效验既显，名曰"散

74

发"。倘若没有"散发"，就有弊而无利。因此吃了之后不能休息，非走路不可，因走路才能"散发"，所以走路名曰"行散"。比方我们看六朝人的诗，有云："至城东行散"，就是此意。后来作诗的人不知其故，以为"行散"即步行之意，所以不服药也以"行散"二字入诗，这是很笑话的。

走了之后，全身发烧，发烧之后又发冷。普通发冷宜多穿衣，吃热的东西。但吃药后的发冷刚刚要相反：衣少，冷食，以冷水浇身。倘穿衣多而食热物，那就非死不可。因此五食散一名寒食散。只有一样不必冷吃的，就是酒。

吃了散之后，衣服要脱掉，用冷水浇身；吃冷东西；饮热酒。这样看起来，五石散吃的人多，穿厚衣的人就少；比方在广东提倡，一年以后，穿西装的人就没有了。因为皮肉发烧之故，不能穿窄衣。为预防皮肤被衣服擦伤，就非穿宽大的衣服不可。现在有许多人以为晋人轻裘缓带、宽衣，在当时是人们高逸的表现，其实不知他们是吃药的缘故。一班名人都吃药，穿的衣都宽大，于是不吃药的也跟着名人，把衣服宽大起来了！

还有，吃药之后，因皮肤易于磨破，穿鞋也不方便，故不穿鞋袜而穿屐。所以我们看晋人的画像和那时的文章，见他衣服宽大，不鞋而屐，以为他一定是很舒服，很飘逸的了，其实他心里都是很苦的。

更因皮肤易破，不能穿新的而宜于穿旧的，衣服便不能常洗。因不洗，便多虱。所以在文章上，虱子的地位很高，"扪虱而谈"，当时竟传为美事。

当时名医皇甫谧服用"五石散"后，感觉胸腹燥热、烦闷咳逆，以至冬日亦想"裸袒食冰，昼夜不得寐，对食垂涕"，几欲操刀自刺。他还说："许多人发散失误，死于非命。我的族弟，痛苦得舌头都陷入喉咙之中；东海人王良夫，痈深深陷入后背；陇西辛昌绪，脊肉完全溃烂；蜀郡的赵公烈，中表亲戚里有六人因此而死。这都是服用寒食散造成的，我虽然还活着，但也是苟延残喘，贻人笑柄。"

有人估算五石散流行的数百年里，毒死了近百万人，虽然数据没有考证，但可以肯定的是，吃五石散吃出毛病的人实在是不少。这算是何晏给华夏民族作出的"伟大贡献"吧。

玄学宗师和清谈

实事求是地说，何晏之于"五石散"主观上并没有想用它来贻害社会，或许最初完全出于排遣郁闷，但是，由于他特殊的身份以及在学界的地位，使得"五石散"扩散开来，并最终成为那个时代及至此后很长一段时期危害社会的毒药。

现在的人一谈到"高干子弟"四个字似乎里面就暗含了"纨绔子弟"、"不学无术"、"仗势欺人"、"为非作歹"等等。如果从这个角度来讲，何晏当是一个特例。他的"自恋"、"女人倾向"、"好色"应该说完全是个人的事情，史书里并没有他抢夺民女之类的记载。他骨子里应该还是一个不甘平庸，一心想成为名士的不俗之人。

向左、向右还是向前、向后？这个寄人篱下的畸才，夙夜难寐。一面是血雨腥风、嗜血成性，城头变换大王旗，稍有不慎就血流一片；一边是统治者倡导的儒家理念被他们自身的狰狞消解，无数的学者名士无路可逃。

黑暗中，借着文字的烛照，何晏匍匐在那些书简之间，与老聃、庄周、孔仲尼对话，向先贤问路，一路触摸、一路张望、一路跋涉。他先后写出了《论语集解叙》、《无为论》、《老子杂论》、《周易讲疏》十三卷、《周易私记》二十卷等等著作，提出了"天地万物，皆以无为为本"的思想，在王弼等人的共同努力下，中国历史上一门伟大的哲学——玄学诞生了。

当然，以何晏特有的高干弟子的身份，他要做的事情绝非一个人独立前行，他有着许许多多的粉丝，夏侯玄、邓飏、丁谧、毕轨、李胜以及年幼的王弼等人也参加了进来，他们时常拥入何晏华丽的驸马豪宅，在宽大的客厅里，手拿驱蝇的麈尾，漫不经心地扪着腋下捉出来的虱子，谈论着儒家经典、道家自然、玄奥《易经》和刚刚进入中原的佛家理论，说一些玄之又玄的玄学话题，以讲究修辞技巧的谈说论辩方式，探讨人生、社会、宇宙的问题，多么高尚的精神聚餐呀！于是一种新型的学者名士之间的文化生活方式——"清谈"也产生了。

让人奇怪的是，这种有别于此前"清议"的玄奥清谈活动发展到后来，竟比"五石散"的普及率还高，估计是无须成本的缘故吧。

据《世说新语》记载，到后来一些都市里的妇女儿童也参加了进来，连谢安这样的名士也亲自走到市巷井院中去倾听那些妇孺的清谈。

> 何晏为吏部尚书，有位望；时谈客盈坐。王弼未弱冠，往见之。晏闻弼名，因条向者胜理语弼曰："此理仆以为极，可得复难不？"弼便作难。一坐人便以为屈。于是弼自为客主数番，皆一坐所不及。
> （《世说新语·文学》）

在推广玄学的清谈过程中，最具才气的要数当时年龄最小的王弼。何晏担任吏部尚书（相当于中组部部长）时，前来家中清谈的人常常是高朋满座，还不满二十岁，也不认识何晏的王弼也去参加了。想那样的情景应该跟今天咱们的听大师的讲座差不多吧。但何晏却知道王弼的名声。王弼去的时候，已经进行到一半了，前半截没听着，于是何晏就把先前得出来的一些精妙理论对王弼一一道来，并说："这些理论我认为已经达到最高境界了，你觉得还可以反驳吗？"初次见面的王弼也不管三七二十一，当场就提出质疑，在场的人都认为没有道理，于是，王弼就打乱了原来主持人发问，变回答主持人发问的模式，一个人自问自答起来，如此反复多次，满场清谈人士没有一个不佩服的。

正是这次清谈，何晏看中了王弼，王弼成了何晏手下最年轻最具才华的干部。但对于王弼来说，这次清谈真是"焉知祸福"，最终导致了著作等身的青年才俊王弼二十四岁就惨遭杀害。

归　期

公元 239 年，曾经三易国号执政十二年的曹丕的继承人曹叡驾崩，临终托孤于曹爽、司马懿二人。曹爽，曹操族孙，何晏幼时唯一的玩伴。这个幼时以憨厚著称的曹氏宗族后代，在此紧要关头，摇身一变，成了曹魏政权里大权在握的托孤之臣。

人一阔，心就变。成了辅政之臣的曹爽立即变得自信起来，大有曹魏天下不容外人染指的气概。于是，他一方面打击、压制、削弱司马家族的势力，另一方面积极扶植心腹，培植自己的党羽。此时此刻，他想起了数十年如一日徘徊在官场外围，那个"皮肤又白，个子又高，学习成绩又好，家庭出生又红"却在政治上郁郁不得志，不得不以寻花问柳、谈玄论道和带头吸毒寻找感觉的"发小"姑父——何晏。从何晏这边来讲，眼看自己的发小曹爽成了一人之下万人之上的权臣，他也来了精神，于是，也一番奉承，弄得曹爽不辨东西，一夜之间，将姑父何晏提到了吏部尚书（中组部部长）的位置上，主管干部选拔任用。

何晏本来就是崇尚虚华的一介文人，加之早已形成的"无为"世界观，于是乎，一不小心，就将谈玄论道的清谈当成了发现人才、管理干部的重点工作了。而普天之下想捞个一官半职的学子名士或是官场人士听说学界领袖何晏先生当了主管干部的吏部尚书，也蜂拥而至，何尚书家简直成了热闹空前的学术会所。夏侯玄、邓飏、丁谧、毕轨、李胜以及年幼的王弼等等都成了他家的座上客。李国文先生在他的《中国文人的非正常死亡·何平叔之死》中这样描述：

> 更有一群声气相投的诸如邓飏、丁谧、毕轨、李胜之流，相鼓吹，共煽惑，满嘴空话，信口雌黄，虚无缥缈，大言不惭。这些人，视放荡为通达，以信守为顽固，能苟安为高尚，性刚正为欺世；脚踏实地为庸俗，荒诞浮夸为超脱，循规蹈矩为无能，淫佚腐朽为飘逸。于是，社会上产生出一批所谓的名士，或过度饮酒，终月不醒，或装痴作狂，全无心肝，或赤身裸体，满街横卧，或长啸狂歌，凡人不理……

在这样的氛围中，何先生自己也飘飘然起来。

> 晏尝曰："唯深也，故能通天下之志，夏侯泰初是也；唯几也，故能成天下之务，司马子元是也；惟神也，不疾而速，不行而至，吾闻其语，未见其人。"盖欲以神况诸己也。（《三国志·魏书·何

晏传》注引《魏氏春秋》）

在一次清谈中何晏竟说："夏侯玄、司马师是能成事的人，但能成大事的人，却不是他俩，这个人我看不见他的脸，但现在能听到他说话。"

显然，他把自己当成了能力远远超过夏侯玄、司马师的天下第一的能人了。而事实证明，他最终死在了司马父子手下。

被眼前浮华遮蔽了的何晏，纵然是哲学界的一代宗师，纵然对孔孟老庄有那么深的研究，也免不了犯下中国官员在监管失控背景下所犯的错误：对那些投其所好的、走捷径的，以及身边亲朋好友等无不给予提拔。而对那些真正踏实工作、默默无闻，仅仅是不会陪他吸毒、喝酒、聊天、打麻将，压抑着自己哄他高兴的人，却一不小心就给忽视了。

在这一党子"军师"的努力下，何晏从一个学界领袖渐渐陷入了腐败的深潭，他的手下也打着他的旗号贪污国家财产，私自罢免别人的官职，为非作歹、腐化堕落之事层出不穷。

司马氏集团对日渐衰微的曹魏政权其实早就虎视眈眈，而此时曹爽一方面采用明升暗降的手法，升司马懿为太傅，使其脱离军权，从而达到架空司马氏集团的目的；另一方面曹爽变得更加张狂，而他所依赖的何晏、夏侯玄、丁谧等却整天大谈"无为"，不理政事，从而使憨厚无谋的曹爽的软肋有意无意暴露给了对手。

公元249年，曹爽陪同曹芳前去魏明帝曹叡墓地祭扫，等他们返回京城洛阳的时候，已经物是人非了。假装生病在家的司马懿，在儿子司马师、司马昭的配合下，趁此机会假传郭太后诏书，关闭了洛阳城门，一面派兵占领了城中武器库，一面进宫在郭太后面前启奏早已搜罗好的曹爽罪行，并请求治曹爽的罪。此时的郭太后，纵然再怎么明白这是一场阴谋也无回天之力了，只得眼睁睁看着司马氏父子以自己的名义将曹魏政权尽收掌中。这就是历史上著名的"高平陵事件"。

处理了曹爽之后，厄运紧接下来就降临到何晏等人的头上了。司马懿的智谋与狠毒在处置何晏这件事情上简直达到了一个极致。

初，宣王使晏与治爽等狱。晏穷治党与，冀以获宥。宣王曰："凡有八族。"晏疏丁、邓等七姓。宣王曰："未也。"晏穷急，乃

曰："岂谓晏乎？"宣王曰："是也。"乃收晏。(《三国志·魏书·何晏传》注引《魏氏春秋》)

史书记载，何晏的死简直像一则冷笑话。这段史实用现代表述方式意译过来应该是这样的：

司马懿先是成立了一个类似叫"清除曹爽余毒专案组"的组织，并任命何晏为专案组组长。眼看大势已去的何晏为了活命，立即更新思想、转化观念，在思想上、行动上与司马懿父子高度保持一致，夜以继日、任劳任怨地抓捕、提审昔日战友，争取以自己的实际行动和工作业绩向司马氏父子表达自己的忠心和合作诚意。一段时间之后，累瘦了一圈的何晏屁颠屁颠地将专案组所有卷宗和作战总结，恭恭敬敬呈送到了司马懿面前。司马懿听完汇报之后，问："他们是几人帮啊？"何晏回答说："七人帮。"司马懿的脑袋即刻摇得像拨浪鼓一样："不对！不对！"何晏猜来猜去老说不准数字。见此，司马懿伸出右手做出八字形的手势。何晏顿时睁圆了眼球："八人帮？那还有谁呀？"司马懿微笑着说："你猜猜吧。"猜来猜去，不管说谁的名字司马懿都是摇头。何晏不敢相信地看着司马懿说："难道还有我？"司马懿一拍几案高叫一声："答对了！加十分！"

这位幼小寄人篱下的神童、毒品发明推广者、花花公子、古代"伪娘"、学界领袖、高干子弟和"中组部长"就这样被打入死囚，并累及三族。他带走的还有一位著名青年学者——王弼，王弼这一年刚满二十四岁。

那一天，洛阳郊外下着毛毛细雨。

【成语】傅粉何郎

【拼音】fù fěn hé láng

【释义】傅粉：敷粉，抹粉。何郎：何晏，字平叔，曹操养子。原指何晏面白，如同搽了粉一般。后泛指美男子。

【出处】南朝·宋·刘义庆《世说新语·容止》："何平叔美姿仪，面至白，魏明帝疑其傅粉。"

【成语】魂不守舍

【拼音】hún bù shǒu shè

【释义】灵魂离开了躯壳。指人之将死。也形容精神恍惚。

【出处】《三国志·魏书·管辂传》裴松之注引《辂别传》："何之视侯，则魂不守宅，血不华色，精爽烟浮，容若槁木，谓之鬼幽。"

【成语】势合形离

【拼音】shì hé xíng lí

【释义】势：形状。形：形体。形体各自独立，结构完整不分。含贬义。

【出处】三国·魏·何晏《景福殿赋》："桁梧复迭，势合形离。"

【成语】老生常谈

【拼音】lǎo shēng cháng tán

【释义】老书生经常说的话。比喻人们听惯了的没有新鲜意思的话。

【出处】《三国志·魏书·管辂传》："此老生之常谈。"吏部尚书何晏、侍中尚书邓飏把管辂召来替他们占卜，管辂说不吉利，邓飏就说了此话。没多久两人果然被杀。

嵇康 酷毙眼球的诡异铁匠

人物简介

姓名：嵇康，字叔夜，外号嵇中散

家庭出身：官宦之家

籍贯：安徽宿州

生卒：公元 223-262 年

社会关系：曹操孙女婿，嵇喜的弟弟，"竹林七贤"之一，吕安等人的超级偶像

社会身份：学界领袖、作家、养生健身专家、闲职官员

容貌：风度非凡，为一世之标。酷毙你的眼球！

主要作品：著名琴曲"嵇氏四弄"——《长清》、《短清》、《长侧》、《短侧》，与东汉的"蔡氏五弄"合称"九弄"

雷人言行

◎临刑，悠然弹奏一曲《广陵散》，长叹："原来舍不得教别人，现在要失传了！"

◎身为中散大夫（皇帝的谋臣），却成天待在乡下打铁为乐。

相关成语

长林丰草　浊酒一杯　鸣弦揆日　抗心希古　无馨无臭　心闲手敏

金兰之契　目送手挥　鹤立鸡群　赴汤蹈火　一行作吏　兴高采烈

视丹如绿　事与愿违　窃语私议　龙骧虎步　堆案盈几　才长识寡

半信半疑　龙章凤姿　吕安题凤　千里命驾　广陵绝响　黄公酒垆

浑金璞玉　玉山将崩

作者评价

木秀于林，风必摧之；爱憎分明，不一定要表达出来，应看看值不值。

酷毙你眼球的帅哥

MM（"美女"的网络用语）追GG（"帅哥"的网络用语），美女泡凯子，并非西风东渐的结果，更并非网络时代的今天才有。一千多年前的魏晋时代，中国的美女们其实已经玩烂了。

翻开有关魏晋的历史，那些林林总总的美男形象俯拾皆是，他们光芒四射，让人眼花缭乱。随便八卦一下，孔融、王戎、钟会、何晏、潘岳、卫玠、裴楷、王夷甫、王羲之、周伯仁、慕容翰、慕容冲、慕容超……数不胜数。

"貌比潘安"这个典故不是空穴来风，潘安的名字也叫潘岳，是那时著名的美男。史料记载，潘安一旦驾车出门都会受到老妇少妇、美女丑女的围追，为了对潘安示好，女人们往往将手里的水果向他乘坐的车投去。以致潘安上一趟街回来，鲜花水果满载而归。这确实让那些没有女人追捧的男人眼红眼热。这不，以一本《三都赋》使洛阳纸贵的左思就是这样，他也模仿潘安的装束打扮，拿着弹弓驾着马车穿城而过，没想到丑陋的左思却惹恼了女人们，砖头石块、烂鞋破巾雨点般向他砸来。美女们公开宣称："长得丑不是你的错，出来吓人肯定是你的错！"

遭到美女围攻更惨的，要数卫玠，不然不会有"看杀卫玠"的故事。卫玠的舅舅王济"俊爽有风姿"，是那时有名的帅男，但是卫玠一旦出现在王济左右，王济就有如"珠玉在侧，觉我形秽"。卫玠光临南京的消息一出，全城女性倾城而动，万人空巷，一浪高过一浪的人潮涌向天王明星卫玠，现场保安束手无策，秩序极度混乱。握手、强吻、拥抱让卫玠应接不暇。这一场推搡、拥挤，使卫玠一病不起，最终为他的粉丝们献出了宝贵生命。

总的来说，那时的美男大致可分两类，一类是何晏、潘安、卫玠等具有中性或柔性之美的帅哥，另一类当然是充满阳刚和雄性美的酷哥，如嵇康、钟会、王戎等人。在后一类帅男中，嵇康无疑是首屈一指的人物，用现在的话来说，酷到了让天下美女瞪爆眼球的程度。

《世说新语》、《晋书》、《文选·五君咏》、《嵇康别传》等史料中，有关嵇康长相风度"酷毙了"的史料，竟有六七条之多，这在惜墨如金的古汉语典籍中实属罕见。

《嵇康别传》中说嵇康"伟容色"，意思是说，相貌气质非常伟岸大气。

《世说新语·容止》里说，但凡见过嵇康的人，都会发出"嵇康的气质实在是潇洒端正，爽朗清高！"的感叹。

还有的人说："嵇康的风度就像松树下的清风，潇洒而清丽，高远而绵长。"

嵇康的好友山涛却说："嵇叔夜就像山崖上的孤松，傲然独立；他醉酒时高大的样子，就像玉山将要崩溃。"

> 美词气，有风仪，而土木形骸，不自藻饰，人以为龙章凤姿，天质自然。（《晋书·嵇康传》）

这句话翻译过来可以这样表述：嵇康有华美的文采和优雅的风度，但不在意修饰自己，不对自己进行多余地打扮，显露出非常自然质朴和冷峻的美感。发于自然，这种并无丝毫做作的气质风范，具体什么样子，笔者的言语实在难以形容。

酷哥嵇康实在是太酷了，仅仅形象和风度所产生的影响也萦绕了很多年，否则不会有记载说，嵇康死后，有人对王戎说："嵇康的儿子嵇延祖（嵇绍）真是卓然超拔，随便往哪里一站，就如鹤立鸡群啊！"嵇康的好友，"竹林七贤"之一的王戎听到这话就说："是吗？你还没见过他父亲呢。"由此可以看出，嵇康的长相和风度了。

更有甚者，《晋书·嵇康传》记载，一次嵇康上山去踏青、采药，一时得意而忘记了回家。天快黑的时候，一位砍柴的樵夫忽然撞见嵇康，嵇康的长相气度顿时惊呆了他。对站在面前的嵇康，樵夫倒头便拜，磕头如捣蒜，口中念念有词，万分惊恐和虔诚。由此看来，那樵夫把嵇康当成了神仙。

说了这么多，嵇康到底长什么样呢？书上记载，嵇康身高"七尺八寸，风姿特秀。""七尺八寸"，相关资料表明汉代的 1 尺相当于今天 23.3 厘米，晋代的 1 尺相当于今天 24.5 厘米，由此算来，嵇康的身高应该在

181.74～191.1厘米之间。这样的身高放在今天，跟吃了转基因和生长激素超标食物长大的"80后"相比也属高个。这么高的个子，加之嵇康一向沉默寡言，喜怒哀乐不善表露的性格和不修边幅的习惯（王戎曾说："我和嵇康相处二十年，也没见过他有喜怒的表情。"），我们便可以这样勾画嵇康的模样了：高个、棱廓分明的五官、坚硬的胡须、略显黑的皮肤和沉默而有些冷峻的神情。显然，这个模样是当下T台上超级阳刚男模才有的形象了。

当然，仅有外表是不够的，一副空空的皮囊往往经不住人们对美的品评和欣赏。

作为男人，学识和才华才是气质风度的最终底蕴。从这一点来讲，嵇康有着和自己天下第一酷哥匹配的东东。他是顶级音乐家、著名作家、诗人、书法家、画家，此外还是魏晋玄学的代表和养生健身专家。他是著作等身，学问超群，且是天下第一的古琴弹奏、作曲和音乐理论高手。

他在音乐领域里的杰出贡献，除我们熟知的《广陵散》外，还有《风入松》和被称为"嵇氏四弄"的《长清》、《短清》、《长侧》、《短侧》四曲。"嵇氏四弄"与蔡邕创作的"蔡氏五弄"合称"九弄"，是我国古代音乐史上最优美的琴曲。隋炀帝时代曾把弹奏"九弄"指定为科举取士的必考科目。嵇康还以"合于天地"的音乐主张撰写了《琴赋》、《声无哀乐论》等理论，这些理论至今仍使无数大师击节赞叹。

嵇康在文学领域的造诣是当时阮籍、何晏等高手都十分佩服的，至今仍有诗歌五十余首、文章十余卷存世。

嵇康擅长书法，工于草书，他的书法作品"精光照人，气格凌云"，在唐代张彦远编撰的《法书要录》里，被评为天下草书第二。

嵇康还有很高的绘画水平，同样是张彦远所编的《历代名画记》登载了嵇康《巢由洗耳图》和《狮子击象图》，只可惜现在都已失散。

此外，嵇康的养身术和理论也非常了得，他的《养生论》甚至成了东晋玄学家的清谈课题。

不要迷恋哥，哥只是个铁匠

如此酷毙的形象和渊博的学识，嵇康的周围自然聚集了一拨非凡之人，可以说天下名士，对嵇康无不趋之若鹜，以至于在嵇康居住的山阳竹林成了"越名教而任自然"的"竹林七贤"聚集之地，成了魏晋文化的"延安"，受到万世敬仰。随之，也就有了著名的钟会窗下投书，有了吕巽、吕安兄弟等人的追慕。

> 年十四，诣洛阳，游太学，遇嵇康于学写石经，徘徊视之，不能去，而请问姓名。康曰："年少何以问邪？"曰："观君风器非常，所以问耳。"康异而告之。后乃亡到山阳，求康不得而还。又将远学，母禁之，至遂阳狂，走三五里，辄追得之。年十六，游邺寻康，复与康相遇，随康还山阳，改名浚，字允元。（《晋书·文苑传·赵至》）

这其中有一位嵇康的"铁丝"叫赵至，有一次在太学见到了去那里搞一个讲座的嵇康，一见之后便为之倾倒。在听了嵇康的一番清谈之后，他竟然发狂，此后辗转跟随，见不到嵇康就发疯自残。嵇康知道后，实在不忍，赵至最后终于如愿以偿得以跟随嵇康左右。

嵇康，如此完美的帅哥，他从哪里来？又是如何修炼而成？

史书记载，嵇康是"谯国铚人"，也就是今天的安徽宿州人，这个地名，看过《三国演义》的人就知道，曹操的老家也在那里，嵇康跟曹操很显然是老乡关系。嵇康的祖上原本姓奚，因为躲避仇家的追杀，才迁徙到这里的。铚县有一座山叫嵇山，嵇康的先人把家安在了嵇山旁边，于是就用嵇山的"嵇"字来作为自己的氏。

跟阮籍一样，他的父亲也曾在曹操手下做官，在嵇康尚小的时候，父亲就撒手人寰。从此嵇康只得跟母亲与哥哥相依为命，艰苦度日。嵇康还是个小婴儿的时候，就显出不一般的才华，在他的周围简直没有人能够跟他沟通。靠着聪慧的天赋和勤奋自学，他在老庄哲学、文学、音乐、书法、美术、养生等等领域都达到了相当的高度。

嵇康有个哥哥，叫嵇喜，成年后在朝廷做了不小的官。这位哥哥虽然也很有才，但骨子里却只崇尚儒家名教正统，总是规规矩矩，从未显露出一丝另类和雷人之处，由是被嵇康的那拨朋友很是瞧不起。有两件事，他是受了嵇康朋友或粉丝很不公平的挤兑的。

籍又能为青白眼，见礼俗之士，以白眼对之。及嵇喜来吊，籍作白眼，喜不怿而退。喜弟康闻之，乃赍酒挟琴造焉，籍大悦，乃见青眼。由是礼法之士疾之若仇，而帝每保护之。（《晋书·阮籍传》）

一是阮籍母亲去世，嵇喜听说后，主动上门去拜祭阮籍母亲，而阮籍一见嵇喜的到来，不但不礼貌接待，反而两腿长伸坐在地上（这叫箕坐，在古代是很失礼的），用自己的特异功能"白眼"对付他：

嵇康与吕安善，每一相思，千里命驾。安后来，值康不在，喜出户延之，不入，题门上作"凤"字而去。喜不觉，犹以为欣故作。"凤"，凡鸟也。（《世说新语·简傲》）

另一次，是嵇康的粉丝吕安来访，正好嵇康不在，于是厚道的嵇喜就热情地出来接待。而吕安见不到自己的偶像，转身就走，临离开，还在大门上大大写下一个"凤"字。厚道的嵇喜并没觉得有什么不好，反而有些高兴，凤毕竟是古代传说的神鸟嘛。等到嵇康回来才明白，原来自己的粉丝在骂哥哥是"凡鸟"。

看来，那时候那些自命不凡的名士甚至高级名士的粉丝有点像今天的某些小资或"品位白领"，你不刻意制造点另类和诡异，就会被他们鄙视，会被他们说一个字："俗！"

当然，嵇康绝对不俗，他根本用不着要去制造一点另类或诡异来博得别人青睐和追捧。他有父母给的健壮高大的身躯、刚毅分明的面部轮廓，有自然高雅的风度和天下第一的才艺。于是，曹魏皇家的长乐公主就看中了他，一夜之间嵇康成了天下第一权贵的女婿，成了皇亲国戚，又由此而成了中央政府的中散大夫（专事朝政评论，参政议政，相当于今天司级干部待遇）。这一点对今天踏出大学校门的朋友来说，绝对是羡慕得掉眼珠的事情。

做了中散大夫的嵇康，几乎没上什么班，而是照旧在家里读书、弹琴、炼丹、吸毒（吃五石散）。过了一段时间，他竟然跑到洛阳郊区盖一草房，在房前的大柳树下打起铁来。一个堂堂地司级干部，不好好上班，跑到乡下去打铁，这放在今天，绝对是让人惊诧得半死的消息。

关于嵇康打铁的事情，如果分析一下原因，我们不难得出其中的奥妙。

一是此时的曹魏天下，经过司马懿父子几人的精心谋划，共同努力，曹操时代的千里长堤，早已被司马氏父子蝼蚁架空吃空，曹操当年对刘家天下的挟持再次上演，而被挟持的对象却已经变成了曹家后人。身为曹魏的女婿，曹家的老乡，曹操旧部的后代，嵇康打铁不能不说是在向司马氏作无声抗议；再者，钻研养身术的嵇康，其实也吃着五石散，五石散药效一旦发作，不拼命运动"发散"就会死人。这是不是也算嵇康去当铁匠的缘由之一呢？笔者当然不能妄言。

没有人预料到，从嵇康改行不做官员做铁匠的那天起，他的厄运也就渐渐到来了。

一不怕苦、二不怕你

要说嵇康，不得不提到一个人，这个人叫钟会。

嵇康与钟会的结怨，可以算得上我们这个国度，高级知识分子与政府高官交往中矛盾冲突的典型案例。

一心要出人头地的青年官员，在起步当初，为了标榜自己的才华，为今后在仕途上有所突破，往往需要借助学界领袖的光芒；而学界领袖对这种并非真正要献身学术的青年，往往一开始就发现了他们的用心所在，从而不予理睬，甚至加以鄙视。自卑的青年往往会认为，因为自己地位不高还没出息，才遭受如此简慢。于是乎，一咬牙，一腔愤懑的青年，不择手段地爬了上去。一旦取得一定社会地位，他会踌躇满志，心理膨胀，演出锦衣回访，以现在的身份地位来拜见昔日心中的偶像明星。其实此时，学术在他们心中根本就不算个东西，他们要达到的目的就是让当年轻视自己的人内心不安，甚至向自己低头，当然，如果此时当年的偶像能知时务、明事理，隐晦表现出歉疚，低下曾经高昂的头颅，一副讨好的模样，那是最好不过的了。以自己此时的身份，和这样的人交往交往，一者可以拾回曾经得不到的东西，为自己脸上再抹一层金色；再则，也显得自己重视学术、重视知识分子。

钟会（225～264），字士季，颍川长社（今河南长葛东）人。三国时魏国谋士、将领，曹魏大臣钟繇的儿子。自幼才华横溢，上至皇帝、下至群臣都对他非常赏识。在征讨毌丘俭、诸葛诞其间，屡出奇谋，当时被大家比作西汉谋士张良，他曾为司马昭献策阻止了曹髦的夺权企图，所以成了司马氏的亲信。

关于钟会，《世说新语》里有一个他小时候的故事是这样说的：

钟会父亲钟繇的几个儿子都很不错，上进成才。大儿子钟毓很厉害，年纪轻轻就做到散骑常侍的官。可是最厉害的还是小儿子钟会。钟会很小的时候就非常聪明，当时著名的大臣蒋济到钟繇家做客，一眼见到钟会，就惊讶万分，瞪着大大的眼睛看了钟会好半天，之后对钟繇说："这个孩子可不是一般的人啊，你看看他的眼睛就知道，一点儿也不怯场，这是个胆大如斗的奇才。"后来钟繇带着钟毓、钟会哥俩去见皇帝曹丕，钟毓头一次上殿见到曹丕，吓得全身是汗，钟会却好像没事一样，非常从容。曹丕问："钟毓啊，你怎么会出那么多汗呢？"钟毓回答说："皇上天威，我才战战兢兢，汗如雨下。"曹丕看到如无其事的钟会，又问："钟会，你怎么不出汗呢？"钟会看了一眼皇上和哥哥，回说："皇上天威，使我战战兢兢，汗都不敢出。"曹丕听了哥俩的回答，哈哈哈大笑，相对钟毓的忠厚，不由得对聪明的钟会更加喜欢一些。

他这一切，被窃国大盗司马昭的夫人看在眼里，她曾断言"钟会见利忘义，好为事端，宠过必乱，不可大任"。

景元四年（263），钟会独力支持司马昭的伐蜀计划，从而发动伐蜀之战。灭蜀后，他大力结交西蜀名士，打击邓艾等人，打算自立政权，但由于手下官兵不支持他的行动而发动兵变，最终与蜀汉降将姜维一道死于兵乱之中。司马昭夫人的话竟然全盘应验。

通过刻苦自学，迈入二十五岁之后的嵇康逐渐成为学界领袖，而此时的钟会却只是中书侍郎（相当国务院办事员）的职务，钻头觅缝想升官发财的他，其实也非不学无术之辈，只是他类似于"学以致用"的主张一开始就遭到嵇康等人的鄙视。

《四本论》是已失散的魏晋南北朝时期的识人用人的哲学名著，该书针对曹魏政权中后期，统治集团内部引起广泛关注并争论不休的有关官吏选拔中才能与品质的问题进行深入探究，这一著作对中国古代乃至今天的社会都有着积极的意义。这本书的作者就是钟会。作为该书的作者，钟会很想让自己的思想在学界引起反响，从而对自己的升官发财有所帮助。一本著作的成功，在今天看来也不外乎两个渠道，一是名家的叫好，二是政府高层的推波助澜。于是，按捺不住的钟会想起了嵇康——这个天下名士和太学生无不景仰的学界领袖。一想起嵇康平时对自己没好脸色，钟会自然就会紧张起来，反反复复纠结几天之后，钟会终于鼓起勇气，带着自己的新书向嵇康家出发了。距离嵇康家越近，他的心里越是没底，越是恐慌。围着嵇康的居所绕了几圈之后，他把书从一扇开着的窗户里扔了进去，没命地跑了。由此可见，这个貌似好学上进、勤于思考的青年干部，在嵇康这个冷峻的学界领袖面前是多么地自卑和心虚。这事，最终成了钟会的一块心病。

人生往往充满许多变数，更何况在"城头变幻大王旗"的魏晋时代。

几年之后，当嵇康在乡村柳树下带着向秀打铁的时候，钟会已经成了司马昭手下可以翻云覆雨的谋臣了。

> 钟士季精有才理，先不识嵇康，钟要于时贤俊之士，俱往寻康。康方大树下锻。向子期为佐鼓排。康扬槌不辍，傍若无人，移时不交一言。钟起去。康曰："何所闻而来？何所见而去？"钟曰："闻所闻而来，见所见而去。"（《世说新语·简傲》）

一个万里无云的日子，当第一缕朝阳洒在首都洛阳静谧街巷之中时，当朝权贵新秀钟会府第前，已经人欢马嘶，华丽的马车和大群随行已经做好了出发的准备。踌躇满志的钟会一身崭新的便装，登车揽辔，大手一挥，长长的队伍浩浩荡荡便向着嵇康打铁的乡下去了。

中午时分，大队人马终于抵达了传说中嵇康打铁的村庄。

蝉声中，火辣辣的太阳照着大地。远远地，但见一棵大柳树周围挖了一条蜿蜒的水渠，柳树的树荫下，一位高个汉子肌肉隆起，高高举起的铁锤一下一下砸向通红的铁饼。于是，"叮叮当当"悦耳的声音和着焰火般的铁水星花就从他刚毅优雅的神情与举手投足间流淌出来。他的旁边，一位汉子两腿长长地伸着席地而坐，悠闲地拉着风箱，那泛着蓝光的炉火也在他伸拉之

嵇康

酷毙眼球的诡异铁匠

间一盈一缩地跳跃着。

钟会把手一抬，车马随从立即停了下来。四周静悄悄的，阳光如无数花针自天上倾泻下来。钟会走上车头，抬手遮额，就这样远远看着柳树下的两个人。两位打铁的汉子其实早已看见了华丽的马车和庞杂的队列，但此时，他们像什么也没见到一样，依旧舞动手里的铁锤、拉动风箱，阳光从树荫的缝隙间投下来，洒在他们雄健裸露的肌体上。时间仿佛凝固。

嵇康终于看清了钟会，但他却没丝毫反应，依旧锻打、淬火、加温，偶尔跟坐着拉风箱的向秀说上一句，就是不答理远道而来的钟会。钟会就这样良久地看着他们。在低头沉默一阵之后，钟会再次把手一挥，正欲转身进车。此时，柳树下的嵇康说话了，他大声地对着钟会说："听到了什么消息才来的啊？又看到了什么而离去呢？"怒火正旺的钟会听了这话，立马回答道："我听到了所听到的而来，看到了所看到的而去！"说罢，钟会转身回车，大队人马消失在一阵烟尘中。

官迷，哥和你绝交

山涛，"竹林七贤"之一，嵇康的铁哥们。

他出生在今河南武陟境内的一个穷苦人家，可以说，山涛正是因为结识了嵇康、阮籍走入竹林获得了名士资格，才一步步走进官场，最后做上了吏部尚书位置的。他的一生，在魏晋时代是贫苦出生的人士通过个人奋斗获得成功的稀缺范例。在"竹林七贤"中，山涛年龄最大，入仕也最晚，但却是最为成功的一个。

可以说，"竹林七贤"中，山涛、向秀两人是最没故事的人。山涛没故事不是因为他不伟大，而是因为他的言行最为中规中矩，无任何雷人事迹，唯一让人觉得有点意思的是他有一个很通达、老练的妻子；而向秀的没故事就是真正没故事了，在"七贤"之中向秀排名最后，一是影响不大，二是史料中有关的他记载不但少，且很平淡。能让人记住的仅两次出现，一次是钟会来访时给嵇康拉风箱，一次是嵇康被杀后他对司马昭说妥协的话。

山涛进入"竹林七贤",可以说是有心为之,他有着自己的人生目标,以他的贫穷和卑微,他必须借助"竹林七贤"中嵇康、阮籍的声名才能踏上通向仕林的道路。史料记载,山涛当年一名不文的时候与嵇康、阮籍的交往,是得到妻子支持的。山涛和嵇康、阮籍一见面,就情投意合。山涛的妻子觉得丈夫和这两个人的交往非比寻常,就问他怎么回事,山公说:"眼下可以作为我的朋友的,只有这俩人了。"妻子说:"从前僖负羁的妻子也曾亲自观察过狐偃、赵衰,我也想看看他们,可以吗?"有一天,二人来了,妻子劝山涛留他们过夜,给他们准备了酒肉。晚上,她透过墙洞去观察这两个人,竟流连忘返,直到天亮。山公过来问道:"你觉得这二人怎么样?"妻子说:"你的才智情趣比他们差得太远了,只能以你的见识气度和他们交朋友。"山公说:"他们也是这样认为。"

这段故事中,山涛夫妇的工于心计和交朋友的目的似乎有所显现。

曹奂景元二年(261),司马昭晋公爵获九锡,广络天下人才,迁调时任吏部郎(相当中组部某部门负责人)的山涛为散骑侍郎(皇帝身边办事人员)。不知是司马昭授意还是山涛想帮嵇康的忙,总之,山涛向司马昭举荐了嵇康接替自己的职位。其实,这已经是山涛第二次举荐嵇康了,第一次是在259年,当嵇康从向秀等口里知道这个消息后,当即毫不犹豫地拒绝了。而这一次,山涛推荐自己接替的是国家一等实权部委的实权位置,比之嵇康本来的毫无实质意义和前途、班都可以不坐的闲职——中散大夫不知要实惠多少倍。

但是嵇康这一次却发怒了。几番思量之后,他提笔给山涛写了一封千古流传的绝交书,全书加现代句读长达一千八百字,这在当时,算是天下第一长信了。现翻译个别段落如下。

山涛敬启:

……

近来听说你升官了,我感到十分忧虑,恐怕你不好意思独自做官,要拉我充当助手。正像厨师羞于一个人做菜,要拉祭师来帮忙一样,这等于让我手执屠刀,也沾上一身血腥味,所以向你陈说一下我不愿意这样做的道理。

......

倘使你纠缠住我不放，不过是想为朝廷物色人，使我为世所用罢了。你早知道我放任散漫，不通事理，我也以为自己各方面都不及如今在朝的贤能之士。不要以为世俗的人都喜欢荣华富贵，而我恰恰能够抛弃它，并以此感到高兴；这最接近我的本性，可以这样说。假使是一个有高才大度，又无所不通的人，而又能不求仕进，那才是可贵的。像我这样经常生病，想远离世事以求保全自己余年的人，正好缺少上面所说的那种高尚品质，你怎么能看到宦官就赞他是守贞节的人呢？倘使急于要我跟你一同去做官，想把我招去，经常在一起欢聚，一旦来逼迫我，我一定会发疯的。若不是有深仇大恨，我想是不会到此地步的。

山野里的人以太阳晒背为最愉快的事，以芹菜为最美的食物，因此想把它献给君主，虽然出于一片至诚，但却太不切合实际了。希望你不要像他们那样。我的意思就是上面所说的，写这封信既是为了向你把事情说清楚，并且也是向你提出断绝友谊。

嵇康谨启

此信一出，立即在名士中、官场间流传开来，以从未有过的速度登上了当时的阅读排行榜首位。

信中，"这等于让我手执屠刀，也沾上一身血腥味"、"你怎么能看到宦官就称赞他是守贞节的人呢？"、"若不是有深仇大恨，我想是不会到此地步的"等喜怒笑骂俯拾皆是，而写信人恰恰是曹家的姑爷兼老乡、兼旧属后人的嵇康，这不能不让司马昭觉出其中有"王顾左右而言他"的意味。这些话，对山涛来说，可能还能够理解、承受，但对司马氏家族来说，犹如无形的利剑投枪，疼得司马昭咬牙切齿。

畜生！哥更要跟你绝交

在乡间打铁的酷哥嵇康，本意是要远离俗世是非，却不想被卷入一场烂污。

　　曹魏时代的镇北将军、益州牧吕昭有两个儿子，一个叫吕巽，一个叫吕安。这兄弟俩都是嵇康的铁杆粉丝，与嵇康的关系还不错。史料记载，嵇康与这哥俩住的地方相隔天南地北，但"每一相思，千里命驾"，时不时嵇康还去吕家与吕安浇浇菜地什么的。这哥俩先前的关系也不错，两人都对嵇康敬佩有加，一旦见到嵇康，上至天文地理、下至鸡毛蒜皮，国事家事，通通一股脑要对嵇康说。

　　然而，后来在他兄弟俩之间发生的事情却让人难以启齿。

　　事情出就出在后来吕安娶了一个非常漂亮的老婆，第一次见到弟媳的时候，吕巽就按捺不住禽兽之心，对弟媳的美貌垂涎三尺。一个偶然的机会，吕安外出访友未归，哥哥吕巽竟趁家宴之际，设法将吕安的老婆灌醉，然后趁弟媳无力反抗将她奸污。

　　回到家中的吕安，怒羞难当。当即找到哥哥要为妻子讨回公道，于是，一阵抓扯、怒骂之后，吕安一纸诉状，要将吕巽告上法庭。由此，吕氏一家污水横流、天翻地覆。愤怒不过的吕安此时想到了偶像嵇康，他要让这个天下第一明星，来为自己评评理，为自己出口恶气。于是，他连夜修书一封，把哥哥这个畜生的兽行告诉了嵇康。嵇康收到信后，顿时勃然大怒，但作为吕家的偶像、好友，他又不得不冷静下来，立即起程，马不停蹄赶赴吕家进行劝解、调停。由于嵇康在粉丝们心中的地位，在他的劝说下，吕安答应了嵇康的要求，不将此事扩大，低调处理；另一方面，吕巽也认了错，并且以全家除吕安外的父子六人的名义发誓，答应永远不再伤害吕安。

　　按说，这事到这里就该结束了。

　　然而，这件事所留下的阴影，却挥之不去，甚至愈演愈烈。兄弟妯娌间的隔阂在此后的生活中越来越大，吕氏全家长幼都进一步卷入了这个龌龊事件中。做贼心虚的吕巽再也坐不住了，他网络罪名，说吕安不孝，一纸诉状将吕安告上了法庭。在那个以孝治天下的时代，这个罪名一旦成立，比今天的颠覆国家安全罪甚至还重，绝对头等大罪，罪不可赦。名士阮籍丧母其间喝酒吃肉，就有士大夫当庭提出应该杀头，幸有司马昭为他开脱才未成立。阮咸丧母其间幸了鲜卑美女是因无人告发。其他有不孝之嫌的名士也因高层开脱或民不告，官才不追究，作为一介凡夫，不孝的下场绝对很惨。吕安不孝的罪名经吕巽串通官府，竟然成立，因而坐牢。

得知这个消息的嵇康，愤怒到了极点。立即手书一封，标题叫《与吕长悌绝交书》，全书三百字，字字含愤。

> 康白：昔与足下年时相比，以故数面相亲，足下笃意，遂成大好，由是许足下以至交，虽出处殊途，而欢爱不衰也。及中间少知阿都，志力开悟。每喜足下家复有此弟。而阿都去年向吾有言：诚忿足下，意欲发举。吾深抑之，亦自恃每谓足下不足迫之，故从吾言。间令足下因其顺亲，盖惜足下门户，欲令彼此无羔也。又足下许吾终不击都，以子父交为誓，吾乃慨然感足下，重言慰解都，都遂释然，不复兴意。
>
> 足下阴自阻疑，密表击都，先首服证都，此为都故，信吾，又无言。何意足下包藏祸心邪？都之含忍足下，实由吾言。今都获罪，吾为负之。吾之负都，由足下之负吾也。怅然失图，复何言哉！若此，无心复与足下交矣。古之君子，绝交不出丑言。从此别矣！临书恨恨。嵇康白。

这封信应该这样翻译：

与你相识后，见你还算诚实，就答应你做我的朋友，并因此认识了阿都（吕安小名），我为你有这样一个出色的弟弟而由衷高兴。

去年阿都对我说，他对你很气愤，打算控告你，我劝阻了他，我这是为了你们吕家着想。后来你又以你们父子六人的名义起誓，答应我永远不再伤害阿都。我相信了你，再次劝慰阿都，阿都也就放弃了告你的想法。没想到你包藏祸心，暗递诉状于官府，诬告阿都。

阿都原谅了你，是听了我的话，现在阿都获罪，是我对不起他，而这又是因为你对不起我。

我没来得及救阿都，我无话可说，事已至此，我也没有心思再和你做朋友了，从此别矣，临书恨恨。写信人：嵇康。

发出信后，义愤填膺的嵇康亲自前往洛阳，为吕安辩护。"为不孝辩护，就是对当下的法理不满，对法理的不满也就是对朝廷不满"，由是，嵇康也被抓了起来投入大牢。

哥走了，只可惜这曲子

一代学界领袖、天下第一酷哥、第一才艺明星、第一养生专家嵇康入狱的消息震惊了洛阳朝野。

> 康之下狱，太学生数千人请之。于时豪俊皆随康入狱，悉解喻，一时散遣。康竟与安同诛。（《世说新语》注引王隐《晋书》）

这句话翻译过来应该这样理解：在得到嵇康入狱消息的当天，首都各大学师生集体罢课，数千人拥向街头，游行队伍高呼口号穿城而过，去到司马氏的"白宫"草坪上，为嵇康请愿，强烈要求释放嵇康；与此同时，在京的名士、学者、达人也纷纷拥向监狱，要求陪同嵇康一起坐牢。最后，在司马氏强大的政治和武力威胁下，被一一解散、遣送回家。

此时，那个嵇康曾经结怨的高层干部钟会终于逮到了机会，对司马昭说："嵇康，是条盘踞着的龙，你不能让他腾起来。你如果担心天下会失去的话，嵇康就是一个最大的隐患。上次毋丘俭谋反，要不是山涛阻止了他，嵇康和他手下那些追随者肯定是要动手帮助他的。以前齐国姜太公杀华士，鲁国孔丘杀少正卯。正因为他们扰乱破坏了当时的秩序与教化，所以这两位圣贤把他们给铲除了。嵇康和吕安言论放荡，诽谤社会公德和国家政策，这是作为帝王的你不应该宽容的。应该乘这个机会把嵇康等铲除，才能使国家风俗淳正，长治久安。"

在这段话里，钟会使用了两个让司马昭胆寒的关键词：卧龙、毋丘俭。卧龙，睡着的龙，引申为蛰伏的英雄。钟会是把嵇康和诸葛亮、刘备等同了，意思是这样的人迟早要造反。毋丘俭，正元二年从淮南起兵反对司马师的将领。

司马昭亲切听完钟会的话，便立即下令，把嵇康、吕安一起杀掉。

嵇康即将在东市被处刑，数千个太学生再次集体拥向刑场，请求让嵇康做他们的老师，转奏民意的快马回来传达最高指示："不行！"

> 康临刑东市，太学生三千人请以为师，弗许。康顾视日影，索琴弹之，曰："昔袁孝尼尝从吾学《广陵散》，吾每靳固之，《广陵散》于今绝矣！"时年四十，海内之士，莫不痛之。（《晋书·嵇康传》）

刑场上静悄悄的，只偶尔传出低低的抽泣声和人们抬腕揩泪时的窸窣声。嵇康抬头看了一下太阳的影子，要来古琴，在万人瞩目下开始弹奏。

曲终，把琴一推，对着台下黑压压的送行人说："以前袁孝尼袁准曾跟从我学习《广陵散》，我老是严守秘密不教他，真可惜呀，《广陵散》这个曲子从今以后再也没人会弹了！"

嵇康引颈就义。

这一年嵇康四十岁。

入狱后，嵇康曾写给儿子嵇绍一封遗书，他说："有山涛伯伯在，你不会成为孤儿的。"

> 嵇绍入洛，或谓王戎曰："昨于稠人中始见嵇绍，昂昂然若野鹤之在鸡群。"（《世说新语·容止》）

N年后，在山涛的推举下，嵇绍做到了侍中的位置（皇帝身边重要谋臣）。

一次，嵇康的另一位朋友、"竹林七贤"之一的王戎手下一位官员对王戎说："嵇康的儿子嵇绍真是太帅了，随便往哪里一站，那简直就是鹤立鸡群呀！"王戎回答说："是吗？那是因为你没见过他父亲吧。"

【成语】长林丰草

【拼音】cháng lín fēng cǎo

【释义】幽深的树林，茂盛的野草。指禽兽栖止的山林草野，旧常喻隐居之地。

【出处】三国·魏·嵇康《与山巨源绝交书》："赴蹈汤火，虽饰以金镳，飨以嘉肴，逾思长林而志在丰草也。"

【成语】浊酒一杯

【拼音】zhuó jiǔ yī bēi

【释义】浊：浑浊。指酒质差而且有限，聊以自娱或排遣。

【出处】三国·魏·嵇康《与山巨源绝交书》："浊酒一杯，弹琴一曲，志愿毕矣。"

【成语】鸣弦揆日

【拼音】míng xián kuí rì

【释义】称赞嵇康的恬静寡欲，坦荡无私。

【出处】《晋书·嵇康传》："康将刑东市，太学生三千人请以为师，弗许。视日影，索琴弹之。"后以"鸣弦揆日"称赞嵇康的恬静寡欲，坦荡无私。《后汉书·逸民传论》："若伊人者，志陵青云之上，身晦泥污之下，心名且犹不显，况怨累之为哉！与夫委体渊沙，鸣弦揆日者，不其远乎！"李贤注："鸣弦揆日，谓嵇康临刑顾日景而弹琴也。论者以事迹相明，故引康为喻。"

【成语】抗心希古

【拼音】kàng xīn xī gǔ

【释义】抗：通"亢"，高尚。抗心：使志向高尚。希：期望。使自己志节高尚，以古代的贤人为榜样。

【出处】三国·魏·嵇康《幽愤》："抗心希古，任其所尚。"

【成语】无馨无臭

【拼音】wú xīn wú xiù

【释义】馨：香。没有香味，也没有臭味。比喻没有名声，不被人知道。

【出处】三国·魏·嵇康《幽愤》："庶勗将来，无馨无臭。"

【成语】心闲手敏

【拼音】xīn xián shǒu mǐn

【释义】闲：熟悉。敏：灵敏。形容技艺熟练了，心里闲静，手法灵敏。

【出处】三国·魏·嵇康《琴赋》："于是器冷弦调，心闲手敏。"

【成语】金兰之契

【拼音】jīn lán zhī qì

【释义】金：比喻坚。兰：比喻香。契：投合。指交情投合的朋友。

【出处】南朝·宋·刘义庆《世说新语·贤媛》："山公与嵇、阮一面，契若金兰。"

【成语】目送手挥

【拼音】mù sòng shǒu huī

【释义】手眼并用，怎么想就怎么用。也比喻语言文字的意义双关，意在言外。

【出处】三国·魏·嵇康《赠兄弟才公穆入军》诗："目送归鸿，手挥五弦，俯仰自得，游心太玄。"

【成语】鹤立鸡群

【拼音】hè lì jī qún

【释义】指像鹤站立在鸡群中。引指人的仪表和才能出众。

【出处】晋·戴逵《竹林七贤论》："嵇绍入洛，或谓王戎曰：'昨于稠人中始见嵇绍，昂昂然若野鹤之在鸡群。'"南朝·宋·刘义庆《世说新语·容止》："有人语王戎曰：'嵇延祖卓卓如野鹤之在鸡群。'"此成语指的是嵇康的儿子嵇绍。

【成语】赴汤蹈火

【拼音】fù tāng dǎo huǒ

【释义】赴：奔向。汤：开水。蹈：奔向，踩。奔向沸水，踩着烈火。比喻不畏艰险，奋不顾身。

【出处】出自三国·魏·嵇康《与山巨源绝交书》："此犹禽鹿，少见驯育，则服从教制；长而见羁，则狂顾顿缨，赴蹈汤火。"

【成语】一行作吏

【拼音】yī xíng zuò lì

【释义】指一旦做了官，人就会变。贬义。

【出处】三国·魏·嵇康《与山巨源绝交书》中有："游山泽，观鱼鸟，心甚乐之。一行作吏，此事便废。"

【成语】兴高采烈

【拼音】xìng gāo cǎi liè

【释义】兴致高；精神饱满。采：神采，精神。烈：热烈。原指文章旨趣很高，文辞犀利。现指兴致高，情绪热烈。

【出处】南朝·梁·刘勰《文心雕龙》："叔夜俊侠；兴高而采烈。"叔夜，指嵇康。

【成语】视丹如绿

【拼音】shì dān rú lǜ

【释义】丹：红。把红的看成绿的。形容因过分忧愁而目视昏花。

【出处】三国·魏·郭遐叔《赠嵇叔夜》诗："心之忧矣，视丹如绿。"

【成语】事与愿违

【拼音】shà yǔ yuàn wěi

【释义】事情的发展与愿望相反。指事情没能按照预想的方向发展。

【出处】三国·魏·嵇康《幽愤》诗："事与愿违，遘兹淹留。"

【成语】窃语私议

嵇康 酷毙眼球的诡异铁匠

101

【拼音】qiè yǔ sī yì

【释义】私：私下。背地里小声议论。衍生成语：窃窃私语。

【出处】三国·魏·嵇康《家诫》："若见窃语私议，便舍起，勿使忌人也。"

【成语】龙骧虎步

【拼音】lóng xiāng hǔ bù

【释义】龙，古代称骏马为"龙"。骧，马昂首的样子。龙骧虎步，像骏马高昂着头，像老虎迈着雄健的步伐。形容气概威武雄壮。

【出处】三国·魏·嵇康《卜疑》："将如毛公蔺生之龙骧虎步，慕为壮士乎？"《三国志·魏书·陈琳传》："今将军总皇威，握兵要，龙骧虎步，高下在心；以此行事，无异于鼓洪炉以燎毛发。"

【成语】堆案盈几

【拼音】duī àn yíng jī

【释义】堆：堆积。案：案头。公文、书信、图书等堆积满案头。原指等待处理的文件大量积压。后也指书籍或文字材料非常多。

【出处】三国·魏·嵇康《与山巨源绝交书》："素不便书，又不喜作书，而人间多事，堆案盈机；不相酬答，则犯教伤义，欲自勉强，则不能久。"

【成语】才长识寡

【拼音】cái cháng shí guǎ

【释义】指人善于治学，不善治身。

【出处】原为"才多识寡"。南朝·宋·刘义庆《世说新语·栖逸》中有："嵇康游于汲郡山中，遇道士孙登，遂与之游。康临去，登曰：'君才则高矣，保身之道不足。'"

【成语】半信半疑

【拼音】bàn xìn bàn yí

【释义】指对人对事不能肯定。

【出处】原为"半信半不信"。三国·魏·嵇康《答释难宅无吉凶摄生论》中有："苟卜筮所以成相，虎可卜而地可择，何为半信半不信耶？"后见宋·朱熹《朱子语类》："若他们听过了，半信半疑，若存若亡，安得不惰？"

【成语】龙章凤姿

【拼音】lóng zhāng fèng zī

【释义】章：文采。蛟龙的文采，凤凰的姿容。比喻风采出众。

【出处】南朝·宋·刘义庆《世说新语·容止》刘孝标注："康长七尺八寸，伟容色，土木形骸，不加饰厉，而龙章凤姿，天质自然。"

【成语】吕安题凤

【拼音】lǚ ān tí fèng

【释义】比喻造访不遇。

【出处】南朝·宋·刘义庆《世说新语·简傲》："嵇康与吕安善，每一相思，千里命驾。安后来，值康不在，喜出户延之，不入。题门上作'凤'字而去。"

【成语】千里命驾

【拼音】qiān lǐ mìng jià

【释义】命驾：命令车夫驾车。指路远的好友造访。多形容友情深厚。

【出处】《晋书·嵇康传》："东平吕安服康高致，每一相思，辄千里命驾，康友而善之。"

【成语】广陵绝响

【拼音】guǎng líng jué xiǎng

【释义】广陵：指琴曲《广陵散》。绝响：失传的乐曲。比喻失传的学问、技艺。

【出处】《晋书·嵇康传》记载，嵇康善于弹奏《广陵散》，没有传授给人。他被司马昭所害，临行时要求把琴拿来，又弹了一遍，说："《广陵散》于今决响也。"

【成语】黄公酒垆

【拼音】huáng gōng jiǔ lú

【释义】垆：酒肆放置酒坛的土台子，借指酒店，酒馆。又见到了黄公开的那个酒馆。比喻人见景物，而哀伤旧友，或作为伤逝忆旧之辞。

【出处】南朝·宋·刘义庆《世说新语·伤逝》："王浚冲为尚书令，著公服，乘轺车，经黄公酒垆下过。顾谓后车客：'吾昔与嵇叔夜、阮嗣宗共酣饮于此垆……今日视虽近，邈若山河。'"

【成语】浑金璞玉

【拼音】hún jīn pú yù

【释义】比喻天然美质，未加修饰。多用来形容人的品质淳朴善良。

【出处】南朝·宋·刘义庆《世说新语·赏誉》："王戎目山巨源如璞玉浑金，人皆钦其宝，莫知名其器。"

【成语】玉山将崩

【拼音】yù shān jiāng bēng

【释义】玉山：比喻品德仪容美好的人。也形容酒醉后东倒西歪的样子。

【出处】南朝·宋·刘义庆《世说新语·容止》："嵇叔夜之为人也，岩岩若孤松之独立；其醉也，傀俄若玉山之将崩。"

 阮籍 疯狂时代的另类谜语

人物简介

姓名：阮籍，字嗣宗，外号阮步兵
家庭出身：官僚名士之家
籍贯：河南开封
生卒：公元 210-263 年
社会关系：建安七子之一阮瑀的儿子。嵇康、山涛、刘伶等人的好友，司马昭父子三人器重的下属
社会身份：官员、隐士、"竹林七贤"之首
容貌：俊美奇伟，容貌瑰杰
主要作品：《咏怀诗》八十余篇、《达庄论》、《大人先生传》、《劝进表》……

雷人言行

◎ "时代没有英雄，使垃圾小人侥幸成功！"
◎ 创造了大醉六十天不省人事的醉酒记录。
◎ 隔壁酒吧一美女卖酒，每次去都喝得烂醉，然后凑近老板
　娘倒头便睡。

相关成语

得意忘形　青眼相加　广武之叹　丹青不渝　虱处裈中　蹉跎岁月
禽兽不如

作者评价

超级滑头是这样炼成的；
一半是海水，一半是火焰。

他是阮籍

> 阮籍常率意独驾，不由径路，车迹所穷，辄痛哭而反。（《魏氏春秋》。《晋书·阮籍传》亦载其事，文字略同。）

天色将晚，一辆孤独的牛车，吱吱咕咕，在天穹下，向着荒郊野外越走越远。牛车走走停停，时而官道，时而小路。没有方向，没有目标，直到穷途末路，牛车停了下来，老牛抬头张望眼前黛黑的群山。

此时，车篷里突然传出号啕之声，如黄河瞬间决口，一泄难收。哭声在空寂的山谷撞击，旋转、回荡。

哭声直弄得江河含悲，群山垂泪。

天黑了，哭声渐渐喑哑。

车里探出一人，掉转牛车，像来时一样晃晃悠悠向回城的方向摇去。

这个人叫阮籍。

他生活在周瑜被气死，刘备借得荆州的公元210年与蜀汉刘禅投降曹魏政权的公元263年之间。

可以说，没有阮籍，魏晋的多彩、另类和疯狂将黯然失色。史料记载有关阮籍的雷人事迹，的确太多：

> 阮公邻家妇有美色，当垆酤酒。阮与王安丰常从妇饮酒，阮醉，便眠其妇侧。夫始殊疑之，伺察，终无他意。（《世说新语·任诞》）

阮籍的隔壁有一酒吧，酒吧里有一绝色少妇当垆卖酒。从见到美妇那天开始，阮籍就来劲了，此后常常有意无意邀约王安丰等一帮朋友去那里"飙"酒，一"飙"一个醉。一旦喝醉，就歪歪斜斜走到美妇身边，也不说话，靠

106

着美妇倒下就睡。美妇的老公在一边每每咬牙切齿（暗暗抓起板凳、斧头等凶器）。然而，鉴于阮籍的身份和消费，他便冷静下来，通过很长一段时间的观察，却发现阮籍并没出轨举动。

> 兵家女有才色，未嫁而死。籍不识其父兄，径往哭之，尽哀而还。（《晋书·阮籍传》）

兵家有位非常漂亮且很有才华的未婚美女，阮籍没机会认识。有一天，传来美女病死的消息，阮籍一听，顾不得与这家人毫不相识，径直跑到姑娘灵堂，倒头大哭，美女的亲朋好友却无一人认得，无不感到惊诧。哭够了的阮籍从地上起来，整肃衣冠，旁若无人而去。

阮籍的嫂嫂应该也有一定姿色的，如果仅仅因为亲情，阮籍也不会这般殷勤。这位嫂嫂刚跟哥哥结婚的时候，要去娘家"回门"，于是阮籍出来，殷勤相送，并与之亲切话别。在那个即使是亲人之间也得"长幼有序，男女有别"的年代，阮籍这种行为惹得众人议论纷纷。阮籍一听，不但没有愧色，反而大发雷霆："这些礼法难道也是为我这样的人设的？"

以上三则故事，都是与美色有关的。如果仅仅因为这些，到今天为止，可能知道阮籍大名的人就会少很多。史料记载的有关阮籍的疯狂和雷人事迹，在一篇小文中实在无法一一道来。这里再选一段阮籍丧母期间的故事，读者必定会对阮籍这个人有进一步的了解。

> 性至孝，母终，正与人围棋，对者求止，籍留与决赌。既而饮酒二斗，举声一号，吐血数升。及将葬，食一蒸肫，饮二斗酒，然后临诀，直言穷矣，举声一号，因又吐血数升，毁瘠骨立，殆致灭性。裴楷往吊之，籍散发箕踞，醉而直视，楷吊唁毕便去。或问楷："凡吊者，主哭，客乃为礼。籍既不哭，君何为哭？"楷曰："阮籍既方外之士，故不崇礼典。我俗中之士，故以轨仪自居。"时人叹为两得。籍又能为青白眼，见礼俗之士，以白眼对之。及嵇喜来吊，籍作白眼，喜不怿而退。喜弟康闻之，乃赍酒挟琴造焉，籍大悦，乃见青眼。（《晋书·阮籍传》）

阮籍很小的时候父亲就去世了，母亲含辛茹苦地守寡将他养大。父亲的好友曹丕见他孤儿寡母，曾经还为阮籍母子写过一首《寡妇诗》。

母亲去世的那天，阮籍正跟朋友下棋。听到有人来叫，与他对弈的朋友当时就要求停棋，阮籍好像若无其事，还一个劲儿地催促对方下完残局，对家欲罢不能。直到下完那局棋，他才站起来，继而叫人拿酒，一仰头咕咚咕咚连喝两斗（相当一斤半到两斤五十三度茅台）。然后，他用尽全身之力啸叫一声，吐血数升，倒在地上。

灵堂搭起来了，法事做开了，亲朋好友纷至沓来。这其中，有"玉人"之称的贵族子弟兼名士的裴楷前来拜祭阮母。阮籍不但不按当时的规矩跪地迎接，反而披头散发，肆无忌惮地伸长双腿坐在地上，一双直勾勾的醉眼茫然瞪着熙熙攘攘的来宾。裴楷见阮籍如此失态无礼，也没说什么，礼节性地哭泣着祭祀完毕就走人。旁人对裴楷说：一般来说，凡去人家拜祭亡人的，主人必须一边迎接一边哭泣，客人才会礼节性地跟着哭泣拜祭。你的朋友阮籍自己丧母都不哭，你为什么还要哭？裴楷说：阮籍是另类的人，所以不用讲礼仪。而我却是一个俗人，所以还必须按照俗人规矩来行事。

灵堂里人来人往，阮籍就这样瞪着直勾勾的眼睛坐着。这时同在曹操手下为官的父亲的同事嵇昭的大儿子嵇喜，也闻讯赶来拜祭阮母，嵇喜虽亦为官家子弟，却没有名士的才气和另类，这在阮籍看来，根本就是一俗人，对于俗人，阮籍更是不屑一顾的。如果说前面的裴楷前来拜祭阮母未能受到礼遇，那么嵇喜的遭遇绝对会让你想揍人。嵇喜进去的时候，阮籍依旧披头散发，双脚长长地伸着靠墙坐在地上，鼓着死鱼般的醉眼。看到嵇喜一到，阮籍就气不打一处来，也不顾自己重孝在身，立即使出自己"青白眼"的特异功能——双目一翻，黑眸不知所终，全然眼白对着嵇喜，表现出强烈的鄙视。阮籍的这一招在熟悉他的人中，是出了名的。见到这种情况，嵇喜只得匆匆拜完，难过地离开了。嵇喜的弟弟嵇康听到哥哥的遭遇后，立马拿着心爱的古琴、带上一坛好酒，前去阮籍母亲的灵堂。阮籍一见带着琴拎着酒的嵇康，立即来了精神，于是又使出了特异功能，双眼一翻，黑黝黝的眸子睁得大大的，欣喜之情顷刻表露无遗。

母亲出殡的那天，阮籍命人蒸了一只小肥猪，就着喷香的烤乳猪，又一气喝了两斗酒，然后跟母亲遗体诀别，却只说了一句："完了！"大号一声，他再一次口吐鲜血，昏厥过去，很久才醒来。

母亲下葬之后，阮籍并没如《礼记》要求的那样——守孝三年，清心寡欲，斋戒酒肉，定量半饱饮食。一次，适逢晋文王司马昭大宴群臣，听到司马昭宴请，阮籍欢天喜地而去，席间毫无顾忌，大快朵颐。在座的司隶校尉何曾实在看不下去了，就对司马昭说："您正在倡导以孝治国，而阮籍却在母丧期间出席您的宴会，毫无顾忌地喝酒吃肉，这样的人，应该按照法律规定把他流放到偏远的地方，以正风俗教化。"司马昭想了想说："嗣宗如此悲伤消沉，你不能分担他的忧愁，为什么还这样说呢？况且服丧其间有病的话，是可以喝酒吃肉的，这也是符合丧礼的呀！"听到别人的议论，阮籍面不改色，依旧痛快地喝酒吃肉，神色自若。

这就是阮籍。

特异功能

千百年来，人们津津乐道阮籍那些另类、疯狂的故事。他创造的不仅仅是一个又一个的离奇故事，更是一代又一代心怀洒脱之士的向往。他的"特异功能"，他与女人，他与酒，他另类的孝道，他的性格、好恶等等，莫不被人们反复提起。他在出仕和隐士的两栖路上，以及宦海沉浮的背后，有着太多不为人知的秘密，引得人们至今为之喋喋不休。

他的父亲叫阮瑀。阮瑀早年师从大文学家蔡邕，与孔融乃一门师兄弟。学成后的阮瑀在他的时代也是一颗明亮之星，与孔融、曹丕等人被后世誉为建安七子。才华昭然的阮瑀在入仕的做法上，与当时的名士无异，朝廷累招不应，及至曹操做了丞相，几次招他做官，阮瑀还是不应，曹操一怒之下使出霹雳手段，阮瑀于是就范。但这一次，曹操只给了阮瑀一个乐队琴师的职位。作为琴师的阮瑀，目睹了曹操的英武神明之后开始改变了从前的看法，于是，在一次曹操大宴群雄的宴会上，阮瑀抚琴高歌："士为知己者死，女为悦己者容……"一曲歌罢，曹操欣喜无比，从此将阮瑀升为自己的属官。阮瑀一家从而走上了一条富贵之道。

阮籍出生在这样的家庭按说有享不完的福，但事实不是这样。三岁的时候，父亲阮瑀就跨鹤西去，留下孤儿寡母凄苦度日，在那个兵荒马乱的年代，阮籍母子的日子可想而知，以至于曹丕在他的《寡妇诗》里声泪俱下地说："寡妇啊，你抱着吃奶的孩子，听着黑夜里大风敲门的声音，想着荒郊坟地里的丈夫啊……"阮籍成年后的性格和另类，除了政治时事的纷繁，想来跟幼小时代的经历是有关的。

阮籍的另类，首先表现在他独有的"特异功能"上，归纳起来有如下几项：

第一，酒量了得。动辄酗酒两斗，比起唐代斗酒诗百篇的李白，他的酒量起码相当李白的两倍。这样的酒量，这么好的肝脏，不是一般人所能具备的，定义为"特异功能"应不为过。他曾创下大醉六十日，昏睡不醒的纪录。当然，大醉六十日是有原因的，暂且留在下文细说。

第二是会"青白眼"。就是上文介绍的阮母去世时分别对待嵇喜与嵇康的那种挤眉弄眼的鬼表情。阮籍死去一千九百年之后，鲁迅先生这样说："阮年青时，对于访他的人有加以青眼和白眼的分别。白眼大概是全然看不见眸子的，恐怕要练习很久才能够。青眼我会装，白眼我却装不好。"鲁老先生都装不来的样子，绝对称得上特异功能了。

第三是可以缄口到整天一字不吐。

> 籍尝随叔父至东郡，兖州刺史王昶请与相见，终日不开一言，自以不能测。（《晋书·阮籍传》）

最著名的是那次跟叔叔去兖州刺史王昶家，王昶是特意想见见他，任凭叔叔跟王昶怎么说，阮籍愣是没有开口，这也不是一般人能做到的。

> 晋文王称阮嗣宗至慎，每与之言，言皆玄远，未尝臧否人物。（《世说新语》）

及至后来跟司马昭父子共事的时候，他被问得没办法了才回答一句，且往往"说得也是"云里雾里，从不涉及具体的人事，连司马昭都对他这一点钦佩有加，说他简直太谨慎了。

除特异功能外，阮籍还有着比一般名士强得太多的才艺，他对老庄哲学有着深入的研究，在当时盛行的"清谈"聚会上，总让人刮目；他文采绝佳，所写的《咏怀诗》八十余篇，为当时所有的人推崇，并被后世誉为"正始之音"的代表作；他在音乐方面的造诣也非同一般，弹得一手好琴，早年就写出了《乐论》，据说他的音乐水平与以一曲《广陵散》惊天下的嵇康不分上下。更重要的是，他还会当时只有孙登这样的神仙才会的"啸"。

所谓"啸隐山林"，"啸"应该是那时隐士的独特才艺。一次，苏门山里来了一位真人，樵夫们都在议论这件事。阮籍也去观看，见这个人盘腿坐在岩石旁边，阮籍就爬上山凑过去，双腿伸直坐在他对面。阮籍说起古代的事情，上至黄帝、炎帝的清静无为之道，下到夏、商、周三代圣君的仁政，并拿这些事情向他请教，这个人只是昂着头不予理睬。阮籍又谈起儒家的入世学说以及道家的栖神导气的方法，以此来观察他，这个人还是和刚才一样，凝神不动。阮籍无奈，于是只得对着他长啸一声。好半天，这个人才说："再来一声。"阮籍再次长啸一声。那人也没什么动静，阮籍没了兴致就下山了，走到半山腰，忽然听到上面传来悠长的声音，像是几个乐队的演奏在山谷中回响，回头一看，正是刚才那个人在长啸。这就是苏门山遇孙登之啸。由此看来，那时的隐士或高人，已经把"啸"作为区分省悟老庄道法深浅的标志了。关于"啸"，在有关阮籍的史料中还多次提到，如在古战场说"时无英雄，使竖子成名"之啸、丧母之啸等等。至今，阮籍老家——河南开封尉氏县，还有阮籍啸台遗址。到底阮籍的"啸"是怎么一回事，史家及音乐界人士至今仍争执不下。笔者认为，阮籍与孙登等人的"啸"是由心底而起，调动全身共鸣器官，徒口发出的一种惊天地泣鬼神的号叫。这种号叫不是每个人都会的，它是魏晋时代名士的独特绝技，即使在那个时代，能"啸"之士，也为数不多。

"谁解过中味？"

具备特异功能和非凡才艺的阮籍，有让人刮目的名士资本，于是乎，按照当时入仕的惯例，照例就有人上门招聘。然而，阮籍的官运却来得很晚，直到三十三岁（242）那年，入仕的机会才开始眷顾他。

向他扬起橄榄枝的人叫蒋济。蒋济，曹魏重臣，先后为曹操、曹丕、曹叡、曹芳手下重臣，算得上四朝元老，地位曾一度为一人之下万人之上的太尉（相当于国务院总理）。如此炙手可热的人物向阮籍发出邀请，按说应该欢天喜地而去。但阮籍却没有这样。他连夜写了一封致蒋济的书信——《奏记诣太尉蒋济》。

信的大意是，您的英明天下无双，您在您的位置上，是天下所有的英豪所翘首企盼的事情。从您坐上这把交椅开始，就广纳贤才，人人都自以为可以在您手下谋得一官半职，聘书一下，就向您奔来。您也非常优待他们。昔日夏商时代也曾经有您这样的英明领导优待贤才的，那都是因为那些被优待的人的确有才，可惜我不但没有那些贤才的能力，而且缺点比他们中的任何人都多，所以非常害怕接受您的挑选，因为我没有一样值得称道。所以我还是在家乡耕地，种田纳税比较适合。况且我身体不好，腿脚长期有疾，连走路也困难。您这次招我为官，绝对是我不能胜任的。所以希望您能收回您不小心赐予的大恩，以使招录公务员这样的事情更加公平公正。

初，济恐籍不至，得记欣然。遣卒迎之，而籍已去，济大怒。于是乡亲共喻之，乃就吏。后谢病归。（《晋书·阮籍传》）

发出聘书之后，蒋济一直担心阮籍不理睬自己，心里忐忑。读罢书信的蒋济，不禁大喜过望，想必是当下名士应聘之时自谦的假意推辞，于是派人火速赶往阮籍家去接阮籍。手下人赶到阮籍家的时候，早已人去楼空。听到这个消息的蒋济感到前所未有地没面子，不禁雷霆大发。其实阮籍此举也不过是试探一下蒋济，看看他是不是真把自己当人才，像刘备对待诸葛亮那样三顾茅庐，方能显出自己百倍身价，以便入仕之后有着好过的日子。蒋济发怒的消息传出，阮籍的乡亲再也坐不住了，纷纷找到阮籍，动之以情晓之以理。在这种情况下，阮籍迫不得已走马上任。能让太尉发怒，乡邻共劝，才去做官，阮籍要的就是这种效果。

让阮籍没想到的是，太尉蒋济并没有把自己当人才委以重任，而是把他当一般的僚属听用。好不容易挨到三十多岁才走上仕途的阮籍，那个曾经高声感叹"时无英雄，使竖子成名"的阮籍彻底失望了。干了几个月，他便以健康为由，辞去职务。蒋济也没挽留。

没有绯闻的演艺界明星，会受到大众冷落。同理，阮籍所在的魏晋时代没有雷人言行和让人巨汗的运作同样也会冷冷清清。阮籍辞去太尉蒋济的僚属一事，立即成了朝野上下茶余饭后的谈资，仕人名士佩服者有之，惋惜者有之。而这一切，只有一个后果——大大增加了阮大先生的知名度和经验值。

第一次辞职所带来的知名度与经验值的提高，效果是立竿见影的。阮籍辞职不到三个月，朝廷的征召再次到来。这一次的职务已不是某达人的僚属了，而是堂堂正正、负一方面之责的国家中高级干部——尚书郎（相当于国务院某部司局级）。史书未能记载阮籍到底所属哪个司、哪个曹，反正只要进了中央机关任何一个部，司局级干部可以说都是实权在握的，一些省部级的封疆大吏给你"汇报工作"，进点小"贡"也是常有的事。接到征召的阮籍与朋友不免大喜过望。

然而，事实并非所想。做了尚书郎的阮籍刚开始还意气风发，誓"为人民服务"到底。一段时间之后，阮籍渐渐觉出自己虽为一司之长，却四面受到掣肘。身为上级的尚书并不想把工作搞好，而是想方设法昧着良心讨好最高领袖，以求与最高领袖走得更近，得到更多实惠，至少也要保证不出纰漏，保住乌纱。由此，上级便常常将阮籍那些颇有创意和真抓实干的工作计划一拖再拖，或者干脆一笔勾销，这大大打击了阮籍的工作积极性。此外，各司的同僚也是诡诈一堂，生怕阮籍干好了把自己比下去，于是乎，捣鬼、作梗时时处处有之，更有甚者，"功夫全在诗外"，不踏踏实实工作，将所有精力放在取悦领导上，小到为领导安排稀奇古怪的美食饭局、钻头觅缝把麻将输给领导，大到为领导送上才色俱佳的美女，甚至不惜牺牲自己的老婆，或者想方设法投其所好，对外大搞贪污索贿，对内节衣缩食攒集银子，从而达到满足上司一切需求，实现自己的升官发财梦。

又是短短几个月，阮籍终于又一次递上了辞职信。

不管阮籍此举是有意还是无意，总之，从中央机关司局级岗位辞职的阮籍，一下飙到了明星排行榜的首位。面对突如其来的蹿红，阮籍暗暗告诫自己：低调，一定要低调！

于是，阮籍走近竹林，做起了真正意义的闲云野鹤，与嵇康、刘伶、山涛等整日隐居山林，或谈玄论道，或疯狂飙酒，或在山水间做徒步驴友，或结交美女等等。这真可谓"死了都要爽"。

他们这一聚、一爽，一不小心在中华文化史上留下了璀璨的一页——"竹林七贤"由此而来。

一面是卑微、拮据的物质生活，一面是精神的上肆无忌惮。争酒喝的兄弟，关系之好远远超过今天大学生活中"睡在我上铺的兄弟"。史料记载的"七贤"之间的对话，至今仍是现代酒肉朋友之间的亲昵表示。喝酒中间其中一人晚来，就有人故作鄙视状对后来者说："一介俗物也来败兴。"来者也不示弱："老公狗，你也在这里！"

阮籍原本就出生官宦之家，从根子上就是一耐不住寂寞的人。如果一隐到底，绝对就没有后话了，但他不，他欲望中的矛盾注定了他就是隐士与官员之间的两栖角色。

隐士日子过了大约四年，阮籍终于耐不住了，他有意无意间的招风惹火又一次让他走进了官场。

"滑头"是怎样炼成的

> 及曹爽辅政，召为参军。籍因以疾辞，屏于田里。岁余而爽诛，时人服其远识。（《晋书·阮籍传》）

这一次看中他的是大将军曹爽。曹爽乃曹操的侄孙，此时曹魏政权已从文帝曹丕传过明帝曹叡传到了齐王曹芳手中，曹爽是明帝曹叡最倚重的宗室成员，齐王曹芳登基后的辅佐大臣，曹操亲手培植的、此时已是四朝元老的司马懿也避让三分的人物。

怀揣曹爽"参军"的聘书，阮籍再一次出山，理疗复发已久的官瘾去了。在曹爽营里，阮籍干着核心参谋的活儿，参与曹爽机密谋划和大政方针的制定。几个月下来，阮籍渐渐发现一些问题。一天晚上，从熟睡中猛然惊醒的阮籍，揉着惺忪的眼睛，睡意全消，他意识到距离杀头的日子已经不远了。

在阮籍做闲云野鹤的这四年里，曹魏政权内部已经发生了一系列变化，父亲阮瑀曾经誓"为知己者死"的曹魏政权已逐渐倾向了司马家族。老奸巨猾的司马懿在武夫曹爽的张狂和打压下早已按捺不住，迫于时机，只得处处示弱。这无疑是一个异常危险的信号。政权更迭下血的教训，阮籍知道得太多太多。

活着才是硬道理。

少年时就显露出的谨慎自保的特性此时起了作用。阮籍于是连夜磨墨，一气写好辞职信。信中丝毫未流露出对曹魏政权的担忧，相反却对曹爽的英明神武大拍马屁，最后当然是提出脚病复发，辞职养病。读完阮籍辞职信的曹爽，不禁飘飘然起来，高兴地同意了阮籍的辞呈。阮籍的此次辞职，再一次让满朝文武和亲朋好友大惑不解，阮籍对此未作任何解释。

第二年，除阮籍外，谁也不曾预料的事情终于发生了。

阮籍辞职的第二年（249），曹芳前往谒拜明帝曹叡坟墓，曹爽跟随。司马懿矫称奉郭太后诏，关闭洛阳城门，拥兵占据兵器库，派人到郭太后处奏曹爽的罪恶，并请求罢免曹爽兵权。同时又派人告诉曹爽，太后说了，仅仅是免去他的官职而已，来人并指洛水发誓。曹爽于是信以为真，于是只身一人送曹芳回城。曹芳一进殿，司马懿就将早已备好的曹爽谋反的罪证拿出来，威逼曹芳就范。于是抄斩曹爽满门，屠三族。右将军夏侯霸等逃向蜀汉。这就是魏晋史上著名的"高平陵事件"。至此，代表曹魏政权的曹芳就被牢牢掌控在了司马家族的掌心。

直到这时，当年惊诧于阮籍辞职的众人才恍然大悟阮籍辞职的原因。

这一切，对道家自然法则烂熟于心的阮籍看来或许是自然而然的，他父子两代享受恩泽的曹魏政权原本就该如此，以自己的能力和地位，再怎么折腾也无济于事。以至于，在洞悉到曹魏岌岌可危的时候，他才选择默不作声地离开；或许在他看来，在选择报效曹魏与保全自己生命之间，后者更加重要。至于恩怨爱憎，与生命相比只能让它见鬼去吧。

回到竹林中酗酒啸隐的阮籍或许早就知道，不久的一天，扳倒曹爽，独控政权的司马家族又会找上他的，他们需要有名望的学者和文学艺术家来为司马家族的血腥统治装点门面。至于如何能在嗜血成性的军阀鼻息下存活下去，以自己的智商，丝毫不是个问题。所以，阮籍并没像当时的孙登一样彻底隐身山林，彻头彻尾地做一位四方云游、超凡脱俗的神仙，而是依旧在位于首都不远的山阳竹林中张扬地过着所谓的隐士生活。

果然，就在同年，太傅司马懿的聘书就送达了竹林之中，太傅府"从事中郎"的幕僚职位（相当于国务院总理的重要助手）再一次等着阮籍。

阮籍进入司马懿麾下的第二年（250），有了他这个大名士装点门面的司马懿终于对名士学者大开杀戒，何晏等学者名士遭到斩首。第三年，司马懿病死，其子司马师接替了父亲的兵权，阮籍也由此转为司马师的助手。又是三年之后（254），阮籍迎来了他一生中职位最高的时期。这一年，名士夏侯玄、李丰等被司马师以谋反罪处死，傀儡曹芳被废，另立傀儡曹髦继位。史料记，在司马师论功行赏之时，阮籍得到了连升三级的加官晋爵，"军衔"上，封上了可以世袭的侯爵，职务上，一下成了新皇帝身边的散骑常侍（入则规谏过失，备皇帝顾问，出则骑马侍从）。这也成了后世对阮籍研究的难解之谜：他是否就是拿翻（设计）夏侯玄、曹芳行动的帮凶？"散骑常侍"是否又是司马师安排在新傀儡曹髦身边的特工？

翌年，司马师病死，司马昭接替。于是阮籍自然转为司马昭的人。

从进入司马懿手下开始，随着司马家族执掌人的更替，阮籍先后在司马懿、司马师、司马昭手下混事关饷，历时十五年直到终老。这十五年，曹魏政权经历了由衰而竭的过程，傀儡皇帝先后由齐王曹芳、高贵乡公曹髦、元帝曹奂担任。这十五年，何晏、夏侯玄、嵇康等一批名士、好友的血，在司马家族的屠刀下洋溢在了阮籍的周围。想阮籍当年，观楚汉古战场，长吟"时无英雄，使竖子成名"的宏伟理想和襟怀，如今连好友的鲜血也溅在了自己身上，甚至还蒙上了帮凶的嫌疑。置身如此险恶而纷繁的境地，阮籍内心的孤独和恐惧想来是难以名状的。

而在外人看来，阮籍始终像一位精到的魔术师，让人咋舌的表演于司马政权与曹魏傀儡之间、服从名教统治与皈依老庄自然之间、篡权者与蔑视政权的隐士之间，且能四处逢源、逢凶化吉，优哉乐哉。这难道不是个千古之谜？

一介文人，既贪恋官职，又贪生怕死。除了乘车荒野、穷途而恸哭，还能怎样？

司马昭之心阮籍最知

史料记载，晋文王司马昭曾称赞阮籍极其谨慎，每次和他聊天，说的都是玄虚高远的事情，从不评判人物。

史料还记载，阮籍丧母其间在司马昭的宴会上，坐姿张狂地大快朵颐，何曾看不过向司马昭参了一本，当即被司马昭挡了回去。

阮籍的好友嵇康在《与山巨源绝交书》中也提到，阮籍的张狂，被礼法之士所不齿，疾之如仇，幸赖大将军司马昭保持之耳。

天下名士中，为什么司马昭就独独能够容忍原本为曹魏死党之后的阮籍？这不能不让后人费解。

综观阮籍与司马昭之间的交织，有几件事情实在耐人寻味。

及文帝辅政，籍尝从容言于帝曰："籍平生曾游东平，乐其土。"帝大悦，即拜东平相。籍乘驴到郡，坏府舍屏鄣，使内外相望，法令清简，旬日而还。帝引为大将军从事中郎。（《晋书·阮籍传》）

司马昭接替司马师不到半年，作为三品大员的新皇帝曹髦身边的散骑常侍，阮籍突然向司马昭提出要到一个叫东平的小县去做太守，他曾经写过一篇玩东平的游记，他说自己喜欢那里的风土人情，司马昭闻言居然大喜，当即应允。于是一匹瘦驴歪歪斜斜地驮着阮籍，一路游山玩水，一路逢店必醉，慢慢悠悠到了东平。到了东平，阮籍一不调查研究，二不拜望当地绅士名流，三不访贫问苦，四不许诺发展成果共同享受，而是命手下人请来民工，一夜之间拆除了县衙的围墙。这件闻所未闻、前无古人的拆除县衙围墙的事，让见到和听说的人无不瞠目结舌。不知又是什么原因，半个月后，无论有否人员接管，无需送行，阮籍又骑着那匹小瘦驴，哼着小调回京了。

这不得不让人怀疑阮籍搞的是一次另类的乡村旅游。让人惊奇的是，对阮籍的回来，司马昭无一丝怨言，一脸春风，依旧让他做散骑常侍之前的老职业"从事中郎"。

浑浑噩噩中，又一件喜事降临，而这一次，司马昭妥协了。司马昭的妥协，让一生钟情官场的阮籍失去了后来作为西晋开国国丈的机会。不知道司马昭到底怎么打算的，到后来成为西晋正式皇帝的长子司马炎谈婚论嫁的时候，既不找手下兵权在握的大将联姻，也不找能提供强大财力的富豪之女，更不找趋之若鹜的跑官要官者合作，却恰恰看中了阮籍。

> 文帝初欲为武帝求婚于籍，籍醉六十日，不得言而止。（《晋
> 书·阮籍传》）

闻听媒官要上门的消息，阮籍慌忙回到家中，抱着酒坛咕咚咕咚就喝开了，直喝到翻江倒海，天旋地转。此后，躺在床上的阮籍，只要一旦感觉自己开始清醒，就顺手拿过葫芦，躺在被窝里滥喝一气，直到醉个半死。这一醉就是整整六十天。这其间，司马昭的媒官 N 次上门提亲，甚至坐在床头等他醒来，也没能等到他清醒过来谈正事。媒官一而再再而三地遭遇阮大人的"酒门羹"，司马昭闻讯只得悻悻叹息，就此打住。

后来的事实证明，阮籍的大醉六十日，很好地保护了自己的女儿。成为西晋皇帝的司马炎，先后两次分别以五千人的数量，向宫中征选宫女。到司马炎死后，他的正室全家惨遭晋惠帝的皇后贾南风逼死。对司马集团终生不离不弃的阮籍不知道为什么，这一次竟又如此准确地预测到了作为皇后家属的悲惨结局，这不能不说是又一个谜。

在司马昭麾下的第五年（260），曹魏傀儡与司马昭之间又发生了一场公开对垒，被立为傀儡皇帝才几年的曹髦组织力量讨伐司马昭，以失败告终。于是司马昭又另立曹奂为傀儡。

两年之后的公元 262 年，这一年阮籍五十三岁，他又一次对自己的位子作出了选择。而这一次，仅仅是因为酒。

> 籍闻步兵厨营人善酿，有贮酒三百斛，乃求为步兵校尉。（《晋
> 书·阮籍传》）

事情的经过是这样的，阮籍听说步兵营的厨师善于酿酒，且营中存有三百斛好酒，于是就找到司马昭，要求去做步兵营的步兵校尉（这是京城的一个卫戍部队，一般情况一名步兵校尉领七百步兵）。由此，他脱离了一生以僚属佐官为主的身份，工作也开始变得丢三落四了，常常待在家里不上班，而一旦朝廷或单位有饭局，必定到场。他的行为举止，坐相吃相都非常张狂

无礼，且一喝一个醉。但是即使再醉，钟会等人想要在他酒醉后套点别样的话，却是难上加难。

公元 263 年，司马昭遣邓艾、钟会分兵合击蜀汉，诸葛孔明的继承人姜维兵败，蜀汉刘禅投降，自刘关张建国四十三年的蜀国灭亡。

> 会帝让九锡，公卿将劝进，使籍为其辞。籍沈醉忘作，临诣府，使取之，见籍方据案醉眠。使者以告，籍便书案，使写之，无所改窜。辞甚清壮，为时所重。（《晋书·阮籍传》）

在此当儿，司马昭膨胀的野心逼着曹奂赐他"九锡"之礼。"九锡"是天子赐给有特殊贡献的诸侯或大臣的服饰、车马、豪宅、乐队以及出行开路的各种仪仗礼器，这也是大臣篡位之前威胁、暗示天子"禅位"的前奏。作为受赐的大臣须得假意谦让，且要做出一让再让，为黎民苍生不得已而受之的假过场。当年的曹丕就是用这样的手段废掉汉献帝的。前人现有的成功经验，司马昭只不过是拿来而已。于是有中央政治局常委一级的"司空"郑冲这个投机分子站了出来，为了能在将来的新皇帝面前分一杯羹，达到升官发财的目的，他要组织一场声势浩大的劝进活动，场面越大，越是表示民心所向。而这个活动中最重要的一项议程就是上呈全体劝进人员签名摁手印的《劝进表》。

《劝进表》当然要写得前所未有地优美、感人，具有非凡的说服力。此时嵇康已经被杀了，综览当下名士，非当代大文豪、大音乐家阮籍莫属，且他也一直是司马昭护着的人。养兵千日，用兵一时。于是，郑冲把这个举国最大的政治任务交给了阮籍，阮籍当场就答应了，双方还约定了交卷时间。

到了要用《劝进表》那天，却迟迟不见阮籍踪影，等不及了的郑冲立马派出心腹到阮籍府上索要。哪知去到阮府却连阮大先生的影子也找不着。这下郑冲急了，派出众人四下寻找，哪怕掘地三尺也要把阮籍给找出来。后来终于有人在曾经要向嵇康学《广陵散》的袁孝尼家见到了阮大人。不过，阮大人此时正伏在喝酒的桌上，成了一摊烂泥。十万火急的事，哪还等得他酒醒，一个劲儿地摇醒之后，阮大人好不容易才说出两字"忘……了"。说完又闭上眼睛昏睡过去。这还了得？于是又是醒酒汤，又是茶水地一阵猛灌下去，在众人的搀扶下，阮大人终于摇摇晃晃地站了起来。墨早已磨好，笔管已经塞到了阮大人手里。

于是，满身酒气，摇摇晃晃的阮大人俯下身去，凝神走笔：

> 冲等死罪。伏见嘉命显至，窃闻明公固让，冲等眷眷，实有愚
> 心，以为圣王作制，百代同风，褒德赏功，有自来矣。
>
> ……

一气呵成，纵横捭阖，中国文学史上"神笔"之称的《劝进表》就这样诞生了。司马昭的意愿达到了，郑冲、阮籍与众臣的任务完成了。

是卖身求荣的两面派？还是正义忠直之士？阮籍的这篇文章给世人又一次留下了至今不解之谜。千百年来，无数文人名士为此争论不休。

这一年，阮籍五十四岁。

一个月后，一个漫天飞雪的日子，阮籍躺在病床上，看到了自己五十一年来常常思念的父亲，看到了山阳的竹林，看到了怀抱古琴拎着酒壶微笑而来的嵇康……一会儿，他们又消失得无踪无影，他叨念着自己曾经写就的，将流传万代的八十二首五言绝句中的一首：

> 梁东有芳草，一朝再三荣。色容艳姿美，光华耀倾城。岂为明
> 哲士，妖蛊谄媚生。轻薄在一时，安知百世名。路端便娟子，但恐
> 日月倾。焉见冥灵木，悠悠竟无形。

就这样，他谜一样地离开了人世。

【成语】得意忘形

【拼音】dé yì wàng xíng

【释义】形：形态。形容高兴得失去了常态。

【出处】《晋书·阮籍传》："嗜酒能啸，善弹琴。当其得意，忽忘形骸。"

【成语】青眼相加

【拼音】qīng yǎn xiāng jiā

【释义】青眼：眼睛平视。表示对人喜欢或尊敬。

【出处】《晋书·阮籍传》："及嵇喜来吊，籍作白眼，喜不怿而退。喜弟康闻之，乃赍酒挟琴造焉，籍大悦，乃见青眼。"

【成语】广武之叹

【拼音】guǎng wǔ zhī tàn

【释义】广武：地名。为缺乏能人反使徒有虚名的人得意于一时而发出的感叹。

【出处】《三国志·魏书·王粲传》："尝登广武，观楚、汉战处，乃叹曰：'时无英才，使竖子成名乎。'"

【成语】丹青不渝

【拼音】dān qīng bù yú

【释义】丹、青：丹砂、青臒，是古代绘画中常用的两种颜料，不易退色。始终不渝，光明显著。

【出处】三国·魏·阮籍《咏怀》："丹青著明誓，永世不相忘。"李善注："丹青不渝，故以方誓。"

【成语】虱处裈中

【拼音】shī chǔ kūn zhōng

【释义】裈：裤子。虱子躲在裤缝里。比喻世俗生活的拘窘局促。

【出处】晋·阮籍《大人先生传》："汝独不见夫虱之处于裈之中乎！逃于深缝，匿乎坏絮，自以为吉宅。"

【成语】蹉跎岁月

【拼音】cuō tuó suì yuè

【释义】蹉跎：时光白白过去。把时光白白地耽误过去。指虚度光阴。

【出处】晋·阮籍《咏怀》诗："娱乐未终极，白日忽蹉跎。"

【成语】禽兽不如

【拼音】qín shòu bù rú

【释义】连禽兽都不如。形容人格低下，品行极坏。

【出处】《晋书·阮籍传》："杀父，禽兽之类也。杀母，禽兽之不若。"

 王戎 散发麝香与恶臭的大树

人物简介

姓名：王戎，字浚冲，外号王安丰

家庭出身：中国第一望族——琅琊王家

籍贯：山东临沂

生卒：公元 234-305 年

社会关系：幽州刺史王雄之孙，凉州刺史王浑之子，阮籍的忘年之交、裴颜的岳父

社会身份：琅琊王家的重要人物、"竹林七贤"之一、西晋两朝元老

容貌：双目炯炯，不修边幅

主要作品：无记载

雷人言行

◎身为司徒（相当第一副总理），贵为侯爵，却每晚与妻子详尽盘算家中一天的收支。

◎良田水磨遍及天下，侄子结婚送普通半旧单衣一件，婚后急忙索回。

◎朝堂大会进行时，去上厕所，摔进茅坑，满朝大臣掩鼻息气，哭笑不得。

相关成语

卖李钻核 哀毁骨立 道边苦李 卿卿我我 简要清通 琳琅满目

作者评价

集贤人名士与恶俗之人于一身，是麝香还是恶臭？是神奇还是腐朽？

会上，他掉进厕所了

> 朱雀桥边野草花，乌衣巷口夕阳斜。
> 旧时王谢堂前燕，飞入寻常百姓家。

这首诗，对讲汉语的人来说，不能不说是烂熟于心的。据说白居易曾为这首诗"掉头苦吟，叹赏良久"。可以想象，作者刘禹锡站在杂草丛生的乌衣巷前，面对世事无常和时光变幻，是怎样地伤感与惆怅。乌衣巷，两晋至唐朝各大豪族，尤其是王谢两家豪府的所在之地。

诗中的"王谢"分别指的是来自琅琊（今山东胶南市琅琊镇一带）的王家与来自陈留（今河南开封陈留镇）的谢家。

琅琊王家，仅魏晋南北朝时期进入史书正传的就有六十二人，有五十余人担任过三公令仆（三公：司马、司徒、司空。令仆：仆射、尚书令。皆为一、二品重臣），侍中（皇帝身边近臣）八十人。在唐代，当宰相的也有四人之多。自西汉到唐代千余年间，真是世代鼎贵，被历代史家称之为"中国第一望族"。随便扳着指头一数，从西汉时期禄位弥重的王吉祖孙三代，到著名大孝子——为母卧冰位列三公的王祥，三朝宰辅有"仲父"之称的王导，再到王羲之、王献之等等，简直不胜枚举。

关于琅琊王家，有一个成语的由来就是从形容他们家开始的：

> 有人诣王太尉，遇安丰、大将军、丞相在坐，往别屋见季胤、平子。还语人曰："今日之行，触目见琳琅珠玉。"（《世说新语·容止》）

某一天，有人去拜访王太尉王衍，遇到安丰侯王戎、大将军王敦、丞相王导在座。去另外屋子，又见到季胤（王诩）、平子（王澄）。回来以后，就对人说："今天去了琅琊王家，那家伙，真是了不得啊！简直叫琳琅满目！"

从这个成语可以看出，时人"王与司马共天下"的说法不是没有道理的。

上文说的"安丰侯王戎"就是本文所要讲叙的主角。他有着极其辉煌和高风亮节的一面，也有无比龌龊卑俗的一面。他是一个复杂得让史学界至今拔剑张弩争执不休的人物，也是一个集传奇与笑话于一生的人物。

公元302年，华夏大地发生了这么几件事情：

李特（十六国时期成汉武帝李雄之父）自称"益州牧、都督梁益二州大将军、大都督"，虽未称王，却自改年号称"建初"，这对由傻子当皇帝引起八王之乱的司马政权无异雪上加霜。

这一年，禅位于司马政权达三十七年之久的废帝曹奂离世。

这一年十二月，河间王司马颙联合成都王司马颖等讨伐齐王司马冏。此时的王戎正跟傻子皇帝待在司马冏的保护区——洛阳，担任尚书令（相当于国务委员）。声讨檄文不日就下到了首都洛阳。

> 既而河间王颙遣使就说成都王颖，将诛齐王冏。檄书至，冏谓戎曰："孙秀作逆，天子幽逼。孤纠合义兵，扫除元恶，臣子之节，信著神明。二王听谗，造构大难，当赖忠谋，以和不协。卿其善为我筹之。"戎曰："公首举义众，匡定大业，开辟以来，未始有也。然论功报赏，不及有劳，朝野失望，人怀贰志。今二王带甲百万，其锋不可当，若以王就第，不失故爵。委权崇让，此求安之计也。"同谋臣葛旟怒曰："汉魏以来，王公就第，宁有得保妻子乎！议者可斩。"于是百官震悚，戎伪药发堕厕，得不及祸。
> （《晋书·王戎传》）

心事重重的司马冏端坐高堂，满朝文武战战兢兢分列两旁，朝堂之内，一片肃穆。司马冏将目光四下扫了一遍，最后落在王戎头上："因为坏人作乱，把天子幽禁起来。我带领正义之师，铲除了元凶，施行做臣子的气节和义务，相信天上的神明也是知道的。现在司马颙、司马颖听信谗言，蓄意造成大乱，导致不和谐。你一向智慧，善于谋划，看看有什么好办法打败他们。"

王戎出列，侃侃而谈，最后他说："现在二王带着百万精兵，锐不可当，你还是回你自己的封国去吧！这样还能保住你的爵位。让权谦让，这是最好的办法。不然性命不保！"

此话一出，四座大惊。本来是献计献策的高端会议，没想到王戎会出这样的点子，而且语气也很难听。于是有人义愤填膺地站出怒吼道："把这个胡言乱语的家伙拉出去砍了！砍了他！"

这时，王戎说，对不起，我先上个厕所来。于是转身向厕所的方向走去，朝堂上司马冏一言不发，众文武在下面窃窃私语，只等着王戎回来，看司马冏如何处理。大家左等右等就是不见王戎回来，会场开始躁动起来。一会儿，只听服务员跑过来大声喊道："不好了，不好了！王大人掉进厕所里了！"

会场立刻就炸了锅，大家一哄而起，纷纷拥向厕所（古代厕所现在偏僻乡村还有标本，一个大粪坑上架两块木板那种），好不容易才将这个满身粪便的家伙拉了上来。王戎回到朝堂上一站，上至司马冏下至宦官服务员，莫不掩鼻息气，哭笑不得。问及原因，说是"药发"。

原来，魏晋时期对于服用"五石散"的人，在"药发"期间的言行一般是会网开一面的。

出生于天下第一望族，堂堂尚书令、侯爵，一个六十八岁儿孙满堂、全家名士高官无数的老人，名垂青史的"竹林七贤"之一，在邪恶面前，既无前朝小祢家庄进城实现梦想的农村青年祢衡刀架在脖子上仍大骂不止的勇气，也无七贤之中刘伶"我醉死在哪里，你就挖坑把我埋在哪里"的洒脱，更无七贤之中嵇康临刑抚琴的从容。提了意见，既不敢承担责任，也不敢坚持，竟然怕死到以"五石散"药性发作为由，自己跳进厕所保命的程度，不能不让天下人失望和忍俊不禁。

草包原来不一般

一个贪生怕死到自己跳进茅坑，谎称"药发"保命的窝囊废，是凭什么进入到"竹林七贤"这个万世景仰、风骨挺峻、旗风猎猎的高洁圈中的呢？

他哪里还是什么名士？简直一草包！

其实，跳进茅坑的王戎，只是王戎的一面，这个集麝香与恶臭于一体的人物，自有他闪光的一面。在这一方面，他跟前朝小时了了的孔融差不多，幼小就开始出现了名士兆头，有着让天下人为之尖叫的表现。

王戎出生于琅琊王家。关于这个家族的辉煌前文已经说过，通过"琳琅满目"这个成语的由来，我们可以想象，在王戎家里，都是些什么样的男人生活在他的周围。而在这当中，幼时的王戎又显得格外夺目。

首先，王戎自呱呱坠地就有着非同一般的特异功能：视日而目不眩。

《世说新语》里说他能久久地盯着太阳，一点也不会眼花。这一特异功能，放在当下，中央政府三军仪仗队的军人天长日久，"冬练三九、夏练三伏"也不一定能完全达到，而王戎天生如此。以至于著名的名士裴令公（裴楷）品评王戎的仪表时说："王戎的双眼，炯炯有神，就像山崖下的闪电一样。"

小时的王戎虽然个子较同龄人稍显矮小，长相却眉目清秀，透着灵性智慧，给人以"神彩秀彻"之感。

> 王戎七岁，尝与诸小儿游。看道边李树，多子折枝，诸儿竞走取之，唯戎不动。人问之，答曰："树在道边而多子，此必苦李。"取之，信然。（《世说新语·雅量》）

"李！李树上有李子！"

不知谁叫了一声，所有的人都寻声望去，只见前面路旁，一棵李树挂着沉甸甸的果实，每一根枝丫都被李压得弯了下来，大人们只要一伸手就能摘下一颗送进嘴里。一同郊游的孩子呼啦一声全跑了过去，叽叽喳喳地忙活起来，有的抱着树干爬了起来，有的去找长木杆来打。只有王戎站在原地一动不动看着忙碌的小朋友们。带他们郊游的老师看到王戎毫无反应，有点急了，就说："王浚冲，你干吗呢，快去摘李呀，大家都去了。"

"李树长在路边，结了这么多李子，路上人来人往，都没人摘，那李子一定是苦李。"王戎说。

"是吗？"老师诧异地说。

话刚说完，先爬上树的孩子已经把李子扔了下来，大家迫不及待地送进嘴里。

"哇！好苦哟！""苦死人了！"大家一边使劲吐掉嘴里的苦李，一边扔掉手里剩余的部分。

苦李的故事迅速传开，知道这件事的人莫不为王戎的聪明叫绝。这一年，王戎七岁。

其实，早在两年前——公元239年魏明帝曹叡还在世的时候，五岁的王戎就让一国之君曹叡为之感叹称奇。

那年，不知谁送了一只猛虎给曹叡，这个百无聊赖的败家子皇帝，竟然想出让人与猛虎搏斗的游戏。于是让人拔掉猛虎的牙、锯掉它尖利的脚趾爪，在宣武场巨大的栅栏中让武士与猛虎搏斗，百姓可以随便围观。五岁的王戎也随家人一起来看，人虎搏斗的过程中，失去爪牙的猛虎哪堪人的侮辱，狂躁地左冲右突，最后攀着栏杆睁目咧嘴一声怒吼，吼声惊天动地，围观人等吓得纷纷摔倒在地，只有五岁的王戎面无惊恐之色，站在原地一动不动。这一幕，被站在演兵台上的曹叡看得清清楚楚。有皇帝的亲眼所见和夸奖，小王戎的名声就像上了各大门户网站首页专题，没有人不知道琅琊王家又出了这么一个伟大的男孩。

十年之后，凭着让魏明帝曹叡感叹称奇的声名，和琅琊王家满门为官的优势，十五岁的王戎在京城的任何衙门都可以随便出入了。

这天他跟随上班的父亲王浑来到中央机关办公室。在这里他遇到了"竹林七贤"之一的阮籍。阮籍一见王戎，顷刻来了精神，一改平日的逍遥冷峻，对这个早闻其名不见其人的著名少年优礼有加，他们无话不谈，成了一见如故的忘年之交。这一年阮籍三十五岁，足足比王戎大二十岁，但这并不影响他们之间成为最要好的朋友。

这里有两件事可以说明他们之间的关系非同一般。

一是阮籍每次去同事王浑家，跟王浑说不上几句话就打住，然后匆匆忙忙往王戎的房间跑，一旦见了王戎就有说不完的话，常常要谈很久很久。王浑问他原因，阮籍说："阿戎的聪慧清明不是你所能比的，跟你交谈还不如跟阿戎交谈愉快。"

二是王戎那时常常去阮籍家玩，一次，正好名士刘公荣也在。见到王戎进来，阮籍一时就高兴起来，就对王戎说："正好有两斗好酒，咱们俩一块儿喝了吧。公荣就别喝了。"于是两个人就你一杯我一杯地喝起来，刘公荣坐在那里，只能干瞪眼，不过三个人一起言谈玩笑，也没有觉得有什么不好。后来有人问起这件事，阮籍答道："比公荣强的人，不能不和他喝一杯；不如公荣的人，也不能不和他喝一杯；只有公荣，可以不和他喝酒。"

这话，乍一听来是强调公荣与自己的关系不一般，但从当时的情况看，阮籍显然是厚此薄彼了。不过幸好是刘公荣，要是别的人，说不定早起身出门翻脸不认人了。

史书还说，王戎未成年的时候，不仅仅受到阮籍的器重，同样也受到阮籍的死对头、司马政权的头等大臣钟会的肯定。

话说王戎、裴楷二人小时候去拜访钟会，只待了一会儿就走了。二人走后，有人问钟会："刚才那两个小孩怎么样？"钟会说："裴楷清明通达，王戎简明扼要。再过二十年，这两位贤人一定会做吏部尚书，但愿那时候他们不会被埋没。"钟会的这个评价，足见成年前王戎的优秀。

在阮籍的引导下，王戎加入了"竹林七贤"的行列，成了其中年龄最小的一位。在林竹七贤的圈子中，王戎的风范渐渐显露。

一是很能清谈，成了天下闻名的清谈名士。

一次，名士们去洛水游玩，回来后有人问王衍："今天玩得高兴吗？"王衍回答说："裴仆射裴颜善于谈论玄学义理，滔滔不绝，意趣高雅；张茂先谈论《史记》、《汉书》，娓娓动听；我和王戎评论季札、张良，他的见解高深玄远，深刻透彻。"

二是做出了两件淡泊钱财的名士之举。

一次是他的父亲去世，由于王浑在世时的名声和做人都很好，凉州所辖九郡中的属下们，父亲的旧交好友、门生纷沓至来，在悼念昔日的凉州刺史的同时，感念他的美德和恩惠，送了不少奠金，加起来总共有数百万。面对这钱财，王戎一分未动，原封未动退还给送礼的客人，成了轰动一时的新闻。

二是王戎刚刚担任侍中的时候，南郡太守刘肇给他送来十丈筒中笺布，王戎不但没要，还诚挚地给他回了一封信，表示感谢。

这些行为在一般人看来，简直不可思议。无论别人如何评价，这两件事情，确让王戎的名声大振。

然而，正是在这样的前提下，王戎的另一面却开始了腐烂发臭。

小算盘与红烛下的浪漫婚姻

最先觉察王戎不对劲的应该是阮籍，这个洞明世事的贤达在一次喝酒的时候终于表露出来。

> 嵇、阮、山、刘在竹林酣饮，王戎后往。步兵曰："俗物已复来败人意！"王笑曰："卿辈意，亦复可败邪？"（《世说新语》）

那一次，七贤饮酒聚会，阮籍、嵇康、山涛、刘伶、阮咸、向秀等六位大师正在竹林下开怀畅饮的时候，王戎姗姗来迟，忍无可忍的阮籍于是对迟来的王戎抛出一句："俗不可耐的家伙，你来干什么？来扫我们的兴致？"王戎毕竟是有过神童之称的智慧之人，具有化尴尬为轻松的应变能力，于是若无其事地哈哈一笑，然后说："像你们这样的高人，兴致也是能败坏得了的吗？"说完，与大家一道狂喝起来。

父亲去世后，王戎按当时的惯例承袭了父亲的爵位，并被安排在相国府里面做僚属，之后，凭借父辈的荫庇和幼时的名气以及拒收钱财贿赂的名士义举，实在是官运亨通，一路从相国僚属做到吏部黄门郎、皇帝身边的散骑常侍、河东太守，并在咸宁二年（276）被升为荆州刺史（相当于当今直辖市的一把手）。此时，他那高贵血统里混杂的贪婪恶俗，在身为最全国第一富庶之地的"荆州直辖市党政一把手"任上，在监管机制形同虚设的时代，在嵇康、阮籍、向秀等畏友死后，终于冲破了脆弱的防线迸发出来。他一面做出任劳任怨、不惜牺牲自己要造福一方的样子，一面私下派出只顾溜须拍马、不顾天理良心的贴心走狗，动用政府财政资金为自己大建豪宅别墅。

世上没有不透风的墙，王戎的这一贪腐行为，最终被人告发。但是，朝中有人好做官，在"王与司马共天下"的政权格局下，王戎的贪腐行为，在朝野一片闹哄哄的情形中，在最高领袖的敷衍下，最终被大事化小、小事化了，调出荆州异地任职，改为豫州刺史，不久还加升为建威将军。

在王戎生活的年代，以他们家族的势力，是断然不会因为贪腐而获罪的，但统治阶级内部，为了集团之间的利益，狗咬狗的事情却时常发生。因此在仕途道路上，他也遭遇过不顺，譬如：永平元年（291）三月，杨骏一族被诛，贾后执政，王戎因得罪于东安公司马繇而被从太子太傅（太子一旦扶正他就是一人之下万人之上的人物了）的位置上转为中书令。但是不管怎样，在贪婪心理的驱使下他总是能千方百计地捞到钱财。

及至后来，他的山林、良田、碾坊、庄园、佃户、僮仆遍布天下，富可敌国。

但是，俗物就是俗物，随着时间的推移、财富的增多，他的贪婪、他的利欲熏心不但未见丝毫转机，反而变本加厉。

从子将婚，戎遣其一单衣，婚讫而更责取。（《晋书·王戎传》）

王戎的亲侄子结婚恭请他去做上宾，接到请柬后，他为送什么贺礼愁眉不展，百思想千计算，终于得出主意：送一件自己平常穿过的单衣。一者不用再花钱，二则以自己的身份送自己穿过的衣服意义非凡。接到叔父送一件穿过的单衣，侄子虽然不是很高兴，但哑巴吃黄连有口说不出，只得表示感谢。哪知好事还在后头，三天婚礼结束后，王戎找了个借口，亲自上侄子的新家去把送作贺礼的单衣又要了回来。

如果说，侄子是外人，那么女儿应该是最值得自己疼爱的人了吧。

女适裴颜，贷钱数万，久而未还。女后归宁，戎色不悦，女遽还直，然后乃欢。（《晋书·王戎传》）

到女儿结婚的时候，由于婚礼规模形式要跟琅琊王家的地位匹配，女婿一时拿不出这么大一笔钱，就只好由女儿出面向王戎借。婚礼终于按照王家的要求操办了。三天之后，女儿"归宁"（去娘家回门的日子）。王戎早就盼着这一天了，他希望女儿能在这一天把借自己的钱还回来。哪知女儿进家后却没有一点还钱的意思，于是王戎就开始发作起来，一脸"旧社会"的表情对待刚出嫁三天的女儿。女儿马上明白了王戎的心事，不得已立马派人回家取了钱，一分不少呈到他老人家面前。王戎这才露出高兴的神色。

如果说这还不算的话，下面这个故事更能说明王戎对钱财的吝啬和变态。

家有好李，常出货之，恐人得种，恒钻其核。(《晋书·王戎传》)

他们家有一片品种优良的李树，每到李子成熟季节，满山遍野。王戎一舍不得自己吃，二舍不得送给朝中同仁、亲朋好友，叫下人通通拿去卖掉换成现金交给自己。为了不让别的人家把李核当种子培植出来栽种，每次卖李之前，他都要反复叮嘱让人用锥子一颗颗把李核破坏掉，并亲自抽查后，才准许推向市场。

不是那类人，不进那家门。

王戎这种对钱财变态的心理可能正合了他老婆的心意。

于是中国古代历史上最为另类的浪漫婚姻，在这位朝中重臣（政治局常委级的官员）的家庭产生了：

积实聚钱，不知纪极，每自执牙筹，昼夜算计，恒若不足。(《晋书·王戎传》)

每到晚饭过后，夫妻俩便打发走所有的家人奴婢，在融融的烛光下，无比默契地拿出家中那张象牙算盘，情深意长地摆开了一天的账簿，小到购买针头线脑的费用，大到某庄园的碾坊获利和田间收成，无一例外通通算上一遍，如此下来，弄到午夜，方才双双洗漱就寝。

看到这里，不知道会有多少美女羡慕王戎夫人呢。

人家多大的官啊，多高贵的门第出生啊，多帅啊，多有才气啊，还这么跟老婆过日子！

在这样的婚姻氛围中，想要老婆不爱自己都难。于是汉语成语"卿卿我我"就这样诞生了。

每当融融的烛光中算出一笔新增的大财来，他的妻子控制不住自己的兴奋，拉着他的手叫他为"卿"。"卿"一般是国君对臣下的爱称，或者上级对下级，抑或平辈中关系特别亲密的朋友之间的敬称。王戎所处的年代，虽然是名士故意悖逆礼教崇尚老庄自然和谐的时代，但归根结底，儒家名教的规矩却在每个人的血液中涤荡不尽。听到妻子这样称呼自己，王戎不得不说："老婆叫老公为卿是不礼貌的，以后别再这样叫了。"哪知王戎的妻子却说：

"我亲你爱你，所以才称你为卿。我不称你为卿，谁该称你为卿呢？"从此以后，官至三公（朝廷一品）的安丰侯王戎就任凭老婆对自己这样叫下去了。

没想到，王戎夫妻之间的私房调情之言，竟四下传播开去，一直延续后世。

这样的婚姻，双方都值了！

药鬼的儿子减肥死亡

> 裴成公妇，王戎女。王戎晨往裴许，不通径前。裴从床南下，女从北下，相对作宾主，了无异色。（《世说新语·任诞》）

疯狂晋代的一个清晨，沉浸在晨曦中的散骑常侍（皇帝身边近臣）裴颜的豪宅显得格外安静。

一位神色焦躁的老人来到裴府，粗暴地敲击着院门，喝退睡眼惺忪的门卫之后，大踏步地直奔裴颜夫妇卧房。"嘭"的一声，房门开了。交颈而眠中的裴颜夫妇惊恐地睁大眼睛，床前站立的不是盗贼，更非歹徒，而是新婚娇妻的父亲——当代大名士、高官王戎。

于是，"裴颜从床的南边下来，王戎的女儿从北边下来，他们和王戎相对而坐，丝毫也没有生气和尴尬的神色"。

晨曦微露，他来干什么？交颈而眠的新婚夫妇被岳父堵在床上，为何没有生气也无尴尬之色？对不起，无可奉告，史书没有记载。是不是又是"药发"呢？

类似癫狂怪诞的行为，伟大的王戎不知发生过多少次了。公元302年与司马冏侃侃而谈，最后掉进茅坑的那次，是真"药发"还是假"药发"已经不复重要。之所以能保住性命，在司马冏看来一定是真"药发"才敢如此大胆妄言，否则早叫他脑袋搬家了！

关于"药发"和"五石散"，在本书"何晏：毒品、宗师、伪娘与高干子弟"已有介绍。服用"五石散"后，人体忽而发冷忽而发热，肉体暂时陷入一种莫名的苦痛中，然而精神却可以进入一种恍惚忘我的境界。"药发"

的王戎除了干出把女儿、女婿堵在被窝里和掉进茅坑的事之外，还常常"药发"而起舞，其舞姿的疯狂丝毫不亚于今天夜总会里服用摇头丸把脖颈摇出骨折的问题青年。以至于很多年以后，三朝宰辅王导出席单位的一次派对时，手下一位叫王蒙的年轻干部指着一位叫谢尚的年轻干部对王导说："谢同志会跳怪舞，不信你看。"谢尚便站起来，就着鼓点跳开了，舞姿、神情非常奔放过瘾。王导专注地看了谢尚的表演后，对左右的人说："这让人想起了我们家当年的王安丰王戎大人。"

完全以贤人、名士、英雄来看待王戎，或许他是个草包。对于他的母亲、妻子、儿子来说，尽管他吸毒、他吝啬，却是个不乏孝心和爱心的人。

他对自己的母亲虽没有他的先人王祥那种"卧冰求鲤"的表现，却也有大家公认的孝顺。咸宁五年（279），王戎母亲过世，刚在武昌大获全胜被封为安丰侯的他，听到母亲死去的消息悲痛万分，顾不得光明灿烂的仕途，辞官回乡守孝。

由于服用"五石散"成瘾的原因，与前朝阮籍一样，王戎的服孝显得格外另类。

守孝其间，由于过度哀伤，加上吸毒，王戎不得不大块吃肉大碗喝酒，尽管好酒好肉终日不断，但却形容憔悴、瘦得皮包骨头，连站起来也要拄拐杖。好友裴楷去他那里吊唁后回来说："如果悲痛可以伤及人的生命，那么王戎肯定会遭到因为守孝伤身而沦为不孝的指责。"

此时，王戎的另一同事和峤也同时遭遇大丧，而和峤的服孝则是按照儒家教义整日哀号哭泣，吃饭的多少也绝不超过孝子的规矩，计量而吃。两位重要大臣的哀伤传到武帝司马炎那里，于是在一天早朝过后，司马炎对手下人说："你们还是常去看望一下王戎、和峤吧，我听说和峤悲伤过度，这让人很担心啊。"一位叫刘仲雄的大臣回答司马炎道："和峤虽然极尽礼数，但精神元气并没有受损；王戎虽然不拘守礼法，却因为哀伤过度已经形销骨立了。所以我认为和峤是尽孝道而不毁生，王戎却是以死去尽孝道。陛下您不必担心和峤，而应该为王戎担心才是。"听了这样的话，司马炎于是立马派出太医前去为王戎看病，此后又多次派人给王戎送药。

在最高领袖司马炎的关怀下，王戎逐渐从丧母的阴影中走了出来。接下来，一件更不幸的事情发生了。

> 子万，有美名。少而大肥，戎令食糠，而肥愈甚。年十九卒。

（《晋书·王戎传》）

王戎和恩爱的妻子共育有一男一女，儿名王绥，小名万子。这个孩子可能是中国古代历史上最早有记录的肥胖症患者。不知道是王戎的家境太好，孩子吃那些受贿得来的补品太多还是天生有病，这孩子从小就一个劲儿地长膘，到了十七八岁的时候，胖得生活也难以自理，只可惜当时没有当今的治疗手段，于是王戎就自己发明了一种减肥疗法，每餐只让万子吃糠。王戎的"糠疗"没有解决自己的心病，不久的一天万子死了，这一年万子才十九岁。

万子的不幸夭折，成了王戎一生中最为悲痛的事情。

有关王戎悲伤的程度，有汉语典故——"钟情我辈"可以说明：

> 王戎丧儿万子，山简往省之，王悲不自胜。简曰："孩抱中物，何至于此？"王曰："圣人忘情，最下不及情。情之所钟，正在我辈。"简服其言，更为之恸。（《世说新语》）

"王戎的儿子万子（王绥）死了，山简去探望他，王戎悲痛得不能自已。山简对他说：'孩子岁数并不大，你何必这么悲伤？'王戎说：'圣人可以抛却一切感情，低层的下人不懂感情。能够一往情深的人，正是我们这一类啊。'山简被他的话打动，也跟着悲伤起来。"

为了弥补万子死亡的伤痛，王戎后来娶了一房小妾给自己生了一个儿子。但不知什么原因，王戎对这个儿子却非常不齿。

看来，"五石散"虽能让人癫狂，却不能医治心灵深处的创伤。

就在半梦半醒之间

作为晋武帝司马炎和傻瓜皇帝司马衷两朝元老，王戎在草包的另一面的确有较硬的过人之处，否则他也不会封侯之后还能官至三公之列的司徒（皇帝之外最大的官）。

作为高级官员的王戎，他的过人之处首先表现在甄别辨识人物和对事物深谋远虑的预见性上。

最能说明王戎辨人识才能力的要数王戎为女儿找对象这件事情。

> 任育长年少时，甚有令名。武帝崩，选百二十挽郎，一时之秀彦，育长亦在其中。王安丰选女婿，从挽郎搜其胜者，且择取四人，任犹在其中。童少时，神明可爱，时人谓育长影亦好。自过江，便失志。王丞相请先度时贤共至石头迎之，犹作畴日相待，一见便觉有异。坐席竟，下饮，便问人云："此为茶？为茗？"觉有异色，乃自申明云："向问饮为热为冷耳。"尝行从棺邸下度，流涕悲伤。王丞相闻之曰："此是有情痴。"（《世说新语》）

当时有一个非常帅的男孩，叫任育长，长相那是相当地棒，用前几年的网络语言叫"帅得惊动党中央"。这不，武帝司马炎死的时候，治丧委员会决定挑选一些长相好的年轻人作为合唱挽歌的仪仗队员在出殡时引领灵柩前行，于是组委会通过海选的方式，在全国挑选了一百二十名青年，任育长就是其中之一。王戎要找女婿，就在武帝的这群挽郎中挑了四位绝色"超男"，凭长相，任育长名列其中。任育长的帅气和聪明从小就很有名气，当时的人们都说任育长的影子投在地上都非常好看。即使这样，王戎最后还是没把宝贝女儿许给他，而是选择了长相名气都比任育长稍弱一点的裴颁。

事实证明，王戎的选择千正万确。自从晋政权南渡以后，任育长的大脑就出了毛病。当时王导邀请已经渡江的名流一起到石头城迎接他，大家仍像以前那样互致问候，可是见面后就发现任有些异样。落座后上茶，任育长就问人说："这是茶？还是茗？"看到别人诧异的神色，他就自言自语道："刚才我是问水是热是冷。"有一次经过棺材铺，任育长无缘无故地就号啕大哭起来。王戎听到这个消息后就说："果不出我所料，这是犯了神经病了。"

阮籍的死敌——司马政权的头号谋士钟会出兵伐蜀之前，专程来向王戎辞行，并讨要此行的建议，王戎说："道家有句话，'做了好事而不自认为有功'，想不成功都难，但是要保住成果就不容易了。"后来，钟会终于惨死西蜀。

此外，在品评辨识人物中，他说山涛就像没有打磨的玉、未曾提炼的金，人人都钦佩他的能力，就是不知道怎么用他；他说王衍的神情、姿态都非常高，就像瑶林琼树，一定是超越世俗的杰出人物；裴颜拙于用长，荀勖工于用短，而陈道宁就像绑在竹竿上一样看得很远。他的族弟王敦名气很大，但是王戎却很烦他。王敦每次去见王戎，王戎都以身体有病为由拒绝见他。后来，王敦果然成了逆臣贼子。由此可见，王戎的鉴别辨识能力是多么的厉害。

王戎跟别的文官和清谈名士相比，最大的不同是不但能清谈，也能指挥千军万马。咸宁五年（279）的十一月在晋武帝司马炎征伐吴国的战役中，王戎运筹帷幄，派参军罗尚、刘乔领前锋，进攻武昌，通过一系列政治和军事攻势，吴国将领杨雍、孙述、江夏太守刘朗纷纷倒戈投降。王戎趁势亲率大军打过长江，吴国牙门将孟泰又率蕲、邾两县归降。伐吴之战，王戎可说是功莫大焉。

渡江之后，王戎大力开展接纳、整编、安定民心等维稳工作，宣传弘扬司马政权的神威和惠民政策。吴国光禄大夫石伟生性耿直，与孙皓不和，称病在家。王戎于是对其大加表彰，并写信向朝廷推荐了他。石伟于是被司马炎任命为议事郎，并享受两千石的终身俸禄。经过王戎这一系列的努力，吴国的士大夫无不心悦诚服。

此外，王戎做吏部尚书时，还创建了干部任用甲午制，甲午制是继曹魏时期"九品中正"之后的又一人才选用制度。被选用的官员要先到基层试用，试用期满，经过考核方能正式任命。但由于受到部分官员的反对，最终未能执行下去。

王戎的晚年是很不幸的，一方面由于丧子带来的哀伤一直伴随着他，另一方面，适逢八王之乱，他陪着那个说老百姓没饭吃为什么不吃肉的傻瓜皇帝颠沛流离，生命朝不保夕。这时候他虽然坐到了百官之首的司徒位子上，但也恰恰是这个时候，这个以崇尚老庄思想的清谈高手似乎才真正淡定下来。

于是，他又创造了一个中国高官的雷人事迹：把工作一律推给手下人去处理，自己单人独马，从府衙后门出去，整日无所事事地四处游荡，一般百姓见到他这番模样谁也不会想到他是显赫的老大。而跟随他多年的那些官员也大多升为高官，此时在道上远远认出是他，不得不下到路旁礼节避让，一个个弄得威风扫地、苦不堪言。

除了这些，他还动辄呼朋唤友，在家中大开"酗酒"派对，从天亮喝到天黑，从天黑喝到天亮，一边喝酒一边且歌且舞，一派醉生忘死之态。

一次，他与贴身的几个随侍乘着轻便马车出行，经过一个叫"黄公酒垆"的酒馆。忽然悲从中来，回头对车后面的人说："从前我和嵇叔夜（嵇康）、阮嗣宗（阮籍）经常来这里飙酒。竹林同游，我也忝列在其中最后一位。但是，自从嵇康早逝，阮籍亡故以后，我就为世事羁绊，现在酒垆虽近在眼前，往事旧人却远隔万重山河了。"

公元 305 年，七十一岁的王戎在流落郏县的时候死去。一棵同时散发着麝香与恶臭的大树，在岁月的蚕食下，轰然倒地。

【成语】卖李钻核

【拼音】mài lǐ zuān hé

【释义】先钻李核，然后出卖，免得别人得到良种。形容极端自私。

【出处】南朝·宋·刘义庆《世说新语·俭啬》："王戎有好李，卖之恐人得其种，恒钻其核。"

【成语】哀毁骨立

【拼音】āi huǐ gǔ lì

【释义】哀：悲哀。毁：损坏身体。骨立：形容极瘦，只剩下骨架。形容在父母丧中因过度悲伤而瘦得只剩一把骨头。

【出处】南朝·宋·刘义庆《世说新语·德行》："王戎虽不备礼，而哀毁骨立。"

【成语】道边苦李

【拼音】dào biān kǔ lǐ

【释义】比喻庸才，无用之才。

【出处】南朝·宋·刘义庆《世说新语·雅量》："王戎七岁，尝与诸小儿游，看道旁李树多子折枝，诸儿竞走取之，唯戎不动。人问之，答曰：'树在道旁而多子，此必苦李。'取之信然。"

【成语】卿卿我我

【拼音】qīng qīng wǒ wǒ

【释义】形容夫妻或相爱的男女十分亲昵。

【出处】南朝·宋·刘义庆《世说新语·惑溺》："亲卿爱卿，是以卿卿，我不卿卿，谁当卿卿？"

【成语】简要清通

【拼音】jiǎn yào qīng tōng

【释义】指处事简练扼要，明白通达。

【出处】语出南朝·宋·刘义庆《世说新语·赏誉》："吏部郎阙，文帝问其人于钟会，会曰：'裴楷清通，王戎简要，皆其选也。'"

【成语】琳琅满目

【拼音】lín láng mǎn mù

【释义】琳琅：精美的玉石。满眼都是珍贵的东西。形容美好的事物很多。

【出处】南朝·宋·刘义庆《世说新语·容止》："今日之行，触目见琳琅珠玉。"

刘伶

以裸体和醉酒进入史册的『超级青蛙』

人物简介

姓名：刘伶，字伯伦，外号无

家庭出身：无记载（以相关史料推断，绝非豪族名门）

籍贯：安徽淮北

生卒：无记载

社会关系：阮籍、嵇康的好友，"竹林七贤"圈中人

社会身份：酒鬼、短期小官吏、社会闲散人员

容貌：奇丑无比，身高不足 1.5 米

作品：一生唯一一篇 200 余字的自我表扬稿《酒德颂》

雷人言行

◎ "天地是我的家，房子是我的衣裤，你们干吗钻进我裤裆里来？"

◎出行总带一仆人拿锄头跟着，说："我醉死在哪，你就把我埋哪。"

◎一无是处，却能以喝酒醉酒入史列传。

相关成语

熟视无睹 土木形骸 幕天席地 五斗解酲

作者评价

除了惊奇，无话可说。

青蛙的"海拔"实在太低

> 常乘鹿车，携一壶酒，使人荷锸而随之，谓曰："死便埋我。"
> （《晋书·刘伶传》）

一辆咕咕响的鹿车由春天到夏天、从夏天到冬天，慢慢悠悠、走走停停，行驶在魏晋古老的官道上，车上坐着一位奇丑无比的男人，袒胸露腹，头发蓬乱，满脸野草般的胡须，双手捧着酒葫芦，一边高歌一边饮酒，车轱辘的咕咕声伴着歌声在山野间回荡。鹿车后面，总有一位扛锄头的农夫不紧不慢地跟着。农夫是鹿车里丑陋汉子雇佣的随从。每次出发前，鹿车里的人总会对他说："你的工作很简单，我在哪里醉死，你就在哪里挖坑把我埋了。记住了！"

这个坐在鹿车里高歌饮酒的丑男子叫刘伶。

在《晋书·列传十九》里单列有他的传记，《世说新语》等史料里也有关于他的故事。一千多年来，在中国文化里，刘伶就像一颗星星，无论沧海桑田、时光变换，依旧熠熠发光。

在刘伶所处的魏晋时代，没有好的出生门阀，想成大事，谈何容易。刘伶的出生，史书没有任何记载，在注重门阀的时代，连出生门第也没有记载，这不能不说明刘伶的卑微。而有记载的恰恰是说他非常之贫穷。在那样的时代，这无异于一个路边的乞丐，没有人知道他的来历和家庭。

> 刘伶，字伯伦，沛国人也。身长六尺，容貌甚陋。（《晋书·刘伶传》）

> 刘伶身长六尺，貌甚丑悴，而悠悠忽忽，土木形骸。（《世说新

142

语》)

刘伶不仅丑，还很矮。将史料上的 6 尺跟当今的尺度"米"换算一下：

秦时，1 尺约 23.1 厘米；汉时，1 尺大约 21.35 ～ 23.75 厘米；三国，1 尺合今 24.2 厘米；南朝，1 尺约 25.8 厘米；北魏，1 尺合今 30.9 厘米。

6 尺 ×24.2 厘米 ≈ 1.45 米

刘伶的身高只有 1.45 米。这个身高在坊间肯定会被别人背地里叫"矮帝国主义"或"$\sqrt{2}$"一类的绰号。

除了身材很矮外，他的性格也总是沉默寡言，而且很少出门参加社会活动。他的出生用现在的视角来看，最多是一个县城居民或小生意人家的子弟，而这个孩子因为家庭拮据或者长相奇丑的原因而自卑，习惯于在家里做"宅男"。在通信手段和传媒尚处婴儿期的时代，"宅男"能有多大的出息，那就可想而知了。

那么是什么使刘伶能够名传千古呢？是文章惊人、才华出众？

刘伶一生唯一只写过一篇标题叫《酒德颂》的文章。这篇文章用现代标点标注之后也仅两百余字，且文辞也不咋的，在中国文学史上简直连作品也算不上。

尝为建威参军。泰始初对策，盛言无为之化。时辈皆以高第得调，伶独以无用罢。(《晋书·刘伶传》)

刘伶原本在部队里做过一段时间的建威参军（一般部队里，参谋不带长的角色）。不久，朝廷组织了一次干部考察。考察中，刘伶口口声声强调他的"无为而治"，考察部门一怒之下，就进一步对他的工作业绩进行考核评议。不评不知道，一评吓一跳。他的工作不但毫无建树，而且一塌糊涂，于是，一纸"无能"至极的解聘书下到他的手里，他不得不收拾书担转回家。

千百年来，一代又一代的人们，翻遍了所有的相关史书，找不出他的半点优势和优点。他出身卑微、碌碌无为、毫无建树、整日酗酒、奇丑无比、衣衫破旧、臭气熏天。这样的人，能在中国文化史上熠熠生辉，不能不算一个奇迹。

大德大能可以流芳百世，作恶多端可以遗臭万年。然而这些，距离刘伶

似乎很远，他实在是太普通了。一千多年来，刘伶，对于那些削尖脑袋，希望名垂青史的人应该是很不公平和百思不得其解的。

酒，还可以这样骗来喝

刘伶的闻名，得益于酒。是喝酒、醉酒使他成了名。关于刘伶的喝酒、滥酒、醉酒，史书有不少记载。

> 尝渴甚，求酒于其妻。妻捐酒毁器，涕泣谏曰："君酒太过，非摄生之道，必宜断之。"伶曰："善！吾不能自禁，惟当祝鬼神自誓耳。便可具酒肉。"妻从之。伶跪祝曰："天生刘伶，以酒为名。一饮一斛，五斗解酲。妇儿之言，慎不可听。"仍引酒御肉，隗然复醉。（《晋书·刘伶传》）

这是一则关于刘伶醉酒的故事，用当下讲的方式叙述，应该是这样的：

一次刘伶在外边与朋友喝酒，喝得实在太多，被人抬进家的时候几乎处于半死状态。看到刘伶这个样子，妻子又一次被吓得不知所措。等到送他回家的朋友走后，刘妻惊恐万状地守在翻着白眼、人事不知的刘伶床头。刘妻明白，这样下去，总有一天他会死在酒上。丈夫死了，自己和孩子今后该怎么办？于是刘妻倒掉了家里所有的酒，并砸碎了所有的酒器酒具。刘伶一觉下去第二天中午才醒来，醒来之后，口干舌燥，五脏六腑火烧一样难受。

民间有句话叫：酒醉酒解。于是对着妻子喊："拿酒来！"守在旁边的妻子听到刘伶叫酒，不禁悲从中来，顿时泣不成声："你喝得太多了！这样下去你会死的！咱还是戒了吧！好吗？我求你了！"看到妻子痛哭的样子，刘伶说："好是好。问题是我试着戒了很多次，都没法控制自己。我想，我应该在菩萨面前发誓，估计只有请求菩萨保佑才能戒断了。你能不能去弄点酒肉来，咱们祭拜一下菩萨？"听到这样的话，妻子转悲为喜，马上转身沽酒买肉。不一会儿，将酒肉供放在神案上，去叫刘伶起来向神起誓祷告。刘伶听到叫声，顿时来了精神，一骨碌爬起来，恭恭敬敬地跪在神案前，念念有词地祷告开了："天生刘伶，以喝酒成了名。一口喝一斛，要喝五斗才能

解醉。女人的话，轻易不要听。"说完，当着哭哭啼啼的老婆，又放开肚子大喝特喝起来，直到烂醉。

刘伶喝酒从来不分场合，在家里能喝醉，在朋友的聚会中能喝醉，小酒吧能喝醉，车上、墙角、路边都能喝醉，与贩夫走卒、引车卖浆者也能喝醉。

> 尝醉与俗人相忤，其人攘袂奋拳而往。伶徐曰："鸡肋不足以安尊拳。"其人笑而止。（《晋书·刘伶传》）

一次刘伶在街上酒醉后，与一魁梧的粗鲁莽汉差点发生抓打。那人提拳就要开打，可怜身高不足 1.5 米且瘦骨嶙峋的刘伶如何能挡得住，于是自我解嘲地向对方说："我这鸡肋怎么经得起你尊贵的大拳呢！"惹得莽汉顿时大笑起来。

> 刘伶恒纵酒放达，或脱衣裸形在屋中。人见讥之，伶曰："我以天地为栋宇，屋室为裈衣，诸君何为入我裈中！"（《世说新语》）

在家里喝酒的刘伶更是肆无忌惮。一喝就烂醉如泥，常常还赤身裸体一丝不挂地喝，偶尔有人上他家看到就笑他，刘伶总是说："我把天地当家，把房屋当作衣裤，谁叫你钻进我的裤裆里来了！"

自我表扬稿是这样出炉的

估计是酒可以让人豪迈和自信，可以让人忘却自己的卑微和贫穷，所以，这个出生贫困、文才平平的"超级青蛙"竟然与阮籍、嵇康等才华盖世且有贵族身份的名士达人认识了，并且以酒为介成了非常要好的朋友，在竹林之中待了下来。

《世说新语》对刘伶认识阮籍、嵇康之后是这样记载的：

当时，陈留的阮籍、谯国的嵇康、河内的山涛三个人年岁相差不大，嵇康最小。参加他们聚会的还有沛国的刘伶、陈留的阮咸、河内的向秀、琅琊的王戎。这七人常在竹林里面聚会，纵情饮酒，大谈老庄"无为"哲学，所以世人称他们为"竹林七贤"。

这七个人聚在一起，喝酒喝到无聊的时候，也会相互开涮作乐。一次，嵇康、阮籍、山涛、刘伶正在竹林下畅饮，王戎来迟到了。阮籍就说："一介俗物又来败坏我们的兴致了！"王戎笑着说："你们这些人的兴致，也是别人能败坏得了的吗？"

竹林里面的嵇康、阮籍、山涛、王戎都是当世奇才、美男子、名门世家，而且都在朝中领着不低的工资。生活在这么一帮人中，刘伶来了精神。于是，在一顿酒醉之后，他提笔作文，一生唯一的一篇文章《酒德颂》终于诞生了：

> 有大人先生，以天地为一朝，万朝为须臾，日月为扃牖，八荒为庭衢。行无辙迹，居无室庐，幕天席地，纵意所如。止则操卮执觚，动则挈榼提壶，唯酒是务，焉知其余？

> 有贵介公子，缙绅处士，闻吾风声，议其所以。乃奋袂攘襟，怒目切齿，陈说礼法，是非蜂起。先生于是方捧罂承槽，衔杯漱醪。奋髯箕踞，枕麹藉糟，无思无虑，其乐陶陶。兀然而醉，恍尔而醒。静听不闻雷霆之声，熟视不睹泰山之形，不觉寒暑之切肌，利欲之感情。俯观万物，扰扰焉如江汉之载浮萍；二豪侍侧焉，如蜾蠃之与螟蛉。

翻译过来大意是这样的：

有一个德行高尚的老先生，把天地开辟作为一天，把万年作为须臾之间。把日月作为门窗，把天地八荒作为庭道。行走没有一定轨迹，居住无一定房屋。以天为幕，以地为席，放纵心意，随遇而安。无论动静都随身携带饮酒器具。只是沉湎于杯酒，不知道其他的。

有显贵公子和仕宦处士，听到我的名声。议论着我的行为。于是便敛起袖子，绾起衣襟，张目怒视，咬牙切齿。陈说礼仪法度，是是非非一起产生。先生在这时候正捧着酒瓮，抱着酒槽，衔着酒杯，喝着浊酒。拨弄着胡须，伸腿箕踞而坐。枕着酒曲，垫着酒糟。无思无虑，其乐陶陶。昏昏沉沉地喝醉，又猛然清醒过来。安静地听，听不到雷霆之声。仔细地看，看不见泰山的形体。感觉不到寒暑近身。利欲动心。俯瞰万物，犹如萍之浮于长江、汉水，随波逐流，不值一提。

在这种"唯酒是务，焉知其余"中，刘伶的妻子承受着常人难以想象的痛楚与苦难，孩子也因为家庭贫困无钱上学活得藉藉无名，潦草一生。刘义庆在《世说新语》里说，"竹林七贤"中，大多数人的儿子都有出众的才华，阮籍的儿子阮浑，器量开阔，官至太子庶子（太子身边侍臣）；嵇康的儿子嵇绍，清静文雅，官至颍州太守、皇帝侍中；山涛的儿子山简，疏朗朴实，后为镇南将军；阮咸的两个儿子阮瞻、阮孚，阮瞻恬淡有大志，官拜太子舍人，阮孚爽朗不羁，官拜黄门侍郎、散骑常侍；向秀的儿子向纯、向悌，善良有名望，长大后也在朝廷有一席之地；王戎的儿子王万子，能成大器，可惜早夭。所有这些人的孩子，阮瞻最出色，嵇绍、山简也被世人推崇。只有刘伶的儿子藉藉无名。

酒鬼滥喝的理由

刘伶这样一个酒鬼，居然能登上一个王朝的史册。为此，我们不得不正视酒在魏晋政治文化及世俗生活中的重要地位。比服药之风更源远流长、更让人喜闻乐见、更能彰显魏晋风度的，当然就是饮酒之风了。检视魏晋文人的文章，几乎都离不开酒字，不论是悲是喜，是欢聚还是离别，酒都是他们生活中最重要的东西。《世说新语》有《任诞》一篇，是魏晋风度的一个重要侧面，而最能显示"任诞之风"的莫过于饮酒。所以，《任诞》篇共 54 条，提到饮酒的则有 29 条，占了多半。这个数据很能说明，酒在魏晋名士生活甚至生命中所占的重要地位。

"何以解忧，唯有杜康"，曹操的诗恰如其分地表达了酒在当时人们生活中的地位。

至魏晋南北朝时期，由于酒禁大开，允许民间自由酿酒，酒业市场十分兴盛。这一时期，酒类名目繁多，南北朝的程卿，曾喝过一种名为"千里醉"的酒。他边走边饮，归家而醉卧；用桃花浸泡过的酒，称为"桃花酒"，据说喝了这种酒，可以"除百病，好容色"，故又称为"美人酒"；梨花盛开时酿熟的酒，叫"梨花春"；立夏日取汁和成的酒，叫"驻颜酒"；以甘蔗加石蜜等所酿的酒，叫"蔗酒"等等，不一而足。此外还有河东颐白酒、九酝酒、秦州春酒、朗陵何公夏封清酒、桑落酒、夏鸡鸣酒、黍米酒、秫米酒、糯米酒、梁米酒、粟米酒、粟米炉酒、白醪、黍米法酒、秫米法酒、当梁法酒等，还有酿造时间长而酒精含量高的祭米酎、黍米酎；在酒中加入五加皮、干姜、安石榴、胡椒、荜拔、鸡舌香等药物，则制成功能各异的药酒。除私人自己酿酒外，当时产销合一的酒店、酒肆的数量也很多。曹魏时，官家酒楼也称"青楼"，曹植诗中曾有"青楼临大道"的诗句。当时的酿酒作坊叫里坊，洛阳的里坊规范得相当整齐，一个里坊约居住 500～1000 户，于此可见当时专门从事酿酒业的人数之多。

魏晋的酒风之盛，达到了历史的顶峰。想显示自己伟大的、想成为名士捞个一官半职或闻达天下者、逃避现实者，各色人等，无不以酒为道具，以实现自己的目的。以至阮籍为躲避与司马氏联姻，曾一连大醉六十日，使得别人无法言及此事，他甚至在大丧期间也开创了酗酒的先河；吏部郎毕卓乘着醉意跑到别人有酒的房间里偷饮，主人以为是盗贼，便把他抓了起来，到天亮时，才发现抓的是他；孔融甚至在敌人马上要杀自己的老婆孩子的时候还在喝；阮籍的侄子阮咸与猪一起喝……

骠骑长史王忱曾感叹说："三天不喝酒，顿觉形神不在一起了！"

名士王孝伯说："名士不一定具备什么奇才，只要痛饮酒，熟读《离骚》，就应该算名士。"

卫将军王荟说："酒，的确可以引人入胜，达到一种美妙的境界。"

蜀汉车骑将军刘琰说："见何冲在路上饮酒，使人想回家喝完自己家里的酒。"

王献之给他哥哥王徽之写信说道："兄长遇酒就痛饮而忘记回家，的确可贵。"

江东步兵张季鹰说："如果要让我身后有名，不如即时给我一杯酒。"

名士孔群称："今年收成只得七百斛秫米，远远不够酿酒之用。"

光禄大夫王蕴说："酒，恰恰能让每个人在醉眼蒙眬中忘掉自己。"

在以上这些人中，将华夏酒文化的规模、深度推向极致的，莫过于喝酒成风的"竹林七贤"等人，而恰恰丑陋的刘伶就跻身他们中间，并在其中是喝酒最不怕死的之一，难怪他会名垂青史。

《晋书》作者说刘伶"竟以寿终"。他怎么也不相信，刘伶这个整天烂醉之徒竟然活到了寿终正寝的时候，而不是醉死，或被杀死。这也许是"无为"加"无能"的作用吧。

刘伶身后除了史书之外，还有《广笑府》里记有他的一则笑话叫《无酒闲坐》，里面这样说：

刘伶受邀去一朋友家做客。临行前，他对朋友说："我什么时候能得一顿酒饱就好了。"于是朋友答应满足他的愿望。去的当天，主人就派仆人把一大坛子酒送到他的房间，第二天朋友推门进去，见那大坛早已空空如也，而刘伶却醉醺醺地坐在酒坛边，死皮赖脸地说："你不是说让我喝个饱吗？现在为什么让我闲坐在这里呀？"

此外，民间还有"杜康酿酒刘伶醉"这种类似于张飞杀岳飞的神话传说。

"自古圣贤皆寂寞，唯有饮者留其名"。为了酒，咱们在宴会、酒吧、野餐"飙酒"的时候，别忘了一千多年前那个叫刘伶的，丑陋的、一无是处的酒鬼。

刘
伶

以裸体和醉酒进入史册的『超级青蛙』

成语附录

【成语】熟视无睹

【发音】shú shì wú dǔ

【释义】熟视：经常看到，看惯。无睹：没有看见。看惯了就像没看见一样。也指看到某种现象，但不关心，只当没有看见。

【出处】晋·刘伶《酒德颂》："静听不闻雷霆之声，熟视不睹泰山之形。"

【成语】土木形骸

【拼音】tǔ mù xíng hái

【释义】形骸：指人的形体。形体像土木一样。比喻人的本来面目，不加修饰。

【出处】南朝·宋·刘义庆《世说新语·容止》："刘伶身长六尺，貌甚丑悴，而悠悠忽忽，土木形骸。"

【成语】幕天席地

【拼音】mù tiān xí dì

【释义】把天作幕，把地当席。原形容心胸开阔，现形容在野外作业的艰苦生活。

【出处】晋·刘伶《酒德颂》："幕天席地，纵意所如。"

【成语】五斗解酲

【拼音】wǔ dǒu jiě chéng

【释义】酲：喝醉了神志不清。以五斗酒来解酒病。比喻非常荒谬。

【出处】南朝·宋·刘义庆《世说新语·任诞》："末生刘伶，以酒为名，一饮一斛，五斗解酲。"

以裸体和醉酒进入史册的『超级青蛙』

151

阮咸 与猪共饮的风流音乐家

人物简介

姓名：阮咸，字仲容，外号无

家庭出身：贫寒的士族门第

籍贯：河南开封

生卒：不详

社会关系：武都太守阮熙之子，阮籍之侄，名士阮瞻、阮孚之父，"竹林七贤"之一

社会身份：名士、著名音乐家、中下层官员

容貌：未有记载

主要作品：《阮咸谱》二十卷、《擘阮指法》一卷、《琴阮二弄谱》一卷、《三峡流泉》一曲

雷人言行

◎一不小心与姑母家金发蓝眼的鲜卑婢女弄出个一夜情来。

◎七月七，村里晒绸缎，家穷，无物可晒，高高晾出大裤衩媲美。

◎与一群猪埋头于大盆中，争相饮酒。

相关成语

未能免俗 一麾出守

作者评价

做不了大事，就做最精彩的事。

阮家庄人与猪的共饮

魏晋时代的陈留（今河南开封县附近），一条气派的官道自西向东延伸。偶尔，急促的马蹄声一起，总会有身着官服的差役驾着快马，裹在一阵烟尘中疾驶而过。一年半载，也会有震天的鼓声响起，紧接着就是一列长长的车马仪仗在喧闹中开过来，卫兵的呵斥和皮鞭，使官道两旁的农人不得不匍匐下来，听着车轱辘声、人唤马嘶声、脚步声、马蹄声一声声从头顶踏过。直到那些声音渐行渐远，方才抬起头来，然后站起来，继续自己的生计。

这官道的其中一段，恰好从一个人丁兴旺的村庄穿过，将村庄分为道南和道北两部分，这个村庄叫阮家庄。所有的人家都姓阮。阮家庄是一个怪异奇特的村庄。

跟同时代中原别的士大夫门阀相比，这个家族没有异常显赫的声名，没有翻云覆雨的朝中重臣，没有富甲天下的豪门牛人。在仕途上，级别最高的阮瑀、阮籍父子，也只是有名无实、远离实权的闲官；在财富上，道南做官的人家还不及道北种田的人家。但恰恰是道南这个被贫困缠绕的一拃之地，有着让人百思不得其解的奇迹。一是，无人不好喝酒，且个个酒量奇大，都是酒仙酒鬼；二是，从这里走出的怪才鬼才甚多，他们经纶满腹、才华了得、诗文绝佳，又能通晓音律，击鼓操琴，水平盖世。

尤其是音乐，从古至今都是奢侈艺术，有较高音乐修养和才能者，极少出生于贫困之家。

但是，从文学"建安七子"之一的阮瑀开始，到高唱"时无英雄，使竖子成名"的阮籍，及至后来的阮浑、阮瞻、阮孚等等，他们在哲学、文学、音乐领域的造诣，使这个家族在中国文化史有了可圈可点的贡献。

本文的主人翁阮咸便是这个家族中的一员。他跟在叔父阮籍的后面，走进了竹林，成了"七贤"之一，时人将他们叔侄并称"大小阮"。他在音乐领域的贡献泽及当今。

> 虽处世不交人事，惟共亲知弦歌酣宴而已。与从子修特相善，每以得意为欢。（《晋书·阮咸传》）

出山之前，除读书习琴之外，阮咸不善交朋结友，是那时候标准的"宅男"，唯一跟他要好的是同龄侄子阮修，每每凑在一起玩得非常快乐。

> 诸阮皆能饮酒，仲容至宗人间共集，不复用常杯斟酌，以大瓮盛酒，围坐，相向大酌。时有群猪来饮，直接去上，便共饮之。（《世说新语·任诞》）

阮咸的出场，是在宗族的酒宴上。

夕阳西下的时候，阮家庄村头的空地上煞是热闹，男人女人、老人孩子，全都聚集在这里，一片欢声笑语，大家围在一起举杯畅饮。这时，阮咸来了。因为酒量颇大，而且喝得奔放，阮咸的到来使众人非常高兴。按史料推算，那时候酒的酒精度只相当于现在的啤酒，这对具有超强解酒基因的阮氏族人来说，显然不够劲儿。阮咸来后，大家都放弃手里的杯子，换成大的酒具来喝。

于是人人面前换上大盆，众人围圈而坐，用大瓢把酒舀在其中，在一片"喝"声中，席地而坐的族人干脆把头伸进自己面前的大盆里喝起来。喝着喝着就有人醉了，有的开始呕吐，有的一边吐一边喝。这时一群猪摇着尾巴冲了过来，对着盆里香甜的酒大喝起来。喝醉的众人早已丧失赶走这群猪的能力，于是阮咸跟大家一道，一边用手赶猪，一边把头埋进盆里，与猪争抢着喝，直到醉倒在地。

这就是中国历史上"与猪共饮"的故事。

阮家庄的大裤衩儿

关于阮咸的酒，《资治通鉴》第八十二卷还有这样的记载：阮咸与王澄、侄子阮修等一群人，一起聚会的时候，常常跳脱衣舞，边喝边脱，直至赤身裸体，醉到发狂，但谁都不觉得有什么不好。

> 阮仲容、步兵居道南，诸阮居道北。北阮皆富，南阮贫。七月七日，北阮盛晒衣，皆纱罗锦绮。仲容以竿挂大布犊鼻裈于中庭。人或怪之，答曰："未能免俗，聊复尔耳。"（《世说新语·任诞》）

蜿蜒的官道从阮家庄中间穿过，把一个好端端的村庄一分为二。谁也弄不清是什么原因，同是一族人，官道北边的人家竟比南边的富裕很多。北边人富裕的日子，对南边人来说，总让他们不那么自在。

七月七，晒锦衣。

这一年的七月初七像往年那样又来到了。

太阳一出，北边人家纷纷将家里的绫罗绸缎、华贵的袍服、高档被褥，悉数晾晒出来，阳光的照射下，那些华贵高档的面料顿时光彩炫目，直晃得南边人家睁不开眼。

名垂青史的阮咸，正是南边贫民窟的后人。

打阮咸小时开始，父亲阮熙、叔父阮籍都在外边打工，只有逢年过节才回家一次。从今天的角度看来，阮咸的父亲要么是个"孔繁森"似的、百分百清廉得倒贴银子为老百姓办事的好官，要么就是把钱投到卖官鬻爵者手中或花钱买欢、醉卧青楼的混蛋，要不然阮咸的家里不会那么贫穷。由于贫困，作为"留守儿童"长大的阮咸，不知道吃了多少苦，受了多少累。好在此时的他已经长大。

日上三竿的时候，他从屋里走出来，站在家徒四壁的院子里，被北边炫目的光彩照得睁不开眼。

从院里到屋中，阮咸来来回回走了好几趟。只见他拎出一条自己居家穿的打着补丁的粗布大裤衩，找来一根长长的竹竿，先把破裤衩挂在竹竿上，然后将竹竿立起来固定好。

阮咸的破裤衩，就像一面怪异的旗帜，猎猎飘扬在阮家庄南面的上空，让人看了忍俊不禁。

南边的村人除对阮咸此举感到好笑之外，又很诧异。阮咸解释说："没什么好奇怪的，我也不能免俗，他们有绫罗绸缎晒，咱家没有，我晒晒裤衩咋啦？算是应景吧。"

关于阮咸，史书记载很少，总共加起来，只有三四百字的三个小故事。由此可见，阮咸在他的那个年代政治地位并不高。他一生，只做过散骑侍郎这个六品闲官，到后来甚至被贬到一个偏远地方做太守（县级地方领导）。同属"竹林七贤"之一的山涛对他非常欣赏，对晋武帝司马炎称：阮咸单纯、淡泊名利，有较强的辨别是非的能力，什么都不能让他改变自己的立场。假如说提拔来做大官，绝对是一块好材料。但是司马炎认为他好酒贪杯、不切实际，最终还是没有得到提拔。

而阮咸一生，好像丝毫没在做官上边动过脑筋，而是跟随叔父阮籍，游荡于竹林之间，整日饮酒弹琴，不务正事，被当时以儒家名教为正统的人所耻笑，以至最终只浪得个"七贤"之一的虚名。

除了美酒，咱还有音乐

在喝酒和弹琴的务虚之中，阮咸把琴弹到了极致。而恰恰也因为音乐，阮咸本来不高的官职，再一次受到打击，但这一次，阮咸在音乐上的造诣却得到了当朝主管的认可。

在当时，人们对音乐界有"暗解"和"神解"之称。

朝中重臣荀勖，时当朝掌管音律的第一权威，人们称他为"暗解"，因此由他兼管调正乐律，掌管校定朝会祭祀时的音乐。每年元旦期间的团拜会上，宫廷奏乐时，荀勖都要亲自调节五音，经他调校的音准，谁都认为调得非常和谐。而被人们称为"神解"的阮咸，却只能充当听众，每当团拜会上演奏音乐的时候，坐在下边的阮咸总觉得音律不准，并在一不小心的情况下就表露出来。鉴于自己的卑微，阮咸从来不正面去帮助荀勖纠正乐队错误，荀勖由此在心里非常记恨他，就找了一个借口，把他外放到始平做太守。后来一个农夫在田野里耕种，捡到一个周朝时的玉尺，这是天下校定音准的标准尺，荀勖就用它来校验自己所造的钟鼓、金石、丝竹乐器的音律，这才发现，原来自己校定的音

律确实有问题。自此荀勖才暗自叹服阮咸在音乐上的高明。

阮咸不仅在调音定音上很有一手，他还首创了"阮"这种中国传统的乐器，由于这种乐器曾一度失传，人们就无法知道阮咸当时把它命名为什么名字了。翻开中国音乐史，里边还有这样的记载：

武则天在位期间，曾有人在古墓中得一把铜铸的琴，正在大家不知为何物时，人们从魏晋流传下来的古画上看到这正是"竹林七贤"之一的阮咸怀里所抱的乐器，于是人们就开始把这种乐器称做"阮"。"阮"在武则天的喜爱下，得到了迅速普及并流传开来。

这不能不算是"与猪共饮"的阮咸对中华音乐界的一大贡献。

活在音乐和美酒之中的阮咸自然是风流倜傥的。

即使母亲的丧逝，也没有让他忘记爱自己该爱的人。

痛了就喊，累了就喝，爱了就追。阮咸与鲜卑美女的故事，在以孝治天下的封建时代，又是一惊世骇俗的举动。

与金发女郎的邂逅

古代鲜卑族是我国北方阿尔泰语系游牧民族，其族源属东胡部落，兴起于大兴安岭山脉。他们皮肤白皙、金发碧眼，热情奔放，尤善歌舞。东汉末年他们开始强大，并一直向西扩张，建立了一个伟大而多彩的鲜卑人帝国，这个帝国存在时间不是很长，就被突厥人摧毁掉了。一夜之间无数的鲜卑美女成了奴隶或流落中原。阮咸的姑姑家就有这样一位漂亮的北方佳人。

阮仲容先幸姑家鲜卑婢。及居母丧，姑当远移，初云当留婢，既发，定将去。仲容借客驴，著重服自追之，累骑而返，曰："人种不可失！"即遥集之母也。（《世说新语·任诞》）

以上这则故事在《晋书·阮咸传》里也有同样记录。用现代汉语的方式来讲述这个故事应该是这样的：

母亲病了。

姑姑从很远的地方来看望母亲。

那是一个遍地花香的早晨，马车进院刚一停稳，阮咸就急急地向姑姑的马车迎去，只听见车里一阵环佩叮当，下来一人，白玉般的皮肤，金黄色的头发，碧蓝的眼睛。此时院里静得只有那女子的叮当声、碎碎的脚步声和阮咸的呼吸声，阮咸闻到了一股从未闻过的清香，眼前阵阵眩晕，他就呆呆地站在那里看着眼前的一切，直到那金发碧眼的女子把姑姑从车厢里搀扶出来，他才如梦初醒。

在接下来这段日子，是阮咸一生中最疼痛也最美丽的时光。

母亲的病痛每每让他心如刀绞，而美丽的鲜卑女子的到来又让他心花怒放。母亲的病痛一旦有所减轻，照顾好母亲后回到自己的房间，那如诗如酒的琴声就会从他的窗户飘逸出来。

那个鲜卑女子细细的环佩声一遍一遍地从他的窗前响过，从他的心尖响过，从他的梦中响过。

阮咸对姑姑说："姑姑，你让她留下来好吗？"

姑姑看着阮咸的眼睛，点了点头。

母亲最终还是走了，去了她该去的地方。

接下来的事情，一是姑姑该回她自己的家了，再就是阮咸必须在家守孝三年，接待一拨一拨陆续前来祭祀亡灵、探望孝子的亲友。

姑姑走的那天早上，正好有远方贵客来祭祀母亲，忙于应付的阮咸在灵堂里忙个不停。那个鲜卑女子无数次从他面前走过，但忙碌之中的阮咸竟无所察觉。

安排好客人之后，阮咸发现姑姑已经离去，便四下寻那无数次响过心尖的环佩之声。下人说，跟她主人一起走了。

阮咸发疯般地牵过客人刚骑来的驴，一阵猛抽，飞一般地向着姑姑回家的路上奔去。刚刚来访的客人站在院门口看到眼前的一切，不知发生了什么事情。

晌午时分，阮咸和驴终于出现在了村头的官道上。在他怀里，坐着那个金发碧眼环佩叮当的鲜卑女子。

一见面，阮咸就对众人说："对不起各位！久等了。我不能失去她。"

这件事，在当时的名士、士大夫中莫衷一是。

杂种的色胆包天

　　拥有音乐、美酒、美女的阮咸是幸福的，陪着这些宝贝，当时光不能在他的躯体刻画印记的时候，他安静地离开了曾经用自己的行为添彩的人世。

　　经年之后，西晋大富豪石崇的舞伎绿珠有一个弟子叫宋纬，擅长吹笛，美貌无比，明帝司马绍见到之后，爱得不行。终于有一天，明帝生病不行了，群臣纷纷进谏，要明帝离开美人宋纬，保重身体。明帝对来朝见的大臣说："你们众人里面有谁想得到她呢？告诉我吧。"这么漂亮的美女，一群大老爷们儿心里谁不想啊，但一时半会儿搞不懂皇上的真实意图，怕弄不好掉了脑袋，都不敢开口。正当现场万分尴尬之时，当时的吏部尚书（相当于中组部部长）开口说话了，他说："我希望皇上把她赐给微臣。"于是明帝就把绝世美女宋纬赐给了他。这个人叫阮孚，正是阮咸与鲜卑美女的儿子。这是《太平广记》里面的记载。

成语附录

【成语】未能免俗

【拼音】wèi néng miǎn sú

【释义】没能够摆脱开自己不以为然的风俗习惯。

【出处】南朝·宋·刘义庆《世说新语·任诞》："未能免俗，聊复尔耳。"

【成语】一麾出守

【拼音】yí huī chū shǒu

【释义】原指阮咸受排挤，而出为始平太守。后指京官出任地方官。麾，排挤。后"一麾出守"指京官被人排挤外调。

【出处】南朝·宋·颜延之《五君咏》："屡荐不入官，一麾乃出守。"

人物简介

姓名：潘岳，又名潘安，字安仁，小名檀奴，外号潘郎，一
县花

家庭出身：中下层官员世家

籍贯：河南省中牟县大潘庄

生卒：公元 247-300 年

社会关系：中下层官员潘芘的儿子、美男夏侯湛的发小、"竹
林七贤"之一山涛的政敌、大富豪石崇及文豪左思的文友、
权臣贾谧的下属

社会身份：天下第一帅哥，著名作家、孝子、专一男人，中
下层官员

容貌：造成交通堵塞的祸首，千百年来的美男一号

主要作品：现存《西征赋》、《闲居赋》、《籍田赋》、《沧海赋》、
《秋兴赋》、《芙蓉赋》、《射雉赋》等六十余篇章名垂千古之作

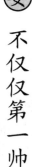

潘安 不仅仅第一帅

雷人言行

◎常被满街女子牵手围观，并用鲜花水果相继向他所乘的车
　上投去。

◎虽然有大批粉丝追求，但对妻子却一往情深，不为所动。

◎一个不懂农耕的才子，为孝顺母亲，竟然辞官回乡种地、
　养羊。

相关成语

掷果盈车　潘杨之好　连璧接茵　潘安再世　潘鬓沈腰　宋才潘面

作者评价

地球人都知道你最帅、最有才，却死得很惨。

一个好男人，被站队搞废了！

帅得水果都吃不完

说"潘岳"，人们不一定全都知道。说"潘安"，讲汉语的人里，几乎无人不知。在百度搜索引擎里键入"潘安"，产生的条目大约在550万个左右。

"潘安"，一个男人的名字，却变成了对男子美貌的形容词——"貌若潘安"、"潘安之貌"等等，这不能不说是一个奇迹。

绝世美貌的帅哥潘安，到底帅到什么程度呢？

据《晋书》本传记载，潘安"少时常挟弹出洛阳道，妇人遇之者，皆连手萦绕，投之以果，遂满车而归"。

这段话用当下的语言翻译过来，可以这样表述：潘安年轻的时候，常带一支弹弓，坐着车在洛阳的大街上穿城而过。街上的美女们每每得见，便会因潘安的美貌情不自禁尖叫起来，老妇少妇、美女丑女，瞬间从各个不同的方向拥来。一时间万人空巷，交通堵塞，人头攒动。为了能够一次看个够，围观的女人们不约而同伸出手来，牵在一起，将潘安连人带车团团围住，一边欣赏潘帅哥，一边啧啧赞叹。为了表示自己对帅哥的倾慕，一些人开始买来鲜花、水果纷纷向潘安的车上投去，那情景跟今天的粉丝向台上的明星抛鲜花一样，直到潘安的车无法承受如此之重，方才渐渐散去。潘安每次出门，都是满载而归。可以说，青年潘安的每一次出行，都是首都洛阳女人们一次欣喜如狂的节日。

除了上面的记载外，史料还说潘安喜欢和另一位帅哥——《三国演义》里曹操手下名将夏侯渊的曾孙夏侯湛一起外出，只要哥俩一出现，无论女人男人，都会惊叹："天哪！简直就是一对并列的美玉啊！"

潘安在美女面前的待遇，直叫那些同龄的少年才子们羡慕得眼睛出血。

于是，潘安的一位好友左思也蠢蠢欲动了。左思，西晋著名文学家，家世儒学。少时曾学书鼓琴，皆不成，后来由于父亲的激励，发奋学习，终成一代文学名家，他的《三都赋》一夜之间比今天周星驰的电影还受欢迎，弄得洛阳士子、百官、学者纷纷购纸抄写，一时间"洛阳纸贵"。"洛阳纸贵"成语就是这样产生的。然而，这位仁兄天生型不准，长相比较困难。但是，受人追捧、获得女人的青睐是每一位男人的渴望。见到潘安的火暴，他也模仿潘安的模样打扮，挟着潘安玩的那种弹弓，招摇过市，街上的女人一见到他丑人多作怪的样子，口痰、鞋子下雨般地向他飞来。"长得丑不是你的错，出来吓人就是你的错。"街上的女人一边骂一边赶得他飞跑。

> 左太冲绝丑，亦复效岳游遨，于是群妪齐共乱唾之，委顿而返。

（《世说新语·容止》）

左思还算幸运的，另一位叫张载的哥们儿，学着潘安的样子上街，刚一出门，就被石头砖块砸得抱头鼠窜。

对于模仿者的憎恨，只能说明一点，潘安在女人们心目中的绝色美貌和神圣。

提起潘安，人们都知道他是天下一字号的帅哥，但是对于潘安的其他，知道的人却甚少。潘安，不仅是史上一号帅哥，更是文学史上不朽的大家，还是天下有名的孝子，在众多粉丝的围追堵截下又是只钟情妻子一人的痴情男儿，还是体恤民情、造福乡亲的好官。一个人，既有上苍给予的出众外貌和过人智商，同时又能做好人之本分，如此先天后天的光辉集于一个人的一身，这似乎就是一个神话。

这个奇迹的生产者首先是潘安的父母。

潘安的母亲姓氏名谁，史料没有记录。他父亲的这边虽算不上名门望族，但却是有名有姓的世代儒学之家。他的祖父叫潘瑾，生前为安平太守，他的父亲叫潘芘，是山东琅琊内使（相当于县级干部）。潘安总共有三兄弟，哥哥潘释，弟弟潘豹，潘安行二。潘安从小就长得眉清目秀，特别乖巧，加之头脑聪明、口齿伶俐，所以被四邻八寨的乡亲誉为"神童"。

潘神童长到十二岁的时候，桃花运就开始来了。他被父亲的好友杨肇看中，把他给"预订"了。杨肇，当时晋国的荆州刺史，称霸举国最富庶一方的老大，级别相当于今天一个直辖市的一把手。他一见潘安就喜欢得不得了，于是不顾自己地位高出潘茈许多，执意将闺女与潘安的婚事预订下来。这桩婚姻因为后来杨肇被东吴陆机打败，就再也没有给潘安带来什么好处了。倒是潘安与杨肇这个宝贝女儿的恋爱婚姻却给后人留下了一段传奇和佳话。

帅哥原来很痴情

十二岁时即有"奇童"和"国士"之称的潘安，与杨肇之女婚约的这一年，杨肇之女只有十岁。

订婚之后，杨肇之女跟随父亲回到荆州，而潘安则与家人生活在洛阳，一两年也难见上一面。对两个孩子来讲，要说两人之间此时能有多大感情显然扯淡。但随着渐渐长大和见面次数的增加，到了十五六岁，两人之间的温度还真上来了。这个年龄，在中国古代是孩子应该结婚的年龄，由于双方居住地相距太远，加之双方家长都在任上忙碌，这婚事就拖了下来。到了十九岁那年，由于种种原因，潘安又不得不离开洛阳去父亲工作的琅琊，从此与未婚妻的距离更远，关山阻隔，两人见面的可能性几乎为零。这种分离，一晃就是十年。山东琅琊不乏美女，面对二十多岁才貌双全却孑然一身的潘安，顿足呼号追在后面的淑媛美女不知几何，潘安却丝毫不为所动。他只是每天在忙完俗事之后躲进自己的房间，就着一盏孤灯，将自己对未婚妻的一片痴情倾注纸上。

> 静居怀所欢，登城望四泽……漫漫三千里，迢迢远行客。驰情恋朱颜，寸阴过盈尺。夜愁极清晨，朝悲终日夕。山川信悠永，愿言良弗获。引领讯归云，沉思不可释。（《潘岳内顾诗之一》）

在诗中他说：亲爱的，开心的时候你却不在身边，我只得登上高高的城楼，可是四下茫茫没有你的影子，这时我才突然明白过来，长路漫漫，山川迢迢啊，我只是一个远行的客人。于是我的心就飞回到了美丽的你的身边，想你时的每一分钟都显得特别漫长。从傍晚到清晨，从白天到黑夜，想你的哀愁一直笼罩着我。

尔情既来追，我心亦还顾。形体隔不达，精爽交中路。不见山
上松，隆冬不易故？不见陵涧柏，岁寒守一度？无谓希见疏，在远
分弥固！（《潘岳内顾诗之二》）

在这首诗里，诗人说，亲爱的，我们既已相爱，心中就时常思念，虽然
我们不能在一起，但每每想起对方心情都会非常愉悦。亲爱的，你看山上的
松树，在大雪纷飞的冬天仍然挺立，你看到谷涧的柏树了吗？他们在严寒里
一样保持固有的精神。他们就像我对你的心一样，不管时空的距离是远还是
近，都永远依偎着你。

公元 275 年，二十九岁的潘安终于走完了与妻子两地相思的苦恋。从
十二岁到二十九岁，从孩童到少年，从少年到青年，到而立之年，整整十七
年，由于山高路远，潘安与未婚妻仅仅聚过短暂的几次，虽然有无数女子对
自己"掷果盈车"、围追堵截，潘安竟丝毫不为所动。

婚后的日子温馨美满，杨氏相夫教子，潘安做官习文，堪称那个时代的
"五好家庭"。"潘杨之好"由此成了人们对美好婚姻的通称，并沿用至今。

公元 298 年，这是"潘杨"婚后的第二十三个年头。一场大病之后，杨
氏撒手人寰。十七年的相思之苦，二十三年的和谐幸福生活就此中断。潘安
肝肠寸断。

老帅哥潘安，以泪研磨，将满腹哀思委于笔下。

……

望庐思其人，入室想所历。帏屏无仿佛，翰墨有馀迹。流芳未
及歇，遗挂犹在壁。怅怳如或存，周遑忡惊惕。如彼翰林鸟，双栖
一朝只。如彼游川鱼，比目中路析。春风缘隙来，晨霤承檐滴。寝
息何时忘，沉忧日盈积。庶几有时衰，庄岳犹可击。

……

（《悼亡诗三首》）

在诗中，他说，亲爱的，我是多么不想回家啊，远远看着咱们住的房子，
我就想起你，走进家里，和你在一起的往事历历在目。帏帐之中没了你的身
影，而你曾经为我磨的墨依然还在。你使用的香粉之气还弥漫在每一个角落，
你曾经穿过的衣服仍然还挂在墙上。很多时候，我都觉得你并没走远，但你

却真的离我而去了，我环顾四周，往往惊醒过来。想你在的时候，咱俩多像一对比翼齐飞的鸟呀，今天却只剩下我这孤独的一只了。你现在一人先去了，就像一对比目鱼从此分崩离析了。春天的风从墙壁的缝隙里哀怨地挤了进来，雨水像眼泪一样从屋檐上滴答而下。睡了过去我也忘不了你，对你的思念一天又一天地加深。对你的思念什么时候才能减轻一点呢？我怎么能做得到像战国时代宋国人庄周一样，死了妻子逐渐变得麻木到敲着瓦盆唱歌那样的解脱呢？

至此，中国文学史上开"悼亡"先河的《悼亡诗三首》产生了。因为这个诗，后世把悼亡诗就限定在了悼念妻子的范畴里。

除此之外，潘安还为妻子写下了《杨氏七哀诗》、《悼亡赋》、《哀永逝文》等篇章，在中国文学史上，潘安创了一个纪录，"他最先创作了悼亡题材的文学作品，也因停不了的悲伤创作了最多也最感人的悼亡文学"。这是魏晋时代重情任情思潮下，潘安用真情和才华写就的一束忧郁之花。这捧祭献亡妻的花束，是百结断肠缠绕而成，是碧血和泪凝结而成。对于失去妻子的诗人而言，他只能用写诗这种方式，实现心灵重创后的自我修复。

据说，潘安一系列悼亡之作在洛阳传开后，无数识文断字的女子莫不争相传抄，捧读之后，号啕大哭。

杨氏走后，任凭说媒提亲者纷至沓来，一些女粉丝再次扬起手中的花束、水果，潘安却至终没有婚娶。

西晋社会是狂放肆意的，加之道教养生术之一的房中之术为士大夫纵欲支起坚强的理论依据，所以，达官贵人、名士学者所处的上流社会声色更加火暴。潘安身边的好友如石崇之流，从遥远的交趾国花天文巨资也要买回美女夜夜笙歌，而潘安却在五十岁的鳏居中不为任何女子所动，真不枉对天下追捧她的那些女人了。

百姓的好官，母亲的孝子

《晋书》本传中还这样记载潘安，"岳频宰二邑，勤于政绩"。

潘安有个外号叫"一县花"。史书记载，潘安在三十二岁时，被外放到河阳（今洛阳吉利区）做县令。赴任之日，他见河阳南临黄河，北靠邙山，中间是一片平川沃野，地方不错，就是老百姓太穷。通过一番调查研究，他想起古人治世格言："五谷宜其地，六畜宜其家，瓜瓠荤菜，百果俱备，此乃县之福矣。"于是，根据半丘陵地区十年九旱的特点，他开始号召百姓广种桃李，绿化荒山。为了把施政方针深入贯彻下去，想方设法搞宣传。正月里，他在官衙门口搭台唱戏，让人在台下放风筝，风筝上挂着标语，上写"广种桃李"、"百果俱备"等口号。

这位才子在治理地方的时候，一不小心就将心中潜藏的审美情趣运用到了工作中。在治理山水时，他引导百姓在道路两旁、田间地头、农家小院等地方，都栽上桃李和花卉。每逢春天到来，河阳县境内绿满山川花满园。每到秋来，累累的果实为老百姓带来了丰厚的收益。由此，他被当地老百姓戏称为"花县令"。河阳县就此有了"河阳满县桃"和"河阳一县花"的美名。

"浇花息讼"是潘安发明的解决民事纠纷的专利。在河阳，他在自己的花园里栽上一行行桃李，又在园内挖了一口浇花井。每天办完公事，就到花园里提水浇花。

可是，每天的民事纠纷闹得他不得安宁。一次，在打水浇花时，他突发奇想：对那些家长里短的纠纷何不如此断案？于是，他命人专门做几只尖底大水桶放在大堂上。

一次，两家邻居因小事大打出手，闹上公堂。潘安先给原告一只尖底水桶，给被告一根扁担，一条井绳，让两人去花园浇花。起初两人磕磕绊绊，极不配合。但衙役在一旁监督着，他们只得互相协作。先是一人汲水，一人支桶，等桶里的水满了，汲水那一位就会自觉地用扁担穿过桶绳，支桶的那位也很是配合地拿住扁担，等汲水那位做好起肩姿势并扶好水桶后，自己才下蹲上肩。到了浇花地点，一人主动扶好水桶，一人浇花。累了半天，两人终于在劳动中有了交流和协调。等花浇好后，两人的火气也没了。等他们回到大堂，潘安就问："官司还打吗？"双方当事人只得低下头来反思自己。

到了这个时候，潘安就开始帮助他们分析前因后果，指出各自的责任，最后公正裁决。这一办法竟在后来民事纠纷处理中屡试不爽，老百姓也喜欢了这种不打板子、不上刑的审案方式，对他称颂至极。

潘安离任后，百姓为了纪念潘县令，就把潘安花园旁的一个小村改名为"花园头"，把花园里那口浇花井改叫"潘安井"。

潘安为母尽孝的故事不仅在民间流传，而且还白纸黑字写进了《二十四孝》和《晋书》本传里面，由不得人不信。

《二十四孝》作为元代以后封建社会幼童的启蒙教材，在中国几乎是人人皆知的道德蓝本。

"我于高兴之余，接着就是扫兴，因为我请人讲完了二十四个故事之后，才知道'孝'有如此之难，对于先前痴心妄想，想做孝子的计划，完全绝望了。"这是鲁迅先生在他的《朝花夕拾》中关于自己对《二十四孝》的认识。看来，要做到潘安那样的孝顺，不是每一个人都能做到的，包括伟大的鲁迅。

《二十四孝》有多个版本，其中多数故事重复，也少数收集了不同的人物。其中的一个版本就有潘安"弃官奉亲"的故事。该故事结尾还赋诗一首：

弃官从母孝诚虔，归里牧羊兼种田。藉以承欢滋养母，复元欢乐事天年。

"弃官奉亲"，史书所载确有其事，《晋书》本传中记载："除长安令，征补博士，未召，以母疾辄去官，免。"当时是公元296年，潘安已经五十岁。

在司马氏标榜"以孝治天下"，母亲重病他照例是要辞职侍亲的，朝廷也就顺势免除了他的博士头衔。

《二十四孝》故事里说，潘安事亲至孝、恪尽孝道，在当时的影响很大，很多人争相向他学习。潘安的父亲潘芘原任琅琊内史，虽是个小官，但养活家小还是绰绰有余的，潘安到河阳任职后，母亲一直和父亲在一起生活。潘芘去世后，潘安就将母亲接到自己的任所侍奉。

后来，潘安奉调任长安令，母亲一直跟着他生活。有一天，母亲偶染小恙，产生了强烈的思乡之情，很想回归故里颐养天年。潘安得知母亲的心意后，随即决定满足母亲的愿望，送母亲回乡，跟随母亲回家奉养、以尽孝道。身为一县之父母官，总不能长期离开官署吧，思来想去，潘安决定辞去官职，专司供养母亲之责。

潘安一纸辞呈递交上司，上司再三挽留："你是难得的好官，怎么忍心舍弃那么多百姓呢？再说你留任做官，能得到较多薪俸，可以使你的母亲生活得更好一些。"潘安坚定地说："我若是贪恋荣华富贵，不肯遵从母亲的意思，那算什么孝顺儿子呢？如果连孝顺自己的母亲都做不到，又何谈体谅百姓的疾苦，又怎么称得上一个好官呢？"上司被他的孝心所感动，准许他辞官回乡了。

回到家乡后，他母亲的病好了，可是因为失去了俸禄，家里变得贫穷了，他就自己动手，耕田种菜，靠卖菜为生，每次卖菜回来，都要买些母亲爱吃的食物。他还在家里养了一群羊，每天挤羊奶给母亲喝，这就是他在《闲居赋》中所写的："灌园鬻蔬，以供朝夕之膳；牧羊酤酪，以俟伏腊之费。"想想一位压根儿不懂农事的读书人，在没有当下农业机械的情况下，靠种地养羊来孝敬自己的母亲，是一件多么不容易的事啊！

都是我的错，都是欲望惹的祸

远远地看一个人，或多或少会产生一些偏差。

走进潘安的世界，笔者不禁心酸起来。

虽然潘安有着绝世容貌和少有的文才，然而，他的一生却充满了劳碌奔波、曲折坎坷和悲戚，尤其是晚年，甚至与八旬老母一道被押上刑场，这对于一个孝子来说，莫不是最凄惨的事情。

潘安的悲剧不仅仅是潘安个人的，应该说他的悲剧是典型的中国人才悲剧。

用现在的话来说，潘安的祖父、父亲都仅仅算是基层公务员，如果潘安把自己的一生定位在一个郡县范围内发展，或许就没有了后来的种种不顺与悲剧。但他恰恰不满足，他命中似乎就是一个心比天高、命比纸薄的角色。

十二岁成了一方有名的神童和国士，这样的才气和名气或许正是他人生悲剧的一种征兆。

虽然他很早就因为才气和名望被聘为司空太尉府里的幕僚，后来又被察举为秀才，但由于"朝中无人"，一直上不去，只能在幕僚的位置上等待国家的正式委任。这一等就是好几年，可以想象，一位才华横溢的青年，日夜都盼着飞黄腾达的那一天，却始终得不到重用的那种憋屈。

> 泰始中，武帝躬耕藉田，岳作赋以美其事。（《晋书·潘岳传》）

机会终于来了，始泰中年（270年左右）晋武帝司马炎倡导农事，并亲自下到田间和农民秀了一回。当时天下文人纷纷提笔颂扬，希望凭借手中的一支笔得到最高领袖的赏识。做梦都想改变祖、父两代下层官员面貌，实现个人价值的潘安再也按捺不住了，于是连夜创作出了《藉田赋》。此赋一出，立即引来一片叫好。本来想通过这样的方式得到提拔的潘安，在众人的一片叫好声中，却遭到了朝中大臣私下的忌恨，竟然未得到丝毫提拔。这一晃就是十年。这十年，对一个浑身血液哗哗直响的青年，是多么的残酷啊。

十年之后，上面似乎有所知觉，才迟迟给了一个河阳的县令给他。这个级别，对潘安来说，丝毫算不上个什么。他的父亲曾经就是这样一个级别的官员，他要的是远远胜过父亲级别的朝中大臣的位置。以他的才气和名气，在朝廷里面去做个大臣丝毫不为过。因为他有这样的资本。

他是太康文学的领军人，他的才华被誉为那个时代的顶尖高手。他的诗歌很多年之后，还被钟嵘列为《二十四诗品》中的上品，他创造的文学风格和式样在此后的千百年中一直被列为不朽之作，到今天为止，留下来的名篇都有六十余篇。这样的水平在当时单纯以文为才的时代，是无论如何也不应该被忽视的。但恰恰不是这样，高层并没有垂青他。

在县令的位置上，潘安并未向当时别人的文人名士做官那样混日子，没有以清谈、喝酒、赌博、搞女人为乐，而是兢兢业业，把境内治理得格外政通人和、欣欣向荣。这期间，他还针对统治者存在的一些弊端和自己在工作中的体验，写成合理化建议上奏朝廷，为老百姓的利益鼓与呼。

在县令的位置上待了N年后，潘安终因"勤于政绩"，被调到了中央一个不大不小的位置上"调补尚书度支郎，迁廷尉评"，这已经是他中年之后的事情了。但是好景不长，不久他就因为说不清道不明的政治原因被免职。在家闲了很长一段时间，他的心情也糟糕到了极点。不久，杨骏成为傻瓜皇帝晋惠帝的辅政大臣，为了笼络知识分子，杨骏把潘安安排为太傅主簿（相当于国办秘书长），应该说，到了中央位置上的潘安应该出头了。但没多久，贾南风作乱，杨骏等一干通通被赶尽杀绝。幸好有当年潘安周济过的人及时帮忙，才免于一死。削职一段时间之后，潘安被发配长安做县令，至此，潘安的仕途又回到了起点。

在长安县令的位置上一段时间之后，他被贾谧看中，要升他为博士（掌管朝廷文件档案或传授学术的文官）。而此时，潘安的母亲又因病要求回家，潘安不得不舍弃这一职位，回到家中务农孝亲。

在孝敬母亲这个过程中，作为男人，潘安舍不开自己的仕途，他那颗不甘的心仍然蠢蠢欲动。曾经恃才傲物的翩翩少年如今鬓发花白，饱尝宦海艰辛，学会了趋炎附势。于是，潘安一边孝顺母亲，一边又活动于贾谧与石崇等官员之中，加入了贾谧支持下成立的"金谷二十四友"文学沙龙。在屠刀与前程的双重作用下，已过知天命之年的潘安不但与石崇对贾谧"望尘而拜"，还参与了臭名昭著的贾南风皇后陷害愍怀太子的行动。

　　其母数诮之曰："尔当知足，而干没不已乎？"而岳终不能改。
（《晋书·潘岳传》）

儿子为仕途如此反常，潘安的母亲看在眼里，就告诫他说："儿子啊，人啊，应该知足呀！你先干的事情难道真是你愿意的？消停了吧！"但是，对于一生不忘为父亲争气、要实现个人价值的潘安，哪里还听得进母亲的话。为了孝敬母亲，他当面唯唯诺诺，背地下却在宫廷倾轧的陷阱里越陷越深。

公元299年，潘安五十三岁。这年年底，发生了一桩很大的事：愍怀太子被废为庶人。愍怀太子非贾皇后亲生，对贾后、贾谧专权深为不满，一旦太子即位，贾家很可能有灭顶之灾，所以贾皇后、贾谧处心积虑要废掉他。

据《晋书·愍怀太子传》载，一天，贾后谎称皇帝患病，传太子入朝。太子来到后被领到一处别室，一个婢女端上枣酒，说是皇帝赐的，逼太子喝得大醉。这时又一个婢女捧来纸笔和一张草书文稿，让太子抄写下来。文稿模仿祈祷神灵的文体风格和太子平常流露的心意："陛下宜自了，不自了，吾当入了之……"文稿制造者，就是潘安。太子因此被废。西晋的"八王之乱"就此开始。

太子被废不到四个月，赵王司马伦、梁王司马彤发动军事政变，矫诏废贾皇后为庶人，诛杀贾谧及其党羽数十人。司马伦入朝执政，自封为相国，此时司马伦所最倚重的人是孙秀。

孙秀在琅琊任杂役小吏时曾服侍过潘安，潘安很讨厌他的为人，多次羞辱他。后来孙秀投靠司马伦，任中书令，掌握生杀之权。小人得志往往极其残忍，孙秀之手，曾杀人无数。潘安内心十分恐惧。有一天，他在朝中碰到了中书令孙秀，试探着以讨好的语气问："孙先生，你还记得当年我们一起的时候吗？"孙秀回答："藏在心里，怎么会忘？"这八个字让潘安不寒而栗。

政变三四个月后，潘安就被孙秀以谋反罪夷三族。同样遭到政治清洗的还有曾和潘安一起对贾谧"望尘拜"的石崇。石崇被杀，除了他也是贾谧集团的人，还因为孙秀要石崇把爱妾绿珠送给他，石崇坚决不给。

> 初被收，俱不相知，石崇已送在市，岳后至，崇谓之曰："安仁，卿亦复尔邪！"岳曰："可谓白首同所归。"（《晋书·潘岳传》）

行刑时石崇先到刑场，一会儿潘安也被押到。史书留下了二人临终前的简短对话。石崇问："安仁，怎么还有你呢？"潘安回答："这可真是'白首同所归'了。"

数年前潘安曾赠诗给石崇，诗中有几句是："春荣谁不慕，岁寒良独希。投分寄石友，白首同所归。"这最后一句竟成为预示二人命运的谶语，所以潘安这样回答。

> 岳将诣市，与母别曰："负阿母！"（《晋书·潘岳传》）

正当潘安与大富豪石崇诀别之时，潘安的八旬老母也被跟跟跄跄押了上来。见到母亲因为自己而到今天，潘安悲从中来，对着母亲大喊一声："妈，我对不起您！"他泣不成声。

监斩官一声令下，潘安、潘安母亲以及石崇等贾谧党羽连及他们的"三族"亲人，在一阵叮叮咚咚的纷乱中，人头纷纷落地。这一年，潘安五十三岁。

第二年四月，齐王司马冏起兵诛杀司马伦、孙秀等，侥幸逃脱的侄子潘尼才将潘安安葬在潘家祖墓旁，碑上刻字："给事黄门侍郎潘君之墓"。

【成语】掷果盈车
【拼音】zhì guǒ yíng chē
【释义】比喻女子对美男子的爱慕与追捧。
【出处】南朝·宋·刘义庆《世说新语·容止》："潘岳妙有姿容，好神情。"刘
孝标注引《语林》："安仁至美，每行，老妪以果掷之满车。"（详解见本文）

【成语】潘杨之好
【拼音】pān yáng zhī hǎo
【释义】指夫妻情深，二人同心，一生与共。
【出处】（详解见本文"帅哥原来很痴情"一节）

【成语】连璧接茵
【拼音】lián bì jiē yīn
【释义】才貌并美的两个朋友。
【出处】《晋书·夏侯湛传》："湛美容观，与潘岳友善，每行止，同舆接茵，京
师谓之连璧。"也作"联璧"。

【成语】潘安再世

【拼音】pān ān zài shì

【释义】潘安还活着。比喻男人长相很美。

【出处】《晋书·潘岳传》："岳，美姿仪。"《文心雕龙》："潘岳，少有容止。"

【成语】潘鬓沈腰

【拼音】pān bìn shěn yāo

【释义】潘鬓：晋潘岳年始三十二岁，即生白发。沈腰：南朝梁沈约老病，百余日中，腰带数移孔。形容身体消瘦，头发斑白，过早衰弱。

【出处】明·胡文焕《群音类选·清腔类·步步娇》："拼得个潘鬓沈腰，摇落悠悠千里。"

【成语】宋才潘面

【拼音】sòng cái pān miàn

【释义】宋玉的才华，潘岳的容貌。比喻才华出众，仪容俊美。

【出处】清·李渔《奈何天·虑婚》："我辈居先，常笑文人偃蹇，本自有守才潘面，都贫贱，争似区区，痴顽福分徼天。"

阮裕 逃官典范与怪异的爱车族

人物简介

姓名：阮裕，字思旷，外号阮光禄

家庭出身：贫寒的士族门第

籍贯：河南开封

生卒：无记载（从史料上看，与王羲之、王敦等为同时代人）

社会关系：阮籍、阮咸的族人，晋成帝司马衍的超级偶像，反贼王敦的逃兵

社会身份：名士、逃官典范、爱车一族

容貌：无记载

作品：无

雷人言行

◎有豪车，朋友想借却不好开口，阮裕事后得知，把豪车付之一炬。

◎数十年如一日，逃官如逃难，任粉丝追赶挽留，毫不动心。

相关成语

强作解人

作者评价

见过想做官而发疯的，没见过为逃官而发疯的；

见过有车不借的，没见过车没借出去而发疯的。

被京城粉丝围追堵截的明星

公元 342 年（东晋咸康八年），后赵的天王石虎加紧备战，企图攻占东晋。先是在今河北临漳一带筑烽火台四十多座，同时在洛阳、长安一带修建宫室，共征调民工四十余万人；次后又征集制造铠甲、兵器的匠人和船夫六十余万。史料记载，这些人被虎狼吞食和水淹死的竟占三分之二。石虎还命令所有士兵，五人一组，以组为单位向百姓征集战争所需，每组的任务为：车一辆、牛两头、大米十五担。百姓为了完成任务，只得卖儿卖女，实在无能为力完成的，迫于官兵的压力只得自缢身亡，道路两旁树上自缢而死的尸体随处可见，惨不忍睹。

> 成帝崩，裕赴山陵，事毕便还。诸人相与追之，裕亦审时流必当逐己，而疾去，至方山不相及。（《晋书·阮裕传》）

也是这一年，年方二十二岁的东晋成帝司马衍病死。

听到这个消息，晋成帝司马衍的超级偶像、为躲避做官而隐居上虞东山的本文主人翁阮裕不得不出动一次，他要去给自己的超级粉丝晋成帝吊丧。

匆忙吊祭完晋成帝，阮裕归心似箭，未作任何停留，踏上了返程的路途。然而，名士阮裕回到京城的消息却像长了翅膀，在他的粉丝中间传开了，听到阮裕已经起身返程的消息，在京的士人学子朋友等粉丝团迅速集合，密密麻麻地聚集于通往上虞的官道上，一路狂奔，追赶着自己的偶像。阮裕回头看到后面漫天尘灰中，人们呼天抢地地呼喊自己，不由得两腿夹得更紧，狠狠抽打马背，一气跑出几十里。

阮裕知道，一旦让他们追上，迫于众人的盛情，他会留在京城接受做官的现实，那时就会身不由己，随波逐流。于是，他愈跑愈快，把追赶自己的粉丝们远远丢在了后面，粉丝们见阮裕如此坚决，只得望尘兴叹。

这一幕，是阮裕人生的标志性一瞥，也是他平生第六次逃官。

做官多好啊！有权有势，可以假大众利益的名义干自己想干的事，众人羡慕，实现个人社会价值的认同不说，还能源源不断捞到实惠。

就笔者二十多年来亲眼所见，因想当官而导致神经错乱住进精神病医院的，也不下四五人。

在阮裕之前，以玩个性出名的愤青祢衡，虽说藐视一切，不愿做曹操的官，但对做官还是兴趣有加，从朝廷被打发到地方，从地方大机关又被打发到小机关，却仍然是老老实实工作，勤勤恳恳效劳的；嵇康虽说也不愿为官，但却一直挂着中散大夫的衔，领着中散大夫的薪酬的；尤其阮籍，虽说也啸隐竹林，不愿为司马政权效劳，却在死前都还在为司马昭的进"九锡"撰写《劝进表》。比之上述这些名士，阮裕可说是彻头彻尾的不愿做官的人。在笔者看来，他的不愿做官才是真正意义上的不愿做官，与阮裕相比，前面那些不愿做官的举动和做派，便显出矫情和作秀的味道来。

阮裕，可以说是用一生来逃避做官的典型人物。

他出生在河南阮籍的那个家族，是阮籍的族弟，这个向来以贫困著称的士大夫家族盛产名士、酒鬼、风流鬼、作家诗人和音乐家，这是一个神奇的家族。

阮裕与这个家族的其他人相比，似乎少一些风流、音乐、文学的名气，但是他的喝酒却丝毫不逊色。以酒逃避世事的烦恼和政治上的随波逐流，似乎是他与族兄阮籍两人的拿手好戏。

逃避做官的一生

> 大将军王敦命为主簿，甚被知遇。裕以敦有不臣之心，乃终日酣觞，以酒废职。敦谓裕非当世实才，徒有虚誉而已，出为溧阳令，复以公事免官。由是得违敦难，论者以此贵之。（《晋书·阮裕传》）

当时权倾朝野的驸马爷大将军王敦对阮裕十分赏识，为此把阮裕招到了自己门下，做了自己的大将军主簿（相当于军委办公室主任）。

王敦，出生山东琅琊王家，"昔日王谢堂前燕，飞入寻常百姓家"里面的"王"指的就是王敦那个辉煌的家族。最辉煌的时期，他与做丞相的兄长王导简直平分了晋朝司马家族的天下，所谓"王与马，共天下"之说就是从他哥俩开始的。史书里记载，一次王敦与兄长王导去到巨富石崇的家里，石崇以美女敬酒，客人不喝则杀掉敬酒女。石崇先后杀了三人，王敦还是不愿意喝，王导就私下谴责王敦太不仁慈，应该喝酒保那些女人的命。王敦却说："他石崇杀的是他家里的人，愿杀就多杀一点，我偏不喝咋啦？"王导无言以对。后来王敦进石崇家的超级豪华厕所如厕，见到数十手捧香囊的美女亲手侍候自己如厕、更衣，王敦脸不红心不跳，毫无不适之感。其中一美女就私下说，这个人很不一般，将来一定是个能造反的主。

阮裕在王敦手下一段时期之后，同样也觉察到了王敦有谋反之心，此时他唯一的办法就是效仿自己的族兄阮籍，以喝酒来应付政治上的麻烦。此后，他终日饮酒、天天喝醉、有意误事，以消极怠工来对付王敦。面对如此状态的阮裕，王敦以为自己看走了眼。在忍无可忍之后，他把阮裕叫来，什么"徒有虚名"、"绝非人才"地大骂一通之后，就打发他到了溧阳去做了溧阳令。阮裕到了溧阳之后，发现自己仍然未能逃出王敦的黑圈。于是到溧阳之后，阮裕更是肆无忌惮地猛喝狂喝，天天纠集自己的同事、同学、亲戚、朋友，甚至引车卖浆者、路边的贩夫走卒，在自己家里喝、在办公室喝，在一切能喝酒的地方狂喝滥饮，坐着喝、躺着喝，脱了衣衫以裸奔方式喝等等，直喝得天旋地转，公务一塌糊涂。消息传到王敦那里，王敦雷霆大发，立马就一纸命令，免去了阮裕的一切职务。

接到免除官职的命令，阮裕立即来了精神，欢天喜地地与仆人一道收拾书担去到上虞东山，隐居起来。就此，他结束了第一次逃避做官的经历，过上了贫困而惬意的日子。

公元 322 年，手握重兵的王敦在南方豪族的支持鼓动下，带兵攻入首都南京，逼死了晋元帝，并把晋元帝身边的亲信大臣通通杀光。王敦的叛乱由于失去了多数南迁贵族的支持，最后终于被司马家族镇压下去。这一点，让

人们不得不想起了当年他的堂兄阮籍从曹爽手下辞职的情形。阮裕的这一招，使他获得了先知先觉的盛名。

东晋的龙椅更替非常频繁。晋元帝死后，他的儿子司马绍接替皇位，号称晋明帝，三年之后的公元325年，晋明帝司马绍死亡，他五岁的儿子司马衍即位，称为晋成帝。晋成帝懂事后，在不同场合听说过阮裕的才能和品德，一不小心就成了阮裕的超级粉丝。终于有一天，晋成帝一道旨令，将阮裕召为吏部郎（相当于中组部司局级干部）。面对皇上亲自下的聘书，阮裕无法拒绝，只得走马上任。应付了几天，阮裕向晋成帝交了一纸辞职书，使自己从中央职能部门退了出来，再一次回到风景秀丽的东山隐居。这算是阮裕的第二次辞官逃官行为。

阮裕在东山与昔日好友种地耕田谈学问，很是悠然。然而，在朝中的晋成帝常常想念他，于是N次派出丞相王导前去游说阮裕，希望他回到朝中做官，但每一次，王导都失望而归。如此反复几次，超级粉丝晋成帝终于忍不住了，又是一纸诏书，请阮裕出山为官。阮裕没办法，只得以家庭和身体为借口，要求不赴京，只在当地地方上任职。于是晋成帝作出了妥协，同意了阮裕在会稽刺史王舒手下做长史（重要助理）的要求。这是阮裕的第三次逃官之举。

> 舒薨，除吏部郎，不就。即家拜临海太守，少时去职。（《晋书·阮裕传》）

不久，王舒死了。按说阮裕的任务也完成了，为此阮裕又回到东山。他刚盘算着继续从前闲云野鹤的生活，不想朝廷诏书又下，又一次任命他为主管干部的吏部郎。接到诏书的阮裕再一次坚辞不受，这一次，还是晋成帝妥协，只好改任阮裕为临海太守（相当于地市级行政长官）。做了没多久，阮裕又一次打了退堂鼓，回到东山继续自己的悠闲生活。这是阮裕的第四次逃官。

此后，晋成帝又派出重臣郗鉴来劝阮裕去京城为官。阮裕推说自己有病，坚决不受。郗鉴做出妥协，让阮裕去东阳做太守，阮裕还是不愿意，弄得重臣郗鉴异常难堪。这是阮裕的第五次逃官。

公元342年晋成帝驾崩，为感谢晋成帝对自己的知遇之恩，阮裕迫不得已去到京城为晋成帝吊丧。于是发生了本文开头满街粉丝竞追挽留阮裕留京做官的一幕。这也是阮裕平生第六次大动作地逃官。

> 御史中丞周闵奏裕及谢安违诏累载，并应有罪，禁锢终身，诏
> 书贳之。（《晋书·阮裕传》）

晋成帝死后，他的弟弟司马岳继位，是为晋康帝。

阮裕一生数次大动作地辞官逃官，早已让朝廷感到难堪至极。于是乎，一位叫周闵的御史中丞向当朝皇上奏了一本，说阮裕多次违抗诏书命他做官的旨令，已经犯下大罪，应该处以"禁锢"之刑。

"禁锢"，是中国古代对官员或名士学者的一种刑罚。一般指免除有罪官员的官职，剥夺其政治权利和部分人身权利，并终身禁止其本人或其亲属任官、参加其他社会活动。

面对朝廷处以"禁锢"的威胁，阮裕仍然毫不动摇，依旧我行我素。在上虞的东山，与名士谢安、王羲之等人过着自由自在的生活。

> 裕虽不博学，论难甚精。尝问谢万云："未见《四本论》，君试
> 为言之。"万叙说既毕，裕以傅嘏为长，于是构辞数百言，精义入
> 微，闻者皆嗟味之。裕尝以人不须广学，正应以礼让为先，故终日
> 静默，无所修综，而物自宗焉。（《晋书·阮裕传》）

当时的东山，可谓"群贤毕至，少长咸集"。与阮裕、谢安、王羲之等人一道的，还有作家诗人孙绰、李允，佛学家支遁以及高士许洵等人。他们在一起除指点江山、吟诗作赋外，还相互探讨哲学宗教问题。在这些人中，阮裕不算是最博学的人，但他分析问题往往非常精辟，最能击中要害。《晋书》记载，一次名士们一起谈论钟会的《四本论》时，《四本论》专家——谢安弟弟谢万发表了好一通长篇大论，演讲一完，立即博得众人好一番喝彩。听了谢万的演讲，阮裕有些不以为然，就用自己的体会阐述了对《四本论》的看法，仅仅短短几百字的论述，就把《四本论》的精要从另一个角度诠释得异常精辟，达到了"精义入微"的程度，一时欢呼声、口哨声、尖叫声响成一片，盖过了谢万的效果，众人一致称奇。

当时朝中一位达人受皇上委派来到上虞东山，专程找到阮裕，又一次劝他出山为官，阮裕仍然不受。来人于是就说："你一生到目前为止，已是很

多次逃避做官了。是不是你觉得那些官职都太小了呢？如果是这样的话，现在派你去兼任两个地方的封疆大员，你愿意去上任吗？只要你愿意，朝廷马上就下诏。"阮裕回答说："我多次逃避做官，一是因为我不适合做官，二是由于我没能力做官。并不是由于权力大小的原因。我这个人笨得连耕田种地都弄不好，连养活自己也成问题，我哪有能力去管理两个地方呢？那不是搞乱了吗！"来人听了这样的话，只得悻悻而去。这是阮裕的最后一次逃官，也是一生中第七次正式逃官。此时的阮裕已经在逃官的生涯中从一个青年变成了老人。

豪车主人发神经

　　在剡曾有好车，借无不给。有人葬母，意欲借而不敢言。后裕闻之，乃叹曰："吾有车而使人不敢借，何以车为！"遂命焚之。（《晋书·阮裕传》）

　　阮裕曾经是一个非常投入的爱车族，在东山的时候，他省吃俭用买过一辆豪车，那车在方圆百里都是最好的一辆，那辆车也是他的整个家当，因此特别爱惜。虽然阮裕对自己的爱车视若珍宝，但一旦有人提出借车，阮裕总是二话不说就慷慨相借，还时常亲自担当驾驶员。一次，一位朋友的母亲去世，想借阮裕的靓车去装点一下排场，但想到自己家里是丧事和阮裕的爱车，终究不好意思说出来。这件事，本来到此就算结束了。没想到不久后的一天，这事却传到了阮裕的耳朵里。阮裕当时什么也没说，转身回家，拿出斧头一番猛劈之后，一把火将车烧了。人家心疼地出来劝解，阮裕说："有这么一辆车，别人不好意思借，留着还有什么意思呢？"

　　阮裕六十二岁那年，在上虞的东山去世。

　　大书法家王羲之说："阮裕平易近人，才华横溢，宠辱不惊，堪称古往今来的典范啊！"

成语附录

【成语】强作解人

【拼音】qiǎng zuò jiě rén

【释义】指不明真意而乱发议论的人。

【出处】南朝·宋·刘义庆《世说新语·文学》："谢安年少时，请阮光禄道《白马论》，为论以示谢。于时谢不即解阮语，重相咨尽。阮乃叹曰：'非但能言人不可得，正索解人亦不得。'"

石崇 奢靡疯狂的富二代

人物简介

姓名：石崇，字季伦，外号齐奴

家庭出身：由穷及富的官僚之家

籍贯：河北沧州

生卒：公元 249-300 年

社会关系：大司马石苞的儿子，皇帝舅舅王恺的财富比拼对手，王导、王敦等人的同事，才女绿珠的情人

社会身份：官员、高干子弟、富豪、土匪、黑老大、作家诗人

容貌：史料未有记载，由其父石苞"容仪伟丽"推断，估计不会太丑

作品：《大雅吟》、《楚妃叹》、《王昭君辞》、《思归引》、《答曹嘉诗》等

雷人言行

◎宴请贵宾，以美女劝酒，客人一旦拒酒，就杀一美女，再不喝，继续杀。

◎皇帝用国外进口的高档布料做了衣服，穿上后去到他家，他让五十个婢女穿上皇帝那种布料的服装迎接。

◎身为一方政府首长，却干着杀人越货、打家劫舍的勾当。

◎朝廷高官——自己的保护神贾谧一旦路过，便匍匐在地，望尘而拜。

相关成语

光彩夺目 白首同归 石崇斗奢 水陆毕陈 金谷酒数

作者评价

别以为自己很富有，最终都是别人的。

别拽，那样会死得更惨！

惊爆眼球的奢靡

晋代的奢靡比之今天，说来很多人是不会相信的。

晋前的曹魏时代，曹操是穷苦出生，他的先人曾经穷得走投无路，只好把自己下面给"咔嚓"了，进宫做了宦官，为的就是混碗饭吃。所以曹操在世之时，一直以身作则地强调艰苦朴素、勤俭建国，到了曹丕就不一样了。从魏到晋，从司马昭过渡到司马炎，那就让人开眼界了。

在晋代，首开奢靡先河的应该是司马炎。坐稳没多久，他就楼堂馆所猛建，美酒大肉猛整，天下美女猛挑。公元273年，他下令全国所有公卿以下官员（三公九卿，加起来不过十来人）及百姓的女儿、妹子当年一律不得结婚，等他选剩之后，方能开禁。八年之后的公元281年，东吴灭亡，司马炎又从东吴选了美女五千，陪着他日夜喝酒作乐。

就连何曾那样的礼仪君子每天花在饮食上的钞票也超过几万块，还说没地下筷子。

别以为曹丕、司马炎、何曾够狠，他们的奢靡和一个兼有高干子弟、官员、土匪、黑老大、作家诗人身份，叫石崇的人比起来，还真是小巫见大巫。

> 财产丰积，室宇宏丽。后房百数，皆曳纨绣，珥金翠。丝竹尽
> 当时之选，庖膳穷水陆之珍。与贵戚王恺、羊琇之徒以奢靡相尚。
> （《晋书·石崇传》）

《晋书·石崇传》记载，石崇的财产，山海之大无可比拟，宏丽室宇彼此相连，后房的千百个姬妾，都穿着精美轮奂的刺绣锦缎，身上戴满了璀璨夺目的珍珠美玉宝石。天下最美妙的丝竹音乐莫不为他享受，水中陆地的珍

禽异兽通通进了他的厨房。

从史料介绍的情况看，如果单讲拥有美女的数量，石崇肯定敌不过晋武帝司马炎。如果按私产的综合指数比较，名义上拥有举国财力的司马炎则不一定强过石崇。

据《耕桑偶记》载：一次，某国将一种新研制的叫火浣布的稀有顶级布料，作为国礼进贡给司马炎。司马炎得到这种布后，展开一看，不禁龙颜大悦，忙吩咐手下制成龙袍。新龙袍制成，司马炎一试穿立即来了精神，便乘兴穿着新龙袍去到石崇府上巡幸一番，有意想在石崇面前秀上一把。心想，别的东西你都能买到，这种国外进贡的高科技产品，你没那个特权，肯定不会有了吧。

司马炎看到身着传统布料服装，匍匐在地上迎驾的石崇，顿时兴奋异常。他正得意地要叫石崇平身起来看看自己新布料缝制的龙袍时，却见石崇身后廊下五六十个奴才婢女，齐刷刷穿着火浣布缝制的衣衫匍匐一片，一时简直不敢相信自己的眼睛。直到下人回来禀告说，那些婢女说是石大人新从国外进口来的火浣布时，司马炎才眨了眨眼睛，转身离去。

《耕桑偶记》还载，石崇的姬妾中堪称绝色美艳的就有千余人，他有意从中挑选出数十个，穿着打扮完全一样，让人乍然一看，根本分辨不出她们之间的差异；石崇家还有一间很大的金银宝石珍珠作坊，昼夜不停地为他加工珠宝首饰；他从全国各地请来乐师艺人，加上自己家中已有的才艺美女，在自家的亭台楼院里不分白昼黑夜地"激情演绎：不准不开心！"，天天周末嘉年华，分分秒秒都是狂欢夜。这种昼夜声色相接的生活，他自己取名叫"恒舞"。由于家中美色过多，每次石崇想要招幸美女，无法叫出她们的姓名，只得让她们列队而进，佩声轻的居前，钗色艳的在后。那些美女们各含异香，莺燕呢喃之声和身上的香味随风而来。此时的石崇就坐在宽大的象牙床上，用听佩声、看钗色的方式来决定所要人选。另外，石崇在审美倾向上，算是最早有据可查的"骨感强迫症"患者，他常常命人把一些沉香屑撒在象牙床上，让所宠爱的姬妾从上面踏过，没有留下脚印的，就会得到他一百粒珍珠的赏赐，若留下了脚印，就让她们节制饮食，以使骨感凸显、身材魔鬼，因此闺中相互打趣："你要不是轻身贱骨，哪里能得到百粒珍珠呢？"

除了上面这些记载，《世说新语》还记录了石崇家洗手间的奢华。

有经验的城市人都知道，一个家庭，装修上不上档次，主人的格调、财力如何，只要进到卫生间一看，便可一目了然。同样，要了解石崇家到底有多牛，先来看看他家的厕所，或许就能知道一二了。

石崇的厕所修建得华美绝伦，准备了各种香水、香粉、香膏给客人洗手、抹脸。此外还有十多个花容月貌的美女站在里面，像迎宾小姐一样，恭立侍候每一位上厕所的人。她们一个个都身着绫罗锦绣，打扮得艳丽夺目，为每一位客人提供着无微不至的服务。

上厕所的人办完自己的事情之后，必须在这些美女的服侍下，把身上原来穿着的衣服由外到里全脱下来，"被"美女们换上新衣后，洗了手、洗了脸，打上里面准备的香水香粉，才能请您走出厕所。凡上过厕所的人，回到原位就是一身新装束了，以致绝大多客人宁愿忍着，也不好意思去厕所行方便之事。

如此华丽的厕所，如此高档的如厕服务，谁习惯呢？这不，史料记载，就有一位叫刘寔的先生，在石崇家上厕所出了洋相。

刘寔，石崇同朝官员，出生在绝对的贫下中农家庭。刘寔年轻时家里很贫穷，无论出门求学访友还是找工作，途中不管是骑马还是步行，每到一个地方借宿，从不给主人增加半点麻烦，总是亲自动手为主人砍柴挑水。

后来官当大了，他仍然保持勤俭朴素的作风。

有一次，他去石崇家拜访。上厕所时，刘寔见厕所里飘着绛色纱帐，垫子、褥子、香水、香粉、化妆柜一应俱全，全是高档讲究的陈设，还有若干衣着华丽、打扮入时的漂亮 MM 捧着香袋站着。里面不但毫无异味，反而清香扑鼻。看到这番情景，刘寔一时不知身在何处，慌了神，连忙退出门来，笑对石崇说："对不起，石兄，我搞错了，这是你们家的卧室吧。"石崇说："没有错，那是厕所！"刘寔一听，再伸头进去看了看，词不达意地说："算了……没有……我……我不方便。"他便走出石府，去了别处的厕所。

> 石崇每要客燕集，常令美人行酒；客饮酒不尽者，使黄门交斩美人。王丞相与大将军尝共诣崇。丞相素不善饮，辄自勉强，至于沉醉。每至大将军，固不饮以观其变，已斩三人，颜色如故，尚不

肯饮。丞相让之，大将军曰："自杀伊家人，何预卿事！"（《世说新语·奢汰》）

在魏晋，拥有美女的数量，常常是财富的象征。为了显富，石崇常常将这些美女当着客人的面毫无吝惜地杀掉。石崇每次请客饮酒，都会让一大群美女在身边贴心侍候，斟酒劝客。

一次，丞相王导与大将军王敦一道去石崇家赴宴。王导向来不能喝酒，但怕石崇杀人，美女敬酒时只好勉强喝下。王敦却不买账，他本来能喝酒，此时却偏偏不肯喝。结果石崇一连杀了三个美女，他还是不喝。王导就责怪王敦为什么如此残忍，王敦说："他杀他自己家里人，跟你有什么关系！"

石崇时时处处都要显示自己的富有，或者说，他已经习惯了这样的生活方式。但如果遇到王敦这样的客人，受罪的就只有那些花钱买来的青春美女了。

皇帝的舅舅算个啥

说起石崇，不能不提到一个人，在晋代的历史上，这个人似乎是专为突出石崇的富有和奢靡而出现的。

《晋书·外戚列传》记载：王恺，字君夫，名儒王肃之子，晋武帝司马炎的舅舅，官至骁骑将军、散骑长侍，生活极其奢侈。

因为是名儒王肃的儿子，是司马炎的舅舅，王恺的奢侈自然是很有条件的。不知是什么原因，王恺和石崇竟然就较上了劲。按常理来讲，在两个男人之间，较劲的首要原因一般是出于争权夺利，其次是美女。而这两种利害关系他们都没有，他们之间较劲的原因就不得不从当时的社会风气上来考虑了。

从史料上分析，石崇与王恺的争斗，争的是谁更富有和谁在财富面前更占上风的心理快感。他们之间的斗富，总共有三轮交锋。

王君夫以粘糒澳釜，石季伦用蜡烛作炊。君夫作紫丝巾步障碧绫裹四十里，石崇作锦步障五十里以敌之。石以椒为泥，王以赤石脂泥壁。（《世说新语·奢汰》）

第一轮：王恺请石崇上自己家去做客，石崇去后，王恺自然要带石崇参观一下自己的家庭生活起居等硬件设施和高调的生活方式。这次，给石崇留下深刻印象的是，王恺家竟然一律用饴糖来刷锅。过了没几天，石崇就请王恺去自己家做客，寒暄过后，自然也带王恺参观一下自己的家庭生活方式。这一次，王恺看到的是，石崇家做饭烹调用的竟然是清一色的蜡烛。想想这在自然科学很不发达的晋代，无论是提炼石蜡或植物蜡都很不容易的晋代，这是多么奢侈。王恺自然被石崇此举镇住了。

为了扳回面子，过不了多久，王恺又请石崇去自己家。这一次，石崇简直被吓呆了，王恺家偌大的庄园里，竟然用当时最昂贵的一种叫紫丝巾的布料设置了长达四十里的路障，供人在里面行路。石崇回家后，立即安排布置，用昂贵的锦绣布料围了五十里的路障，供客人参观行走。

身为皇上司马炎舅舅的王恺再也坐不住了，立即组织人力物力予以反击，最后群策群力，想出了用花椒为泥粉刷墙壁的办法，一则整个屋宇金光灿灿，二者，香气四溢，人未靠近即芬芳袭人。王恺此举一出，石崇这边更不示弱，绞尽脑汁终于想出了一种更牛的办法：用制作"五石散"的其中一味昂贵中药——色彩艳丽的赤石脂为涂料，把整个府邸里里外外涂抹一遍。要知道，按晋代矿石开采的社会必要劳动时间计算，赤石脂的价值丝毫不亚于同等重量的黄金。这也是魏晋士人以服五石散为身份地位标志的主要原因。

石崇的赤石脂刷墙使他和王恺之间的斗富暂告一个段落，并以石崇暂时领先宣告结束。

> 石崇与王恺争豪，并穷绮丽，以饰舆服。武帝，恺之甥也，每助恺。尝以一珊瑚树高二尺许赐恺。枝柯扶疏，世罕其比。恺以示崇；崇视讫，以铁如意击之，应手而碎。恺既惋惜，又以为疾己之宝，声色甚厉。崇曰："不足恨，今还卿。"乃命左右悉取珊瑚树，有三尺、四尺，条干绝世，光彩溢目者六七枚，如恺许比甚众。恺惘然自失。（《世说新语·奢汰》）

王恺毕竟是皇帝司马炎的舅父，有做皇帝的外甥支持，王恺不怕自己的斗富游戏赢不了对方。

不久某大臣送给司马炎一棵两尺多高的珊瑚树，这棵珊瑚树枝条繁茂，树干四处延伸，色泽晶莹剔透，一看便知是世间不可多得之物。为了给舅舅赢回面子，司马炎悄悄把这棵珊瑚树送给了王恺，于是，王、石之间新一轮的斗富游戏再次开始。

当王恺如获至宝，小心翼翼把这棵珊瑚树带到石崇府上，怀着忐忑激动的心情，里三层外三层打开包装，把珊瑚树展现给石崇时，石崇突然举起手中把玩的铁如意，顺手就是一下，只听"吭当"一声，珊瑚树转眼成了一地碎片。

王恺见状，先是一声叹息，随即就怒不可遏，立马失去理智要跟石崇拼命。石崇慢腾腾地说："这也值得您王大人发怒？我现在就赔给您。"于是，石崇一招手，那些旁观的数十名仆人便一溜烟端着家里的珊瑚树列队而来。王恺定眼一看，石崇家三四尺高、树干枝条光耀夺目，造型奇异无法想象的珊瑚树竟有六七棵，像刚才石崇砸碎的那种，简直就数不胜数。王恺一看，顿时双目失神、耷拉下脑袋。

> 崇为客作豆粥，咄嗟便办。每冬，得韭萍齑。崇与恺出游，争入洛城，崇牛迅若飞禽，恺绝不能及。恺每以此三事为恨，乃密货崇帐下问其所以。答云："豆至难煮，豫作熟末，客来，但作白粥以投之耳。韭萍齑是捣韭根杂以麦苗耳。牛奔不迟，良由驭者逐不及反制之，可听蹁辕则驶矣。"于是悉从之，遂争长焉。崇后知之，因杀所告者。（《晋书·石崇传》）

石崇、王恺之间的第三次争斗最终以王恺的胜利告终，而这一次的主题更多的是一场富豪文化或富豪生活方式上的亚文化争斗。这应该是斗富游戏从硬件向软件的升级和终结版。

有烹调经验的人都知道，一锅美味的豆粥必须要靠文火长达几个时辰地煨熬。但是，石崇家却很例外，每次宴请宾朋，一旦客人提出想喝豆粥，只要石崇一声吩咐，热腾腾、溶糊糊的豆粥一会儿就会送上席来；每到了寒冷的冬季，石家却还能吃到绿莹莹的韭菜馅，这在没有大棚暖房种植的晋代简直让人想破脑袋也无法知道其中的奥秘，只有羡慕的份；石崇家的牛从形体、力气上看，似乎都不如王恺家的，但说来却怪，每次石崇与王恺一起从外面出游归来，看谁先回到洛阳城，石崇的牛总是快步若飞，次次都把王恺的牛车远远地丢在后面。这三件事，弄得王恺夜不能寐，很不服气。于是王恺以金钱贿赂了石崇的下人，问其所以。

下人得到钱后，一股脑儿竹筒倒豆子："豆是非常难煮的，有客人来之前，必须先准备好精加工的熟豆粉末，客人一到，先煮好白粥，再将豆末投放进去就成豆粥了。至于冬天里的韭菜馅，则是将韭菜根捣碎掺在青绿的麦苗里再次剁茸就成了。牛车总是跑得快，是因为驾牛者的技术好，对牛不加控制，任由它飞奔，遇到紧急情况要超车时，可以抬高一边车辕，只让一边的车轮着地，这样就能减轻牛的负担，自然会快起来。"于是，王恺立即命下人反复练习，最终赢了石崇。石崇后来知道了这件事，便杀了告密者。

魏晋时代的富豪们，有点像今天演艺界的人气排行榜，冷不丁就冒出一位身价超过排行第一的新人。王济就是这样的人，他是司马炎的女婿，属于典型的富二代。他曾经在人多地贵的北邙山下修建了一个超大跑马场供自己玩，价格相当于用绳子穿起钱铺满场内面积的金钱数量，人们为此称之为"金沟"。一次司马炎驾临女儿家赴宴，席间上了一道烤乳猪，味道异常鲜美，在司马炎好奇地询问下，女婿王济说，家里的猪都是用人奶饲养的，所以味道才这么独特。司马炎一听，郁闷半死。史书说，这样的格调是石崇、王恺都玩不起的。

由此可见，富二代的奢靡，大有长江后浪推前浪的汹涌壮观。

史上最年轻的县委一把手

石崇是何许人？从哪里来？为什么能富可敌国？

这话必须从石崇的父亲石苞说起。石苞，字仲容，渤海南皮人。石苞家庭出身贫寒，长大后开始学习经商，后来慢慢稍微有所起色。魏明帝曹叡在位的青龙年间，开始在家乡与长安之间贩卖生铁，一来二往也攒积了几个钱，于是乎，就慢慢学会了跟官方打交道。从南皮来到长安，发现"外面的世界很精彩，外面的世界很无奈"。仅仅靠做点生铁生意是不够的，这远远满足不了石苞已经开阔了的视野和实现个人价值的愿望。在朋友的介绍下，他认识了当时正如日中天的司马懿。于是，他弃商从军，扛起枪杆子，开始了跟着司马懿闹革命的生涯。

由于石苞有着贩运倒卖的经商经历，贩运商的灵活性、应变性，成了他日后一笔经验财富，靠着这些经验，在正式成为一名军人后，他把倒卖贩运的经验在官场跟战场都发挥到了极致，于是地位一路飙升。特别是在讨伐诸葛诞叛乱的战役中，他率领的伏兵，灵活应变，每每出奇制胜，被封为骠骑将军。到司马炎称帝之后，他被封为大司马（相当于总理）。

石苞共有六个儿子，石崇排行最小。

朝中有人好做官。有了石苞与司马家族出生入死、艰苦奋斗的功劳和地位，石崇哥几个打小见着朝中重臣就是叔叔伯伯随意称呼的，政治前途自然不在话下。加上石崇自小聪慧，深得叔叔伯伯们的抬爱，十几岁的年龄就参加了革命工作，弱冠二十就任了修武县的"县委一把手"。从这一点来讲，石崇应该算是中国历史上最年轻的"县委一把手"。有着叔叔伯伯的扶持和引导，加上自己的亲民实干，石崇在修武县的声誉竟然出奇地好。二十岁的年龄做县官，因为有父亲的后台，这也不足为奇。难得的是，小小年龄他能把一个县治理得很好，做到了上级高兴群众满意，这还真不是个容易的事。

为此，他被一纸调令召回朝廷，升任为散骑侍郎（皇帝身边谋臣），不久升为安阳太守。

勤奋好学是石崇最大的优点，不管是在地方还是回到中央工作，无论公务有多繁忙，都改变不了他勤奋好学的好习惯，他的好学不倦在同仁中一直被大家交口称赞。

机会是留给有准备的人的。

司马家族的伐吴之战中，石崇作为一员谋臣，在伐吴战争中终于立下战功，为此被晋升为安阳乡侯，此后不久又升任荆州刺史。此时，作为"一省之长"的石崇，心底的贪婪私欲渐渐显露。远离了朝廷，失去了叔叔伯伯的时常敲打，加之长期以来中央政府对地方大吏监管机制的缺失，靠贪腐得来的钱要官买官成功的事例已是公开的秘密，而那些一旦买官成功的人又可以获得更大的利益，这样的事情，他开始是很惊讶的，看得多了，也就麻木起来，并从一个观望者变成了一个弄潮儿。如此一来，作为"一省"最高长官的石崇想不富都不行。

一方面，他在项目审批、资金借贷、工程发包等方面大肆收受贿赂；更让人意想不到的是，为了达到迅速暴富的目的，他竟然步入了黑社会行列，以自己的身份，治下区域的黑社会老大当然非自己莫属。

> 崇颖悟有才气，而任侠无行检。在荆州，劫远使商客，致富不赀。（《晋书·石崇传》）

此话翻译过来，就是说石崇在荆州俨然成了土匪和黑社会老大，利用自己的权势、武力，打家劫舍，抢劫远道而来或者路过荆州的商人。当时的荆州在全国范围内的经济优势丝毫不亚于今天的上海、香港，所以用不了多久，石崇的财富就达到了无法计量的程度。

据说，公元 272 年石崇父亲石苞死的时候并没有给石崇留下什么。此时，石崇的母亲对父亲此举还颇有微词。但是，二十岁就做了"县委一把手"，这难道不是最好的馈赠？有这样的基础，他石崇还需要什么呢？

石崇在荆州任期结束后，带着无法估量的财富回到了首都，先后做了南中郎将、领南蛮校尉等职。

回到京城，他投靠到了权臣贾谧的门下。

贾谧，傻子皇帝司马衷的贾南风皇后的亲侄子。石崇对贾谧的讨好简直到了无所不用其极的地步，史书记载，只要贾谧的车从路上过一趟，石崇一旦得见，就会立马匍匐在地上，望尘而拜。这想来也是他为了保住自己的财富，过安生日子吧。

另一方面，石崇似乎并不迷恋官场，而是热衷斗富比奢，畜美养妾，沉溺声色，间或与一些有学问的三朋四友结社弄文，吟诗作对，躺在不法所得的财富上，过着神仙般惬意的日子。石崇的张扬和巨富，让不少人简直瞪暴了眼球。

到了这个程度，似乎不幸也亦步亦趋地来到了。

珠珠，你还爱我吗？

金谷园，也称"金谷春晴"，位于河南洛阳老城东北七里处，当时的占地面积达数十平方公里。郦道元在《水经注》中以"清泉茂树，众果竹柏，药草蔽翳"评价该园。园主人因山形水势，筑园建馆，挖湖开塘，周围几十里内，楼榭亭阁，高下错落，金谷水萦绕穿流其间，园内清溪萦回，水声潺潺。鸟鸣幽村，鱼跃荷塘。数不清的珍珠、玛瑙、琥珀、犀角、象牙等贵重物品，把屋宇装饰得金碧辉煌，宛如宫殿。每当阳春三月，风和日暖之时，桃花灼灼、柳丝袅袅，小鸟啁啾，对语枝头；楼阁亭树交辉掩映，蝴蝶蹁跹飞舞于花间。走入其间，犹如置身仙境。

这就是大富豪石崇依靠拦路抢劫得来的钱财修建的别馆，里面的每一块石头、每一枝花草都是从全国各地精挑细选而来。

在这里，石崇与好友潘安（就是那个绝世帅哥潘岳）、左思（写《三都赋》使洛阳纸贵，长相奇丑却东施效颦学着潘安的样子出来吓人的那位）等二十四位朋友，在此结成诗社，大搞文艺派对，并号为"金谷二十四友"。以音乐、劲舞、美酒、美女刺激感官，寻找创作激情和灵感。凡有远行的朋友都在此饯饮送别，有远道而来的文友名士，则在此接风洗尘。天天周末嘉年华，夜夜文艺色情狂欢节。进了金谷园，不准不高兴。

写到这里，笔者甚至有点羡慕他们了。

这所别馆的主人当然是石崇，它的女主人却并非石崇夫人。

这位女主人的名字叫绿珠。

绿珠，本姓梁，是生长于白州境内的双角山下（今广西博白县绿珠镇）一户普通人家的女儿。她自小聪慧，通晓音律舞蹈，兼有文学修养，长大后出落得绝艳美貌，姿容罕见。

那一年，踌躇满志的石崇奉命到越南北部钦差，路过广西，无意邂逅绿珠，当即被绿珠的绝世美丽和才艺功夫电晕。无数个夜晚辗转难眠的折磨之后，千方百计、绞尽脑汁的石崇，最终用了"十斛"珍珠，把绝色才女绿珠弄回了中原。"十斛"可不是个小数目，在中国古老的容积换算里，十升为一斗，十斗为一斛。"十斛"珍珠，多大的血本呀。

绿珠的第一才艺是吹笛，她的吹笛水平常常使路人伫首，百鸟来朝；此外，舞姿也是特别优美，尤其擅长表演《昭君》。石崇让绿珠吹奏《昭君》的曲子，绿珠一曲下来，使石崇如痴如醉。一曲吹罢，远离故乡的绿珠借古抒情，开口唱了起来：

> 我本良家女，将适单于庭。辞别未及终，前驱已抗旌。仆御涕
> 流离，辕马悲且鸣。哀郁伤五内，涕泣沾朱缨。行行日已远，遂造
> 匈奴城。延我于穹庐，加我阏氏名。殊类非所安，虽贵非所荣。父
> 子见凌辱，对之惭且惊。杀身良不易，默默以苟生。苟生亦何聊，
> 积思常愤盈。愿假飞鸿翼，乘之以遐征。飞鸿不我顾，伫立以屏
> 营。昔为匣中玉，今为粪土尘。朝华不足欢，甘与秋草并。传语后世人，
> 远嫁难为情。

词意凄凉婉转，听得石崇泪珠涟涟。此歌一出，绿珠的才情让石崇刮目。绿珠妩媚动人，恍若天仙，何况有如此盖世的才情，加之通情达理、善解人意，宁愿委屈自己也不耍小性子的态度，久而久之，便在石崇众多姬妾之中，鹤立鸡群，优势凸显，石崇的千百美女因此黯然失色。

为了表达对绿珠的爱，为在与王恺等巨富斗富中占据绝对优势，石崇修建了金谷园。为了显示自己的富有，为了让绿珠身在中原，能找到家乡的感觉，石崇甚至不惜老本，派人用江南的绢绸子针、中原的铜皿铁器等紧俏商品，不远万里去到南海群岛换回稀有的珍珠、玛瑙、琥珀、犀角、象牙等贵重宝器放置室内。为了让绿珠能够登高望远，石崇在园内修筑了高达百丈，可"极目南天"的"崇绮楼"，以慰绿珠的思乡之愁。

金谷园因绿珠而建，绿珠也因金谷园而美名远扬。石崇们等"金谷二十四友"的吟诗作对，迎来送往，每天的狂欢中，高潮的一幕肯定是绿珠的闪亮登场，此时尖叫声、口哨声、呐喊声和着在场人的手舞足蹈混成一片。史书说，"歌舞侑酒，见者失魂"。

于是，绿珠的美名在文人骚客、名士士大夫的口口相传中，愈加闪亮，远播华夏。多少男人为演艺界排行榜上的第一女星绿珠所倾倒，夜不能寐。

这其中，一个叫孙秀的家伙，比任何见到绿珠的人都要难过，他甚至叫人画了一张绿珠的画像，每天在家里对着画像上的绿珠意淫不止，猥琐至极。

公元300年，赵王司马伦废除了皇后贾南风，诛杀了不可一世的贾南风亲侄子贾谧，免去了石崇的官职。至此，石崇望尘而拜的保护神灰飞烟灭。

> 初，崇家稻米饭在地，经宿皆化为螺，时人以为族灭之应。

（《晋书·石崇传》）

此后的一天，金谷园石崇的家里发生了一桩怪事。掉在地上的米饭，一夜之间竟然全部变成了大大小小的螺蛳，这不能不让人惊讶，于是有高人私下就说，这是灭门之灾的前兆。这件事，想必曾给石崇带来过不祥的阴影。但金谷园中的音乐、劲舞、美色和文学使石崇的生活很快又回到了原来的状态。

贾南风被废除后，赵王司马伦自己登上了皇位，石崇的外甥欧阳建与司马伦素来有仇，本已被免官的石崇就属于被打击的对象了。

此时，那个对绿珠垂涎三尺的孙秀就公开跳了出来。

孙秀，字俊忠，琅琊人，世奉五斗米道，为道徒。他开始为司马伦身边的小差使，因为善于谄媚，写过几篇公文很受司马伦肯定，因而得宠。此后，他为司马伦谋划，以离间计废太子，杀贾后，登帝位。孙秀注定了是一个玩弄权术的卑劣小人。

> 孙秀使人求之。崇时在金谷别馆，方登凉台，临清流，妇人侍侧。使者以告。崇尽出其婢妾数十人以示之，皆蕴兰麝，被罗縠，曰："在所择。"使者曰："君侯服御丽则丽矣，然本受命指索绿珠，不识孰是？"崇勃然曰："绿珠吾所爱，不可得也。"使者曰："君侯博古通今，察远照迩，愿加三思。"崇曰："不然。"使者出而又反，崇竟不许。秀怒，乃劝伦诛崇、建。（《晋书·石崇传》）

见到石崇失势，孙秀就开始明目张胆地派人向石崇索取绿珠。当时石崇正在金谷园一个宽大的露台上、凭临园中水景，跟一大群美女喝酒作乐。吹弹歌舞，正高兴到魂不附体的时候，他忽然见到孙秀的差使近前，开口就索要绝色才女绿珠。于是，石崇大手一挥，齐刷刷几十个美女就站了出来，这些美女一个个穿着绚丽的锦绣，散发着兰麝的香气，犹如数十盆品种各异，娇艳欲滴的鲜花整齐摆放在一起。石崇对来使说："都在这里，你随便挑选吧。"

差使被眼前的美人晃得眼睛都睁不开，但还是镇定下来，拿腔拿调地说："大人，这些婢妾个个都艳绝无双，但小人受命来请绿珠，你能告诉我是哪一位吗？"

石崇一听，顿时勃然大怒："绿珠是我的最爱，想拿走她？休想！"

差使马上说："石大人，你是博古通今的人，见过的世面也多，你还是好好考虑一下吧！"

著名的诗人作家、高干子弟、曾经的一方大员、黑社会老大怎能受此窝囊，于是坚持不给。差使只得悻悻而去，将石崇的态度汇报给了孙秀。此时的孙秀在司马伦手下，正是呼风唤雨的势头。一怒之下，他便让司马伦杀掉石崇了事。（《晋书·潘岳传》中记载石崇为"在市行刑"而不是私刑）

> 崇正宴于楼上，介士到门。崇谓绿珠曰："我今为尔得罪。"绿珠泣曰："当效死于官前。"因自投于楼下而死。（《晋书·石崇传》）

司马伦的兵奉命前来捉拿石崇的时候，石崇正跟绿珠在露台上牵手看云听风，一派情深意长的样子。闻听差兵进来，石崇叹息一声："绿珠，你还爱我吗？我是因你而获罪啊！"

闻听此言，绿珠热泪长流："夫君，谢谢你曾经对我的好，我会永远记得的。"突然，绿珠转身一跃而起，像一只轻盈蝴蝶飘然而下，鲜红的血如花瓣洒落一地。

> 崇乃叹曰："奴辈利吾家财。"收者答曰："知财致害，何不早散之？"崇不能答。（《晋书·石崇传》）

临死前，他从牙缝里挤出一句话："这些人，还不是为了贪我的钱财！"押解他的人说："你既知道会有今天，为什么不早点把家财散了，做点善事呢？"

与石崇同时被害的还有他的母亲、兄弟、妻子等共十五人。

时光的年轮顺转五百多圈后，唐朝著名诗人杜牧来到了洛阳八景之一的金谷园，想起富可敌国的石崇和他的绿珠，感慨万端，随口吟出了：

> 繁华事散逐香尘，流水无情草自春。
> 日暮东风怨啼鸟，落花犹似坠楼人。

诗的第一句写金谷园昔日的繁华，今已不见；二句写人事虽非，风景依旧；三、四两句即景生情，听到啼鸟声声似在哀怨，看到落花满地，想起当年坠楼自尽的绝色才女绿珠。全诗可谓凄切哀婉之至。

【成语】光彩夺目

【拼音】guāng cǎi duó mù

【释义】夺目：耀眼。形容鲜艳耀眼。也用来形容某些艺术作品和艺术形象的极高成就。

【出处】《太平御览》卷七〇三引晋·裴启《语林》："（石崇）乃命取珊瑚，有三尺，光彩溢目者六七枚。"

【成语】白首同归

【拼音】bái shǒu tóng guī

【释义】归：归向、归宿。一直到头发白了，志趣依然相投。形容友谊长久，始终不渝。后用以表示都是老人而同时去世。

【出处】晋·潘岳《金谷集作诗》："春荣谁不慕，岁寒良独希；投分寄石友，白首同所归。"

【成语】石崇斗奢

【拼音】shí chóng dòu shē

【释义】又名"石崇斗富"，指石崇与王恺比赛奢侈。形容奢侈浪费。

【出处】《世说新语·奢汰》中石崇与王恺斗富的记载（请参看本文详解）。

【成语】水陆毕陈
【拼音】shuǐ lù bì chén
【释义】地上海里的都全了。比喻极其富裕。
【出处】西晋时期，荆州刺史石崇靠抢劫外地商人而积累了万贯家财，他在京城做卫尉，大肆挥霍。晋武帝的舅舅王恺想办法与石崇比富。王恺得到一株珊瑚十分得意，拿到石崇家。石崇拿出水陆毕陈的宝物送给王恺。王恺自叹不如。

【成语】金谷酒数
【拼音】Jīn gǔ jiǔ shù
【释义】金谷：园名，晋代石崇建，在今河南省洛阳市西北。罚酒三斗的隐语。旧时泛指宴饮时罚酒的斗数。
【出处】晋·石崇《金谷诗序》："遂各赋诗，以叙中怀，或不能者，罚酒三斗。"

卫玠 被围观致死的花样美男

人物简介

姓名：卫玠，字叔宝，外号卫洗马、卫虎

家庭出身：官僚世家

籍贯：山西夏县

生卒：公元 286-312 年

社会关系：太尉卫瓘的孙子，尚书郎卫恒的儿子，骠骑将军王济的外甥，乐广、山简的女婿，谢鲲、阮修的好友

社会身份：著名的清谈名士和玄理学家、中下层官员

容貌：帅得万人空巷，被人围观而死

作品：无

雷人言行

由于长相太帅，被人围观而死。

相关成语

看杀卫玠 冰清玉润 阿平绝倒 珠玉在侧 情恕理遣

作者评价

对于男人，白嫩的肌肤下面掩盖的可能是超高的早亡概率。

被"看"死的不一定只是帅哥，还可能是才子。

看也能看死人

卫玠实际上是一位比潘安还要帅的帅哥。一是因了那句"貌似潘安"的传唱，二是潘安一生有着曲折坎坷的经历，譬如说，他是入选《二十四孝》中的楷模，他是世界上最痴情的恋人之一，他首创了悼亡诗的体例，且有许多诗作传世，他参与了石崇对贾谧的"望尘而拜"的团体，最后惨遭杀害等等。这些因素让潘安的知晓率比卫玠高了许多。

卫玠的容貌之美，超过潘安是有根据的。

看杀卫玠——

> 来源于《晋书·卫玠传》。本义为魏晋时期，晋国美男子卫玠由于其风采夺人，相貌出众而被处处围观，终被围观折腾而死，当时人因此说其被看死。后来多用于形容人被仰慕。

这是成语词典里面的解释。这句成语，就能充分证明这一点。

翻开人类历史，被看死的人仅仅三位。

一是卫玠，二是清道光年间"不战、不和、不守，不死、不降、不走"，而被英法联军装在铁笼子里拉到加尔各答供人"观瞻"的总督叶名琛，还有一位是被狗仔队的相机围追堵截的戴安娜王妃。叶名琛的"被看死"，是带着民族仇恨的死；戴安娜王妃的被看死，是离婚王妃的私情可以迎合现代猎奇读者的眼球；而卫玠的"被看死"纯粹是容貌太美招来的"杯具"。从时间上看，卫玠的被看死比之后来两位，都早一千多年。

公元312年，"五胡乱华"正在华夏大地如火如荼上演，羯族领袖石勒定都襄国（今河北邢台市）称霸。北方大地尸横遍野。

这一年，以容貌之美名满天下的帅哥卫玠，从豫章（今江西）来到下都建康（今江苏南京），消息一出，南京的大街小巷人满为患，摩肩接踵，无论男人女人、老妇少妇通通拥向街头，纷纷占据有利地势，想要一睹潘安之后的全国第一号帅哥。因为此时距离青年潘安在洛阳大街上出风头的日子已经过去了好几十年了，人们对男性青春偶像派明星的审美已经渴望很久。

> 卫玠从豫章至下都，人闻其名，观者如堵墙。玠先有羸疾，体不堪劳，遂成病而死，时人谓看杀卫玠。（《世说新语·容止》）

> 京师人士闻其姿容，观者如堵。玠劳疾遂甚，永嘉六年卒，时年二十七，时人谓玠被看杀。（《晋书·卫玠传》）

人们从早上等到中午，又从中午等到下午。终于，传说中皮肤如玉的帅哥卫玠出现了。卫玠一出现，街头顿时乱成一团，欢呼声、口哨声、哭声、尖叫声乱成一片。特别是那些已是过来人的老妇少妇更是肆无忌惮，纷纷拥上前去，拥抱、强吻、牵手忙个不迭，在那个没有保安人员的时代，卫明星无异于活人被投进装满野兽的大笼子，只得任人抓挠、推搡和猥亵。

当晚，回到住处的卫玠一病不起，不久之后的六月二十日，就一命呜呼了。

对这一事件的记叙，《晋书·卫玠传》、《世说新语》等古籍上都有大同小异的记载。

这样的死当然是因帅而带来的"杯具"，也是人类死因中最另类离奇的一种。

帅也是有来历的

按照现代基因学原理，决定一个人健康、长相的主要因素应该是基因。

卫玠的祖父叫卫瓘。卫家是典型的书法仕宦之家，有文章说，卫瓘是王羲之的师傅卫夫人之父。但这一说法因为缺乏根据未被完全证实。

卫瓘在西晋末年算是元老级的人物，被誉为三国时代最后的一位谋臣。

他出生于书法世家，年轻时在魏国仕官，担任廷尉、镇西将军，参加讨伐蜀汉的战事。蜀汉亡后，他受钟会之命逮捕邓艾父子，后来钟会叛变，又奉朝廷之命带兵前往镇压，杀死钟会、姜维，并领田续谋杀了邓艾父子，功劳不可谓不大。西晋时，卫瓘历任青州、幽州刺史、征东大将军及司空。

卫家除书法之外，还有一个过人之处，就是世代遗传帅哥美女基因。这一说法可以在晋武帝司马炎口中得到证实。

据《晋书·贾后传》记载：

> 初，武帝欲为太子取卫瓘女，元后纳贾郭亲党之说，欲婚贾氏。帝曰："卫公女有五可，贾公女有五不可。卫家种贤而多子，美而长白；贾家种妒而少子，丑而短黑。"元后固请，荀颛、荀勖并称充女之贤，乃定婚。

这段文字翻译过来应该这样表述：当初晋武帝司马炎打算为太子娶卫瓘的女儿，但是元皇后却听信了贾充亲信的谗言，想要为儿子娶贾家的姑娘。这时司马炎就说，卫瓘的女儿有五大优点，而贾充的姑娘却一无是处。卫家的基因既贤德又善于生儿子，不但长相漂亮，而且个子又高，皮肤也白；而贾家的基因不但爱嫉妒而且生育上也不善生男孩，不但丑而且个子又矮又黑。元皇后却固执己见，最后在荀颛、荀勖的谎言鼓动下，最终同贾家订了婚。

从司马炎口中"卫家的基因既贤德又善于生儿子，不但长相漂亮，个子又高，而且皮肤也白"，可以得知，卫玠的帅不是偶然的，而是基因使然。

卫玠长到五岁的时候，就显露出了超级帅哥的苗头，那时七十岁的祖父就说，这孩子将来绝对不一般，可惜我年龄大了，看不到他将来是什么模样了。

卫玠的祖父说完这话后的一年，一场巨大的变故和灾难就降临在了这个家庭。一是因为当初司马炎选接班人的时候，忠义正直的卫瓘死活不同意选那个对大臣说"这些老百姓真傻，没饭吃为什么不吃肉？"、"田里这些青蛙是私人的还是公家的？"的傻子司马衷，而后来的结果恰恰是司马衷被立为接班人，由此埋下了祸根；二是因为当初司马炎要选的儿媳妇是卫瓘之女——卫玠的姑姑，最终也因各派势力倾轧而选中了贾充的女儿贾南风，这又是一个祸患。

到傻子司马衷即位之后，皇后贾南风专权，专权后的贾南风听说当年的那两件事后，气不打一处，她首先要做的就是砍了卫瓘这个老奴才一家，然后再铲除别的异己。

于是，一场腥风血雨的屠杀以卫瓘一家的被杀拉开了序幕。

卫瓘一家除卫玠母亲带着他和哥哥卫璪外出就医而漏网之外，无一幸存。

总角乘羊车入市，见者皆以为玉人，观之者倾都。（《晋书·卫玠传》）

逃过劫难的卫玠越长皮肤越白，愈发显得漂亮。到了"总角"——少年时，一次乘坐一辆雪白的羊车从城中经过，白色的羊拉着肌肤雪白的少年，见到的人都惊呆了，莫不大叫："天！简直玉人啊！"

卫玠的帅跟他母亲那边的基因也是有关的。卫玠的外公家是魏晋时代著名的山西王家。卫玠的母亲是否漂亮，史料上未有记录，但他那著名的舅舅王济的长相似乎可以佐证，至少卫玠的母亲绝对不是丑女。因为与母亲同为一母所生的舅舅王济是一个彻头彻尾的帅哥，史书上说，王济风姿英爽，气盖一时，被晋武帝司马炎选为女婿，配常山公主。

卫玠稍长之后，即出落得又白又帅，以至于跟他舅舅在一起的时候，连以帅出名的舅舅都感到自愧弗如。《世说新语·容止》里说，骠骑将军王济是卫玠的舅舅，俊秀清爽，风采夺人。看到卫玠，王济总是感叹道："他只要在我身边，就仿佛光彩夺目的珠宝玉器在一旁，让我感到自惭形秽。"

卫玠的美由此可见一斑。

遗憾的是，卫玠如此的美白后面，却隐藏着不健康的因素。

但事情恰恰就是那么巧合，假如卫家被满门抄斩的时候，要不是卫玠、卫璪兄弟有病而被母亲带出去治病，绝对就没有后来万人空巷的"看杀卫玠"了。

哥不但帅，而且有学问

卫玠的帅绝对不是空有好皮囊那种纨绔子弟。卫家是有名的书香门第和书法之家，但据传著名书法家王羲之的老师卫夫人就出自他们这一族。卫玠五岁时就显露出非凡的智商，被乡邻视为神童。

除学习传统的儒家学问之外，他很早就开始研究《老》、《庄》。这孩子对学问的刨根问底确实了得，能认识到的名士高人，他几乎都去请教过学问。

> 卫玠总角时，问乐令梦，乐云："是想。"卫曰："形神所不接而梦，岂是想邪？"乐云："因也。未尝梦乘车入鼠穴，捣齑啖铁杵，皆无想无因故也。"卫思因经日不得，遂成病。乐闻，故命驾为剖析之，卫即小差。乐叹曰："此儿胸中当必无膏肓之疾！"（《世说新语·文学》）

十多岁的时候，卫玠曾就"梦"的问题去请教过当时著名的清谈家乐广。乐广是大官僚大名士王戎、裴楷佩服得五体投地的学问家。然而，少年卫玠却一点也不露怯，他问乐广："梦是什么？"乐广说："是心中所想的，是一种心理表现。"卫玠说："身形和心神都不曾接触过的东西，却能梦中出现，这难道也是心中所想吗？"乐广说："总是有原因的。没有人梦见坐着车进了老鼠洞，没有人梦见把铁棍捣成碎末来吃，这都是因为心中不想，没有根据的缘故呀。"听了乐广的解答，卫玠还是不能明白。于是整天想着乐广所说的做梦之因，百思不得其解，最后竟然病倒了。

乐广听说后，也急了（这是一个多么负责任的老师呀！），就让人驾车拉着他去看卫玠，见到卫玠，乐广再一次深入浅出、循循善诱地给他讲述其中的道理，搞懂了这个问题的卫玠，竟然马上病就好了。

估计正是这种精神打动了乐广，才有了乐广后来将亲闺女许配给卫玠的好事。这是后话。

卫玠对待学问上的精神，由此可见一斑。

凭着这种精神，成年之后的卫玠在学界和名士中逐渐成了一颗闪亮的学术明星，其能言善辩在玄学清谈圈内超过了当时有名的玄理学家王澄、王玄、王济等人。

在魏晋玄理清谈名士中，创立玄学完整理论体系的，当首推何晏与王弼，卫玠是继承王弼理论体系的。魏晋的清谈辩论，是在理论体系相通的派别中，以特定的题目、特定的内容和方式以及公认的评判之下，展开的一种推理性的辩论。何晏、王弼是以《老子》为其理论基础的，他们能够在这个基础上展开辩论。卫玠作为王弼理论的继承人，在他所处的时代，几乎将前人的清谈才艺发挥到了极致。

《世说新语》里有好几则关于卫玠清谈水平的记载。

一则是这样说的：

> 王平子迈世有俊才，少所推服。每闻卫玠言，辄叹息绝倒。

王澄超凡脱俗，才华卓著，很少有他钦佩的人。每次听卫玠清谈，就为之赞叹倾倒。

还有一则说：

> 卫玠始渡江，见王大将军，因夜坐，大将军命谢幼舆。玠见谢，甚说之，都不复顾王，遂达旦微言，王永夕不得豫。

卫玠刚到江东，去拜见王大将军（王敦）。晚上坐着闲聊，大将军就召来了谢幼舆（谢鲲）。卫玠见到谢鲲很高兴，都不顾和王敦说话了，就一起谈论玄理，直到天明，王敦一晚上也没机会插话。

紧接着一则又这样说：

王敦为大将军的时候，镇守豫章，卫玠为躲避战乱，从洛阳来投奔王敦，两人见面非常高兴，谈了整整一天。当时谢鲲担任长史，王敦对谢鲲说："没想到永嘉年间，还可以听到正始之音，如果王澄在这里的话，一定会再次被卫玠的讲座倾倒。"

王敦就是那个上厕所见到塞鼻孔的枣子而吃掉，见到美女侍立一旁脸不红心不跳，见到因自己不喝酒，敬酒的美女接连被杀若无其事，平生两次造反的那位仁兄。而王敦所说的王澄则是他的族人，以清谈误国著称的王衍的弟弟，此人是魏晋时代嵇康之后最傲慢的一位。他最有名的狂放之举是担任全国最富庶的荆州刺史时，在百官亲友送行的仪式上，撇下正进行的仪式，大庭广众之下爬到树上去掏鸟窝。能如此轻怠功名和众达官亲友的人，要想他能倾倒于谁，那的确不是个容易的事情。

卫玠的学问之高能让王澄这样的学者狂士倾倒，其水平自不待言。

对不起，哥先走一步

红颜女子多薄命，换过来，能不能说英俊帅哥命多薄呢？这话放在卫玠身上肯定是对的。

综观卫玠的一生，的确充满了不幸、悲惨和颠沛流离。他的一生正好生活在祸水贾南风皇后窃取政权和司马炽短期在位期间，先是贾南风清除异己，杀了他全家，幸亏他跟哥哥被母亲带出去看病侥幸躲过。但对于曾是天下人人钦羡的钻石级高等家庭，一夜之间他从一个高官子弟变成了失去数十口亲人的罪犯漏网子弟，这样的打击和落差不知他是怎样挺过来的，在此我们不得不佩服这位大帅哥的坚韧。

凭着自己的坚韧，他不但从悲痛走了出来，还成了他那个时代天下第一的哲学大家，被所有的达官名士所敬仰。

后来时来运转，当他不再是被追杀的对象后，终于得到了当局的认可，先是任太傅西阁祭酒（相当于国务院的秘书），后任太子洗马（太子的低级老师，正规的应该叫少师、少傅、少保。一般每个太子有洗马八到十六人）。

这期间，由于他学识和做人深得他曾经的老师乐广的赞许，乐广把自己如花似玉的女儿许给了他做妻子，让他得以成家。但是，这位恩师的闺女并没有能陪着卫玠一起慢慢变老，竟在婚后不久就去世了。失去心爱的女人，对任何一位男人来说都是很悲惨的事情，卫玠为此难过得要死。

卫洗马初欲渡江，形神惨悴，语左右云："见此芒芒，不觉百端交集。苟未免有情，亦复谁能遣此！"（《世说新语·言语》）

到永嘉四年（310），由于五胡乱华，北方大乱，为保存门户，卫玠不得不携母举家南行。将要渡江的时候，卫玠面容憔悴，神色忧伤，对左右的人说："看到这茫茫江水，不禁百感交集。如果人免不了有七情六欲的话，那么谁又能排遣这种离别故土的无法言表的忧愁呢？"面对茫茫江水，想着此去经年不知未来是何等光景，是否还能回到自己的故土，帅哥卫玠难过得不行。

由于路途遥远，一路颠沛流离、饥寒交迫，卫玠和母亲不知吃了多少苦头。

幸好先行南下的那些故人热情接待了他们。

大权在握的王敦、名士谢鲲以及"竹林七贤"山涛的儿子山简对卫玠母子关爱有加。山简甚至把自己的女儿也许给了这位丧妻的"二锅头"。

史料记载，征南将军山简在江南见到卫玠，很是钦佩敬重。山简说："以前戴叔鸾（后汉名士，生有五女。其选择女婿的标准为后世称道和效仿）为女儿择婿，只注重人品，不管门第高低。何况卫氏门第高贵，卫玠又有美好的名望呢！"于是，他把女儿嫁给卫玠做妻子。山简的选择当然是值得肯定的，但他的宝贝闺女却没有那么好的命承受卫玠这个既"帅得惊动党中央"又非常有学问的才男美男。

在本文前面，我们已经说过，卫玠的美是有来头的，他是盛产美女的卫家与盛产帅哥的山西王家联姻的产物，这是基因使然。但是卫玠美白的形象后面，却隐藏着病秧子基因。在卫玠的祖父身上，我们仍然可找到病秧子的蛛丝马迹。

《晋书·卫瓘传》里就有"瓘素羸"之说。《说文解字》是这样解释"羸"字的：羸（形声。从羊，本义：瘦弱），瘦也。本训当为瘦羊，转而言人耳。"瓘素羸"这话翻译过来就是说，卫瓘一向体弱多病。在卫瓘平定灭蜀功臣钟会的反叛中，恰恰是凭借自己体弱多病麻痹了对手，最后一举拿下了钟会及其所部，从而成为司马政权手下的一等功臣，坐上当朝第一高官太傅位置的。

史书上对于卫玠父亲记载甚少，关于他父亲的健康状况更是无从查对，但从卫瓘的向来羸弱看，卫玠的毛病属隔代遗传也不是不可能。

从身体素质上讲，卫玠完全就是一个"金玉其外，败絮其中"的角色。

关于他身体不好，《世说新语》里有两条记载：

一条是说，丞相王导见到卫洗马（卫玠）时说："这个人的身体显然很差，即使整日调养，看起来也像是不堪服饰之重啊。"

另一条则说：由于卫玠身体的原因，他的母亲对他的起居饮食和作息时间向来都管得特别严，南渡过江之后，一次大军阀王敦请客，晚间王敦召集僚属一起来听卫玠做哲学清谈，由于有 N 久没见面的好友谢鲲在场，卫玠一时忘了母亲的嘱咐，一开口就口若悬河，滔滔不绝，一直讲了整整一晚，整个晚上大军阀王敦直听得瞠目结舌，始终没有插上一句话。当晚回去卫玠就生病了。

如上所说，卫玠本来身体不好，加之从北方漂泊到南方，一路颠沛流离，健康状况更加糟糕，此时又再婚娶了山简的黄花闺女，这对卫玠的健康来说，无异火上浇油。此时再加上在陪都建康被水泄不通的粉丝围观、推搡，到了下榻处就一病不起。没过几日，他抛下了新婚的妻子和年迈的母亲到另外一个世界跟老聃对话去了。这一天，是永嘉六年（312）六月二十日。这一天，江河含悲，二十七岁炫目的明星陨落，建康的"卫粉"哭成一片。

史书中记载，在众多好友、粉丝中，谢鲲是最伤心的一位，听到他的哭声，连不相干的过路人都跟着哭了起来。有人问谢鲲："他又不是你的亲人，你为什么要那么伤心呀？"谢鲲呼天抢地地哭道："国家的栋梁没了，难道你不觉得悲哀吗？"

从历史看到，一介白面书生的死又算得了什么呢？只可怜跟他背井离乡年迈的母亲和新婚的妻子。

十多年后，一人之下万人之上的王导突然想起了这位曾经帅得惊动天和地的才子，便说："卫洗马应当改葬。这位先生是风流名士，为海内人士所敬仰，我们应该略作祭奠，加深旧日的情谊。"于是，卫玠的墓便从原来一个不起眼的地方改葬到了江宁。

卫玠，无论是他的帅、他的才还是他的死，都成了后世的神话。历代文人雅客将数不清的诗作堆积在他的大名之上。

这其中，最容易记住的一首是唐代诗人孙元晏写的：

叔宝羊车海内稀，山家女婿好风姿。
江东士女无端甚，看杀玉人浑不知。

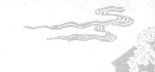

【成语】看杀卫玠

【拼音】kàn shā wèi jiè

【释义】卫玠，晋人，字叔宝，风采极佳，为众人所仰慕。卫玠被人看死。比喻为群众所仰慕的人。

【出处】《晋书·卫玠传》："京师人士闻其姿容，观者如堵。玠劳疾遂甚，永嘉六年卒，时年二十七，时人谓玠被看杀。"

【成语】冰清玉润

【拼音】bīng qīng yù rùn

【释义】润：滋润。像冰一样晶莹，如玉一般润泽。原指晋乐广、卫玠翁婿俩操行洁白。后常比喻人的品格高洁。

【出处】南朝·宋·刘义庆《世说新语·言语》刘孝标注引《卫玠别传》："裴叔道曰：'妻父有冰清之姿，婿有璧润之望。'"

【成语】阿平绝倒

【拼音】ā píng jué dǎo

【释义】比喻对对方的言论极为佩服。亦用为讥讽言论极为乖谬，常贻笑大方。

【出处】据《晋书·卫玠传》及《王澄传》载："玠好言玄理。琅玡王澄字平子，兄昵称之曰'阿平'。有高名，少所推许，每闻玠言，辄叹息绝倒。故时为之语曰：'卫玠谈道，平子绝倒。'"

【成语】珠玉在侧
【拼音】zhū yù zài cè
【释义】侧：一旁。珠玉，珍珠美玉；借指仪态华贵的人。比喻有容貌、德才都超过自己的人在身边。
【出处】《晋书·卫玠传》："玠风神秀异，骠骑，将军王济，玠之舅也，每见玠辄曰：'珠玉在侧，觉我形秽。'"

【成语】情恕理遣
【拼音】qíng shù lǐ qiǎn
【释义】恕：原谅。遣：排遣。以情相恕，以理排遣。指待人接物宽厚和平，遇事不加计较。
【出处】《晋书·卫玠传》："玠尝以人有不及，可以情恕；非意相干，可以理遣，故终身不见喜愠之容。"

最擅爬树掏鸟的高官

人物简介

姓名：王澄，字平子，昵称阿平，绰号羌人

家庭出身：天下第一门阀——琅琊王家

籍贯：山东琅琊

生卒：（大约）公元 273-317 年

社会关系：大名士王戎的堂弟、名臣王衍的弟弟、名相王导族弟、大将军王敦族兄

社会身份：狂人、高官

容貌：冷峻美、酷呆了

主要作品：无

雷人言行

◎ 在朝廷为他组织的送行大会上，扔下领导、嘉宾和亲友，爬到树上掏鸟窝。捉到鸟后旁若无人地逗弄自己手里的小喜鹊。

◎ 常常与一帮名士酒友玩裸奔、裸喝。

◎ 手下惹怒他时，命人掐其鼻子，烫其眉头。惩处方式亘古未见。

◎ 身为一方封疆大吏，不务正事，成天喝酒，辖区弄得一团糟。

◎ 超级帅哥卫玠一谈学问，他就敬佩得匍匐在地。

相关成语

沧海横流 落落穆穆

作者评价

听说过疯狂的，没见过这么疯狂的。

一场空前绝后的爬树掏鸟表演

爬树掏鸟窝的事情，对于乡下的"野"孩子来说，是一种毫不稀奇的寻常玩乐。但如果是换了场所和时间，譬如学校的开学典礼、寺庙里道场进行时，即便是乡村孩童在这样的时候去掏鸟，都会让人难以接受。

然而，本文即将出场的这位主人翁早已不是孩子，他年近不惑，从地位上来讲，也不是一般的人，而是身为一方封疆大吏的朝廷高官。

惠帝末年（大约公元 305 年），正是司马"八王"几兄弟杀得天翻地覆，傻子皇帝司马衷被迫战战兢兢迁都长安之时，贾南风皇后的亲戚王衍从巩固王氏家族的实力出发，向手握重兵的司马越建议，派自己的亲弟弟王澄领荆州刺史、持节、都督，兼南蛮校尉，派自己的族弟王敦任青州刺史。

荆州、青州两地无论战略位置、经济优势在全国都是尤其重要的地方，让自己的两个弟弟前去统占，其用心良苦不待言说。正如王衍自己对他的两个兄弟说的："荆州处于长江上游，青州有依靠大海的险要，你们二位出镇地方，我留在朝廷，里外结合，可以称得上狡兔三窟了。只有这样咱王家在大晋朝的地位才不会衰落。现在皇室衰弱，兄弟们镇守齐楚之地，外可以建立霸业，内可以匡复皇室，这么伟大的事业就看你们俩的了。"

从中央派干部到一个大军区去任首席长官，且作为权倾一时的王氏家族的重要人物王澄外放，自然是非同寻常的事情。

> 澄将之镇，送者倾朝。澄见树上鹊巢，便脱衣上树，探而弄之，神气萧然，傍若无人。刘琨谓澄曰："卿形虽散朗，而内实动侠，以此处世，难得其死（难有善果）。"澄默然不答。（《晋书·王澄传》）

正式启程的那天，长亭外，古道边，晴空万里，彩旗飘飘，锣鼓喧天，欢送规格之高，场面之大前所未有，上至朝廷百官、王氏家族全体，下到巴结讨好之辈及看热闹的百姓，男人女人、老人孩子上千人集结于此。

当主持人宣布"为王澄大人调任荆州刺史饯行仪式现在开始"的话音刚落，几只不谙世事的喜鹊却在主席台后面的大树上唧唧喳喳地闹了起来。这时只见主席台上的主角王澄站了起来，离开了自己的座位，正当众人疑惑不解的时候，大家为之送行的主角王澄已快步来到树下，只见他踢掉自己的靴子，三下两下就开始爬起树来。此时人群一整骚动，啧啧之声此起彼伏。王澄爬到树干中段的时候，大树的断枝勾住了他的衣服，使他无法继续往上爬。此时的王澄索性用腿绞住树干，把身上的衣服全脱下来，向下一抛，光着身子爬开了。一场庄严的、由当今朝廷组织的送行大会顿时演变成了一场爬树捉鸟的观摩大会。只苦了要营造王氏"狡兔三窟"的哥哥王衍，气得差点把地下顿出窟窿。在地上众人叽里呱啦一片乱叫的当儿，王澄已经捉住了一只小喜鹊，一边神情自若逗弄着手里的小喜鹊，一边旁若无人地回到了自己的座位上。

庄严的饯行大会不得不草草收场。

这一切，被一位在朝廷为官的名士刘琨看着眼里，等到送行的人群被渐渐抛在后面的时候，多送一程的他才对王澄说："王大人啊，你外表虽然洒脱，而内心却仗义而想有所作为，所以常常表现出非常另类，假如这样下去不改的话，说难听点，是难得有善终的。作为您的好友，临行送你这句话，您谨记吧！"

谁也没有想到，好友刘琨的这句话，竟成了王澄终结的谶语。这是后话。

雷人领导不一般

所谓"王与马，共天下"的琅琊王家在王澄这一辈人中，是体现得最突出的。仅他们这一辈地位到达三公九卿（类似于今天政治局常委级别）的就有王衍、王澄、王戎、王敦、王导五人。这其中，王衍和王澄是亲哥俩，而王戎则是他们的堂兄，这哥仁的祖父王雄跟王祥、王览兄弟是宗族兄弟。而王敦和王导又是堂兄弟，他们都是大孝子王祥的弟弟王览的孙子。这五兄弟虽然属于一辈人，但年龄有长幼，在风口浪尖上属于三个时代，王戎属于"竹林名士"，王衍、王澄属于"中朝名士"，而与他们同辈的王敦、王导则属于"江左名士"。

王衍、王澄兄弟的父亲叫王义，曾做过平北将军。

王澄在还不会说话的幼年时候就表现得非常聪明，虽然嘴里不能表达，但只要见到家人的举动便能明白他们要干什么。史料有载，王澄十四岁的那一年，曾和嫂子郭氏发生过一场很不愉快的事情。事情的发生就是因为王衍的老婆郭氏。郭氏不是个善良之辈，有事没事常常欺负家中的仆人、婢女，王澄对此早就看不过去了。这一天，嫂子叫一位婢女从家里挑一担大粪出发，去很远的地方浇地。这从来都是男人都怕做的活，何况一个小女孩呢？王澄听到后就站起来劝嫂子不要这样安排，郭氏一听雷霆大发，指着王澄说："母亲临终的时候是把你交给我照管的，不是把我交给你这个小叔子来照管，你现在竟敢管起我来了！"说完，她就抓住王澄的衣襟，举起木棒就要打王澄，幸得王澄打小就开始练着拳脚的，一发力就从嫂子手里挣脱出来，纵身一跃从窗子逃走了。这或许就是王澄正义、正直、不畏强暴性格的最初体现。

成长过程中王澄逐渐形成了自己独特的个性和特点，在很多方面都有着不一般的表现。

一是他的长相很酷，属于典型的冷峻美类型。《晋书》上记录有王澄与哥哥王衍这样一段对话，王澄对王衍说："哥啊，从你的外形来看，就像一位单薄的道人，而你内心深处的气概和行为却很牛，这就怪了。"王衍说："是的，我的容貌形体的确不像你那样冷峻和酷。"

二是王澄虽出生在一贯重文轻武的门阀世家，却练得一身好功夫，不但能爬树抓鸟，飞檐走壁，还能拉弓射箭，轻功、硬功都很不一般。

三是他有过人的辨人识人能力，在这方面，他那身居高位的哥哥王衍都佩服三分，一旦经过他品评鉴识过的人，王衍都不会有异议，总是对下属说："这个人已经阿平鉴识过的，不必再考评了。"这方面，在王澄后来启用寒门出生的郭舒身上得到了充分的证明。

四是性格狂放，不拘礼法，整个一个名士性格，生活态度、为官态度，他比之前面的他的兄长王戎有过之无不及。譬如，他常常跟从兄弟王敦、谢鲲、庾敳、阮修（阮籍的后代）以及光逸、胡毋辅等三五成群，通宵达旦喝酒作乐，有时候甚至赤条条地喝，喝到一定程度就玩裸奔，疯狂另类到了极点。所谓"酣宴纵诞，穷欢极娱"，都不知道该玩什么好了。

五是王澄不但思维敏捷，还能说会道。有了以上这些拿得出手的东西，他的胞兄王衍就开始为他大作宣传了（相互抬举，这也是王家兄弟之间的一贯做法），曾经有人问身为太尉（相当于今天的总理）的王衍当下的人才排行榜应该怎么排，王衍说，阿平应该排第一，庾家的庾敳排第二，我从弟王敦可以排第三。有着这样的评价和自己的特长，王澄当然就不把任何人放在眼里。

> 衍因问（王敦）以方略，敦曰："当临事制变，不可豫论。"澄辞义锋出，算略无方，一坐嗟服。（《晋书·王澄传》）

曾经有一次，王衍在家里与王敦、王澄及一帮幕僚谈起治政之法，王敦说："应临事制定对策，不能事先论定。"听到王敦此言，王澄马上站起来批驳，言辞锋芒毕露，计谋出奇，在座的人无不叹服，弄得王敦哑口无言，脸面扫地。类似的事情积攒起来，自然就给两人之间的关系蒙上了阴影，最终导致王澄死在同族兄弟手里，这是后话。

王澄还有一点就是喜欢附庸风雅，喜欢参与谈玄论道。只要一号美白帅哥、大清谈家卫玠一讲玄理，王澄就佩服得五体投地，之所以有"卫玠谈道，平子绝倒"之说。

如此做官

出生在琅琊王家的王澄，有着王家的光环罩着，而且他的同胞哥哥王衍还是皇后贾南风的亲戚，并且还是当朝太尉，有着这样的关系和自己的名士派头，他的官运当然一路亨通。

刚一成年，他就顺理成章做了官，而且职务不低，不久就升到了成都王

王澄 最擅爬树掏鸟的高官

司马颖手下做从事中郎（相当于大军区的参谋长）。王澄所处的时代正式西晋王朝八王之乱的时期，司马家族叔侄、兄弟你杀我我杀你，全都为了王位，当然这也是贾南风这个祸水打开的潘多拉魔盒。后来司马颖战败，他又被东海王司马越调去做了司马越的司空长史（相当于今天国务院办公室主任）。后来因为迎接傻子皇上司马衷御驾还朝有功，被封为南乡侯，从此获得了侯爵待遇。之后，他又被转任为更有实权的建威将军、雍州刺史等职，但有着名士派头的他却没有去上任。

惠帝末年，因为哥哥王衍的"狡兔三窟"之计，王澄被派到了荆州做刺史，这就是文章开始他把朝廷庄严的送行仪式变成爬树掏鸟表演的那次。

> 澄既至镇，日夜纵酒，不亲庶事，虽寇戎急务，亦不以在怀。擢顺阳人郭舒于寒悴之中，以为别驾，委以州府。（《晋书·王澄传》）

到达任上的王澄，远离了监督他的哥哥，更是放任自流，日夜放纵饮酒，不料理政务，即便是军情要事，也不放在心上。

但是，身为一个大军区的首领兼地方长官，总得应付一下才行。这时王澄就把自己辨人识人的本领拿了出来，在数以万计的普通士兵中提拔了一个人来做自己的别驾（助理）。这个人名叫郭舒，是典型的贫寒子弟，在当时，将一个寒门出身当兵吃粮又不具备名士资格的普通士兵，提拔成一个大区军首长的助理，应该是一件破天荒的事情。这样的事情也只有王澄才做得出来，换成别人早就有不合礼法之嫌了。

王澄此举，一不小心便造就了西晋历史上异常稀有的一代名将，郭舒凭着自己的才干和忠诚最终升到了梁州刺史的位上。

有了郭舒这么称职的助理，王澄玩得更加洒脱疯狂，几乎所有军事民事政务，一律交由郭舒处理。从普通一兵一夜之间当了相当于一个大军区常务副总司令的郭舒当然也就兢兢业业、鞠躬尽瘁、尽心尽力地为了王澄的利益努力。但是这个郭舒不愧是辨人高手王澄提拔出来的人才，他一方面为了王家的利益恪尽职守，另一方面却保留着自己的人格操守，绝不做指鹿为马的事情，常常在关键时刻挺身而出，拼死力谏。

荆土士人宗庾廞尝因酒忤澄，澄怒，叱左右棒廞。舒厉色谓左右曰："使君过醉，汝辈何敢妄动！"澄恚曰："别驾狂邪，诳言我醉！"因遣掐其鼻，灸其眉头，舒跪而受之。澄意少释，而廞遂得免。（《晋书·郭舒传》）

《晋书·郭舒传》记载，王澄整天痛饮，不把政务放在心上，郭舒常恳切地劝告他。等到天下大乱，又劝王澄加强军队修养，树立威望，保全州境。王澄认为乱从京都引起，不是一个州能匡正抵御的，他不愿听从郭舒，但却看重他的忠诚。荆州本地士人宗庾廞有一次在酒席上酒后得罪了王澄，王澄一怒之下，当即命令左右棒打宗庾廞。当时郭舒也在场，见到这种情况，郭舒顾不了那么多，神色严厉地对左右说："刺史喝得太多了才这样说，我看你们谁敢轻举妄动！"王澄一听雷霆大发："这个助理简直太狂妄了，竟敢胡说我醉了，给我狠狠地整！"

王澄一气之下，竟发明了史上最怪异的一种刑罚：掐鼻子、烫眉头。面对王澄的刑罚，郭舒只得跪在地上咬牙承受。处罚完郭舒，王澄的怒气也消了，荆州本地士人宗庾廞最终免去了一顿毙命的板子，王澄与当地士人的关系也终未受影响。

王澄的时代是一个狼烟四起的时代，八王之乱未平，五胡乱华又起，其间还有形形色色的暴民、流寇起义。大约是王澄在荆州任上的第五年，一位叫王如的流民领袖带着起义大军又一路杀向京都。

京城危急，王澄不理政事的日子再也过不下去了，只得率领众军奔赴国难。大军一路向前，当王如的人马进攻襄阳的时候，王澄的先锋就到达了宜城，王澄派人到山涛（"竹林七贤"之一，本书"阮籍"一章有介绍）的儿子山简所率部队去联系，希望打一场里应外合的战役。不曾想，派出的信使却被王如的同伙严嶷抓到。

严嶷使了一个小小的计谋，命人假装从襄阳回来，故意在关押王澄信使的隔壁大声问来人："襄阳攻下了吗？"回答说："报告大人，昨天清晨攻破城池，山简已被我方抓获。"这出戏演完之后，严嶷故意放松对王澄信使的看管，让他逃跑回去报告王澄。王澄不知是计，顿时傻眼，既然襄阳已破，还能咋办。只得命部队掉转马头，班师回城。这件事，让从来就自

以为是的王澄心理蒙上了阴影。于是，回去不久就以粮食运送不及时为由，把罪名加在长史蒋俊身上，杀了这个替罪羊，但是，进京勤王的计划终究没能实现。

这件事过后不久，王澄治下又发生了一起动乱，原因是四川一带因战乱流亡到湖南、湖北境内的流民与当地人发生械斗，一气之下杀了县令，聚集在一个叫乐乡的地方。王澄接到消息，便派出成都内史王机讨伐他们。这些暴民听说官府前来征讨，就请求投降，打小就在高门中成长的王澄根本就不可能同情他们，于是假装答应，而后派出部队对这些暴民进行了突然袭击，并传下命令，军中无论谁抓到这些暴民的妻子儿女，本刺史便将这些人当战利品赏给立功者。战斗结束后，王澄将抓来的八千多人沉入江中，其手段残忍至极。这下可惹恼了其他的流民，一时间，四五万家流民全都反了，他们推选杜弢为首领，南破零桂，东掠武昌，起义大军势如破竹。而这时的王澄还不担忧，反而与王机日夜畅饮，大玩"投壶"游戏（"投壶"是古代士大夫宴饮时玩的一种高雅游戏。搁一个壶在那儿，然后把箭投进去，输者喝酒），每次都要玩好几十局，直到酩酊大醉方才罢休。如此不务正业，不败才怪。后来王机的部队果然被杀得片甲未存。

杀富人李才，取其家资以赐郭舒。（《晋书·王澄传》）

王澄在自己的任上，几乎是没干出一件好事。

与流寇的战争中尚未结束，他竟然因为一点不满而把境内的大富豪李才杀了，并把李才的家产拿来赐给郭舒。这郭舒也奇怪了，平日里那么铁骨铮铮、讲究原则的汉子，时时处处一心为公，但在这件事情上，竟未能在史料中找到他拼死拒绝接受这批财物的蛛丝马迹。看来，讲原则的好官在财产面前，也有"装憨得顿饱"的时候，只是没人追查罢了。

王澄的倒行逆施，终于落得上下离心、内外抱怨反叛的结果。并且，每次反叛发生，吃亏的都是王澄的官军。

至此，早先的那个武功高人、狂放名士、智慧正义的化身、人才排行榜第一的牛人，威信扫地，让粉丝们大失所望。虽然如此，但王澄却自我感觉良好，依然傲慢自得。这个过程中，南平太守应詹、助手郭舒都劝谏过他，但他从不采纳，以至于在后面又发生的若干起暴乱中屡战屡败，境内治理也一塌糊涂，简直丢尽了琅琊王家的脸。

在乱世中，王澄十分糟糕地做着一方封疆大吏，其间北方少数民族在中原大地纵横冲杀，血流成河；而司马家族内部的皇权之争也是你死我活，连皇帝都换了几茬；他的哥哥王衍也在战乱中死去。直到元帝司马睿上台，才招他回朝任军谘祭酒（类似参谋总长）。接到元帝的召唤，王澄才离开荆州转任赴京。

他再也不会想到，这一走，自己仍算年轻的生命就从此结束了。

牛人之死

自古以来，"上阵父子兵，打虎亲兄弟"，但在权力、利益面前，父子相残，兄弟阋墙者也不在少数。

本文主人翁王澄，也是死于兄弟之手，但他跟凶手之间起先没有直接的利益冲突，只是相互之间个性难以容忍，最后掺杂进了权势争夺，才导致惨案发生。

王澄的死，可以说是琅琊王家家族史里最不光彩的一页。

上面讲过，琅琊王家到王澄这一辈，位高权重的就有王衍、王澄、王戎、王敦、王导兄弟五人。这其中，王衍、王澄是亲哥俩，王戎是他俩的堂兄，从血缘上讲关系很近。而王敦和王导又是堂兄弟，他们都是大孝子王祥的弟弟王览的孙子，显然王导、王敦的血缘又要亲近一些。这是凶案发生的前提。

"兄弟阋墙，外御其侮。"这句话对于兄弟关系而言，实在是再经典不过了。关起门来是一家，外人一看，真还那么回事，但却并非那么简单。

公元316年，匈奴人刘聪率兵攻下长安。司马炎创立的西晋王朝历经傻子司马衷、怀帝司马炽、愍帝司马邺，先后五十来年的起起落落，随着长安的陷落，晋愍帝司马邺被俘，西晋宣告灭亡。

公元317年，琅琊王司马睿在流亡大臣王导等人与江南氏族的拥护下，在建康称帝，中国历史在这一年走入了东晋帝国时代。

在建康重组政权的司马睿对整个政界重新洗牌，王澄被从荆州刺史的位置上调离，任司马睿身边的军谘祭酒，这或许是架空王澄这个败家子的措施吧。

这个时候，族弟王敦正在江州做刺史，负责镇守豫章（今江西包括南昌在内的广大地区）。王澄赴京上任恰好要路过王敦的领地，于是就前去拜望这位久未谋面的族兄弟。

王敦，虽是琅琊王家子弟，但骨子里却满是冷酷、霸道、野蛮和反叛。他手握重兵，嗜血成性。在东晋历史上，王敦可是个分量很重的人，他一生除了多次拉着队伍杀进京城造反之外，最让人难忘的有几件小事：

第一件，上厕所。王敦作为晋武帝司马炎襄城公主的驸马，第一次去到司马炎家时，进到厕所，华丽的卫生间显眼处放有一个盒子，盒子里全是鲜红的干枣，王敦完事后，抓起枣子就大快朵颐，从厕所出来他边走边吃。门口侍厕的丫鬟一见立马惊呼起来，说那枣子是用来防臭塞鼻孔的，放在里面很多天了。

第二件，还是上厕所。说的是大富豪石崇家的厕所里豪华奢侈天下第一，十几个美女捧着香囊贴身侍候一位男宾如厕，一位出身贫寒的官员见此情景被吓跑了。而王敦不仅大摇大摆在十来位美女的眼皮底下把事情办了，还若无其事地让美女们为自己沐浴更衣，方才出来。

第三件，是喝酒。石崇劝酒用的是美女敬劝，如果客人不喝，石崇就会杀掉劝酒的美女，以此来达到让客人喝酒的目的。一次，王敦与王导哥俩去石崇家赴宴，轮到王敦喝酒的时候，眼看三个美女都倒在了血泊中，他还是不喝。王导实在看不过意了就问他为什么不喝，王敦回答说："那些女子是他石崇的财产，他喜欢杀就多杀点，我就是不喝，咋啦！"

这些小故事足以说明王敦是什么样的人了。

就是这样一个人，在王家内部却常常受到自以为天下第一的王澄的洗涮、鄙视，王敦的心里憋屈极了。王澄的到来，让王敦很高兴，但此时落魄的王澄却依旧自我感觉良好，仍像过去一样，一见面就拿王敦开涮，言语间充满了对王敦的藐视和不尊重。王敦气不打一处，直气得咬牙切齿，杀人的心都有。

> 王平子始下，丞相语大将军："不可复使羌人东行。"平子面似
> 羌。（《世说新语·尤悔》）

恰在这时，王敦收到了堂兄王导从京都派人送来的一封信，信上只有一句话：不可复使羌人东行。此处"羌人"不是指五胡之列的羌族军队，而是指王澄，因王澄面黑，酷似羌人长相，所以在家族兄弟之间就有了这样的谑称。

王导下此杀令想来也是家族内部相互嫉妒、构怨很久了的原因吧。

> 敦益忿怒，请澄入宿，阴欲杀之。而澄左右有二十绝人，持
> 铁马鞭为卫，澄手尝捉玉枕以自防，故敦未之得发。后敦赐澄左右
> 酒，皆醉，借玉枕观之。因下床而谓澄曰："何与杜弢通信？"澄
> 曰："事自可验。"敦欲入内，澄手引敦衣，至于绝带。乃登于梁，
> 因骂敦曰："行事如此，殃将及焉。"敦令力士路戎搤杀之，时年
> 四十四，载尸还其家。（《晋书·王澄传》）

收到身为当朝第一大员堂兄王导的手谕，王敦就真动了谋杀之心。

但此时却被王澄看出来了。王澄来的时候就带了二十个各怀绝技的武林高手，人手一支铁马鞭寸步不离地护着他。而有着一身功夫的王澄自己也随身带有一个玉石做的枕头作武器。王敦一时奈何不得，只得智取。

当晚，王敦设下奢豪大宴，声称要好好为族兄接风。看到如此规格的宴席，王澄和护卫放松了警惕，一个个喝得酩酊大醉。放倒侍卫后，王敦亲自扶王澄进到客房休息，兄弟俩刚一坐在床上，王敦就提出要借兄长的随身玉石枕头开开眼界。一拿到玉枕，王敦马上变了脸色，厉声问王澄："为什么私通反贼杜弢？"王澄此时酒被吓醒一半，回答说："胡说！你可以让朝廷来调查！"

王敦拿着玉枕转身就走，此时的王澄已经完全意识到死神的临近。于是伸手死死拉住王敦的衣服，王敦用力挣脱，衣带"哗"的一声断为两截。情急之下，王澄飞身跃上房梁，并指着王敦骂道："你这样做，是在找死！"

王敦将手一挥，私下埋伏的武士一拥而出。

王澄最终死在了王敦手里。这一年，他才四十四岁。

王澄死后，王敦亲自用车把他的尸体护送回了家。这算不算是尽族人的义务呢？

王澄死的消息传出，当年给王澄忠告的刘琨长长叹息了一声："都是他自找的啊！"

【成语】沧海横流

【拼音】cāng hǎi héng liú

【释义】沧海：指大海。横流：水往四处奔流。海水四处奔流。比喻政治混乱，社会动荡。

【出处】《晋书·王尼传》："沧海横流，处处不安也。"

【成语】落落穆穆

【拼音】luò luò mù mù

【释义】落落：冷落的样子。穆穆：淡薄的样子。形容待人冷淡。

【出处】《晋书·王澄传》："澄尝谓衍曰：'兄形似道，而神锋太俊。'衍曰：'诚不如卿落落穆穆然也。'"

周颐 酒后的魔鬼还是铮铮的汉子

人物简介

姓名：周颐，字伯仁，外号三日仆射
家庭出身：汝南贵族周家
籍贯：河南省汝南县东南
生卒：公元 269－322 年
社会关系：射阳侯周浚与著名贤媛李氏的儿子、名士周嵩的哥哥，王导、王敦、刘隗等人的同僚
社会身份：高级官员、名士、酒鬼
容貌：神采俊逸，气质型帅哥
主要作品：无记载

雷人言行

◎ 君臣共聚一堂畅饮，皇帝一时高兴，自比尧舜。忽一人挺身而立朗声答道："现在的天下怎么能跟尧舜盛世相比呢？"此人正是周颐。

◎ 当朝一号权臣指着周颐的大肚子说："这里面有什么呢？"周颐回答："此中空洞无物，但是像你这样的人，能装他个几百个。"

◎ 去朋友家做客，酒至半酣，见朋友美妾秀色可餐、色艺俱佳，一时兴起，当众脱掉袍服就扑了上去。

相关成语

刻画无盐，唐突西施 伯仁由我 空洞无物

作者评价

如此正直之士现在没有了，酒后如此无法无天的人似乎越来越多。

疯狂的酒鬼官员

见过发酒疯的，但谁也没见过上别人家赴宴，酒席上当着大伙的面脱掉衣服裸奔上去要强奸女主人的。这个人就是本文的主人翁周颐。周颐不是普通酒鬼，他是魏晋继"竹林七贤"之后的大名士，是"伯仁由我"、"空洞无物"、"刻画无盐，唐突西施"等汉语成语的由来者，是晋代的著名高官。

周颐成年后主要生活在西晋下半叶和东晋初的这段时间，他出生在晋武帝司马炎时代，先后经历了傻瓜皇帝司马衷、晋怀帝司马炽、晋愍帝司马邺和晋元帝司马睿，死时虽不满五十四岁，却是司马政权风雨飘摇中的五朝元老。

一千多年后的今天，当我们翻开那段历史，周颐，以其独立独行的个性和狂放，给后人留下了一个又一个"瀑布汗"的惊叹，在魏晋群星谱中，他的光芒显得异常扎眼。

在魏晋，不酗酒的名士好像不是一个完整的名士，他们留给后人的形象，跟酒是无法分离的。阮籍大醉六十天，刘伶随时准备为酒献出生命，阮咸"人猪共饮"，张季鹰"让我有身后的好名声，还不如眼前的一杯酒"，跑到隔壁偷酒喝的堂堂吏部大人毕卓，居母丧期间大喝特喝的王戎等等不一而足。《世说新语·任诞》记录魏晋时期名士生活状态的共计五十四条，其中关于饮酒的就有二十九条。这充分说明酒在魏晋名士生活中所占的地位。

这当中有人唱着喝、裸体喝、杀人劝酒喝、酒后骂人、裸奔，什么乱七八糟的洋相都出尽了，本文主人翁周颐爱酒嗜酒以及酒后失态，丝毫不比其他名士差，甚至可以说，他酒后失态的洋相，把魏晋名士与酒的洋相推到了又一个顶峰。

《晋书·周颛传》总共不到两千字，然提到周颛与酒的地方就有七八处之多。

周颛有一个外号，叫"三日仆射"。所谓"仆射"相当于今天首长手下的办公室主任或行政主管一类的人员；所谓"三日"，意思就是一年之中最多有三天的时间是没有醉酒保持清醒状态的。这个名号，是早期他刚做官的时候同僚背地对他的雅称。

随着年龄的增长和宦海沉浮，这位老兄见了酒是越来越无法把持自己。周颛四十九岁那年，当上了吏部尚书（相当于中组部长），这一年周颛在酒上栽了一个跟斗。庐江太守梁龛在守孝期间，大肆宴请宾客，不仅喝酒吃肉，还请了大批乐工美女，一边跳着"嘻哈舞"一边狂饮滥喝，在梁龛所请的三十多人中，周颛算是级别最高的领导。假如低调地喝完就走也可能没事，而这位周老先生几杯酒下肚就忘乎所以，也跟着美女乐工一起"慢摇"起来。此事让一位叫刘隗的正义之士知道了，第二天就上奏了朝廷，于是上面不得不作出处理：罢免梁龛官职，削职为民，周颛等人，明明知道梁龛在服孝，还不尊重礼法大搞狂欢酗酒聚会，停发当月工资，留职查看一月。

> 初，颛以雅望获海内盛名，后颇以酒失。……颛在中朝时，能饮酒一石，及过江，虽日醉，每称无对。偶有旧对从北来，颛遇之欣然，乃出酒二石共饮，各大醉。及颛醒，使视客，已腐胁而死。
>
> （《晋书·周颛传》）

周颛不仅爱酒，他的酒量也十分了得，放开喝一天能喝一石（以当时计量换算，十升等于一斗，十斗等于一石，折合大米的重量相当于 27 斤）。到了东晋建立，过江之后，他这样的酒量似乎只有"独孤求败"了，每天都因为喝酒找不到对手而郁郁不欢。终于有一天，从北方来了一位老朋友，周颛一高兴就拿出两石酒，自己负责自己面前的一石，一边喝一边叙旧，不知不觉两石酒见底了，两人酩酊大醉。第二天，周颛好不容易才从床上爬起来，去到友人房间一看，那人早在昨夜就因肝脏被酒烧烂而死。

> 王导与周颛及朝士诣尚书纪瞻观伎。瞻有爱妾，能为新声。颛于众中欲通其妾，露其丑秽，颛无怍色。有司奏免颛官，诏特原之。
>
> （《晋纪》）

周颛喝酒最丢脸的是与一号宰辅王导等人一起去同僚纪瞻家做客的那次。《晋书·周颛传》上只说"颛荒醉失仪，复为有司所奏"，寥寥两句，就交代了。而《世说新语·任诞》引注《晋纪》则是这样说的：当时一位叫纪瞻的尚书邀请王导、周颛等当朝高官上自己家赏舞、喝酒、听音乐。酒至半酣，纪瞻隆重请出自己娇美的爱妾闪亮登场，亲自为大家歌舞一曲。这小妮子是纪瞻花了很大工夫才弄到手的尤物，不仅会很多新歌，而且才艺水平不是一般高，尤其长相性感漂亮得让见过的男人都难以自持。这美眉且歌且舞，顾盼流云，两曲唱罢场上就开始乱了。只见吏部尚书兼护军将军的周颛从席间跳了起来，一边脱掉自己的袍服，"漏其丑秽"——男人那东东暴露无遗，一边飞也似的冲向美人，拦腰抱住，"于众中欲通其妾"——在大庭广众之下就要拿翻（非礼）她。

　　那歌舞着的美女简直吓得半死，要不是在场的人将周颛扑倒，真不知道会是什么结果。

　　而在这整个过程中，周颛"颜无怍色"——丝毫没有羞耻、惭愧的神色。

　　周颛的这次失态很快就传了出去，又被有关部门参奏一本。但这一次，晋元帝司马睿却没有治他的罪，只下诏说："周颛作为朝廷的辅佐大臣，职掌干部选拔的大事，本当谨慎守德，为百官之楷模。但屡因饮酒过度，依法受到查办。我体谅他极尽欢乐的心情，但这也是沉湎于酒的教训。想来周颛自己也惭愧，必定能克己复礼，所以这一次不加以贬黜问罪。"

　　在晋元帝的庇护下，这件事就这样算完了。

神奇的母亲和他的儿子

　　跟绝大多数名士牛人一样，周颛也出生在门阀之家。

　　在晋代历史上，汝南安城周家虽不及王、谢两家那样招摇庞大，但却有着"真正的贵族"名头。汝南安城周氏都是西汉汝坟侯周仁的后裔，世代以儒学传家，高官辈出。到了周颛的父亲周浚跟周颛这一代，家族的辉煌似乎发展到了顶峰，先后出现了周浚、周颛、周嵩、周谟、周穆等著名人物，创造了周氏家族史上一门五封的奇迹。这其中周颛、周嵩、周谟乃一母所生的兄弟三人，周颛为长子。

如果说，周颛和"一门五封"是那个时代的奇迹的话，那么，制造这个奇迹的周颛父母的婚姻以及他母亲本人更是一个神话。

周浚（220—288），豫州汝南安成（今河南汝阳东南）人，是周平王少子汝坟侯周烈的后裔。他官至安东将军、侍中、少府、将作大匠，以才理知名。他初为魏国尚书郎、御史中丞、折冲将军、扬州刺史，拜射阳侯；伐吴有功，封成武侯；后为晋武帝侍中、少府领将作大匠，又为都督扬州诸军事，拜安东将军。

> 周浚作安东时，行猎，值暴雨，过汝南李氏。李氏富足，而男子不在。有女名络秀，闻外有贵人，与一婢于内宰猪羊，作数十人饮食，事事精办，不闻有人声。密觇之，独见一女子，状貌非常；浚因求为妾，父兄不许。络秀曰："门户殄瘁，何惜一女！若连姻贵族，将来或大益。"父兄从之。遂生伯仁兄弟。络秀语伯仁等："我所以屈节为汝家作妾，门户计耳。汝若不与吾家作亲亲者，吾亦不惜余年！"伯仁等悉从命。由此李氏在世，得方幅齿遇。（《世说新语·贤媛》）

说起周颛父母的婚姻，《世说新语·贤媛》有这样一段记载：

周浚做扬州刺史兼安东将军时，有一天到汝南乡间去打猎。时至下午，天上突然下起暴雨，周浚一行无处可躲。此时天渐渐黑了下来，大家又冷又饿，只得到不远处一村民家避雨借宿。一问，这家人姓李，从住宅屋宇及家中场景来看，无疑是一乡间富豪。

去的时候，李氏家中男人都出门去了，只有一个叫络秀的女儿在家。

络秀趴在窗户上往外一看，从装束言行上立即判断出这群人的身份不一般，于是立马行动起来，叫来婢女，安排接待之事。

可惜家中男仆也都外出劳作去了，络秀就跟那个婢女在后院里杀猪宰羊，操办几十人的酒肴饭食，菜饭将熟时香气扑鼻，而且从头到尾没有听到说话的声音。周浚忍不住通过板壁缝隙向里窥看，只见一个女子，长相非常漂亮，一边劳作一边有条不紊地指挥婢女准备饭菜，周浚爱意顿生。

此时的周浚已经婚配，按当时的规矩，贵族人家一般不会娶民女为妻的。周浚回家之后，就委托媒人前来向李家提亲，希望络秀做他的小老婆。络秀的父亲和兄长一听，哪里肯答应。谁知络秀却从绣房里跑出来说："我们家门第低下，为什么舍不得一个女儿呢？能与贵族联姻，那该是多好的一件事啊！"在她的坚持下，父亲和哥哥只好同意。

嫁给周浚的李氏，一口气生下了周顗兄弟三人。

在周顗兄弟还小的时候，她就反复对周顗兄弟说："我之所以降身屈节，嫁到你周家做小老婆，就因为希望光耀李家门户。你们三兄弟如果不把我李家当作嫡亲看待，我这条老命也就不要了。"

上面这段记录给我们提供了几个方面的信息。一是周顗父母的认识富于戏剧性，似乎还有几分浪漫；二是周顗的母亲李络秀不仅漂亮而且非常精明能干。试想：一个未见世面的乡间姑娘，在兵荒马乱的年代，父兄不在家的情况下，竟然敢开门接待素不相识的一大群男人。不但如此，她还自作主张杀猪宰羊（以最高标准接待一群陌生的不速之客，送一餐便饭就已经很不错了，何必一定要杀猪宰羊呢？猪羊这么贵重的财产也敢擅做主张处理），而且还临时充当屠夫、厨子、接待总管，并井井有条、样样周到。这都还不算，到后来周家提亲的时候，她竟然不顾礼法不顾羞耻反驳父亲，自告奋勇要当别人的小老婆，这样的女人，即便是在今天，也应该是奇女一个。周浚与这样一位女子生产的后代肯定不会差到哪里去。

在李络秀生下三个男孩之后，不知道是正房夫人的早逝还是别的原因，总之，这位当年带上一个婢女就能杀猪宰羊的李氏小姐就堂堂正正地做了正房。如此一来，周顗也就名正言顺地成了周浚的嫡系长子。

周顗年轻时就因为聪慧、帅气而名声远扬，即使同辈亲近之人，也没有不尊重他的。曾经有一个做了司徒掾（中央高官的幕僚）名叫贲嵩的高深名士，一见到周顗就感叹说："汝南一带果然多出奇士！近年雅道衰颓，如今见到周伯仁，才知道振兴风尚，天下太平有希望了。"广陵戴若思是东南的才俊之士，举了秀才后，来到洛阳，久闻周顗美名，前往拜访，见面之后，担心一出言就会在周顗面前贻笑大方，只得端坐不语，一会儿就告辞了。

周顗的堂弟周穆当时也享有美誉，有几次想拿周顗开涮，但周顗陶然自处不愿意跟他计较。周颛的胞弟周嵩在当时也是比较有才的名士，一次酒醉之后瞪着眼睛对周颛说："你的才能不如我，怎么名声就比我大那么多呢？"说完，他把席间正燃烧着的蜡烛砸向周颛。周颛侧身躲过之后，面色不愠不火，只平静地说："兄弟你用火攻，本来就是下策。"

这两件事情传了出去，周颛更受到圈内士人学子的尊重。

工作后，周颛的同事庾亮曾对他说："人们都把你比作乐广（广受赞誉的名士高官，司马颖、卫玠的岳父）。"周颛听后，说："为什么要美化丑女无盐，而冒犯美女西施呢？"周颛谦逊的一面由此可见。

真名士的做派

出生在世代显赫的周家的周颛走入仕途当然是顺理成章的事。先前是朝廷的地方政府屡次招聘都被他婉拒。直到他二十岁那年，由于父亲去世，才以长子身份继承了父亲的爵位，为武城侯，拜秘书郎。到傻子皇帝司马衷当政期间（290–306）升调为尚书吏部郎（相当于中组部的司局级干部，此时周颛在22–38岁之间），由于八王之乱，不久又被东海王司马越的儿子司马毗要去做了镇军长史（类似于军区首长的办公室主任）。

晋元帝司马睿在江南站稳脚跟后，先是请周颛担任军谘祭酒（类似参谋长），后由于王澄在荆州把一个摊子搞得乱七八糟，司马睿便将王澄与军谘祭酒周颛对调，由周颛去到荆州军区收拾残局。这次调动，显然是司马睿想当然的结果，周颛作为一名文职官员，管管人事、钱粮、民政都很不错，一旦要带兵打仗，收拾王澄在荆州惹下的天祸，他实在没这个能力。

周颛初到荆州，杜弢之乱不仅没有平息，另一拨盲流又开始造反，而且还加入了杜弢的队伍。周颛脚跟还未站稳，杜弢所率的两股流民就三下五除二把周颛打得狼狈而逃，幸好有寒门出生的名将陶侃（陶渊明的曾祖父）派兵救援，周颛才保住了性命。

保住性命无处可去，他只得前去豫章投靠王敦。

说起周颛跟王敦的关系，似乎有点类似于王澄跟王敦的关系。王敦虽然出身名门，但由于长相酷似少数民族，且又满口乡音，加上没什么文化，而且为人处世总有些不靠谱，时常受到王澄、周颢等人的奚落。《晋书·周颢传》说，王敦从小就比较害怕周颢，见到周颢总是面露怯色，面红耳赤、手足无措，即使是大冬天也要拿把扇子在手里不停地扇。

周颢对王敦的刻薄，或许还有关系太熟的原因。周颢死后，王敦曾对手下说：我与周颢总角（尚未成年）之时就在东宫相识，一见面我就觉得他非同寻常，因此答应过他三件事。从年龄上来看，王敦大周颢两三岁，周颢跟王敦之间应是发小关系。捡回性命的周颢此时自然会投奔自以为把持得住的发小，而不会投奔寒门将军陶侃。

在王敦门下待了一段时期之后，元帝司马睿又再次召周颢为扬威将军、兖州刺史，周颢于是返回首都建康。回到建康的周颢并没有得到司马睿让他马上赴任的指示，而是又改任他为军谘祭酒，不久转任右长史。到中兴王朝建立，就升任周颢为吏部尚书。当上吏部尚书后，周颢却因醉酒以及手下门生伤人而被免官，不久司马睿就让他官复原职，并兼任太子少傅（东宫太子的老师）。周颢天生就比较正直，在这种时候当然不愿意官复原职，于是便上书司马睿死活不答应，说自己本来没什么大本事，且行为时常出格，怕教坏了太子，给百官树立坏的榜样。在司马睿的坚持下，周颢还是走马上任了。

然而，周颢在很多时候却并非上面所表现的那样谦逊，从他的传记中所记录的情况来看，他在对人对事上常常咄咄逼人，名士派头尽显无遗，让人下不了台。

> 帝宴群公于西堂，酒酣，从容曰："今日名臣共集，何如尧舜时邪？"颢因醉厉声曰："今虽同人主，何得复比圣世！"帝大怒而起，手诏付廷尉，将加戮，累日方赦之。（《晋书·周颢传》）

一次，明帝司马绍与满朝文武欢聚一堂，大快朵颐。酒过三巡，菜过五味，臣子们纷纷来到司马绍的身边向他敬酒，极尽献媚讨好之辞，三下两下把司马绍糊弄得找不着北。司马绍一高兴，就站起来大声问群臣："今日名臣共集，何如尧舜时邪？"用当下的话翻译过来，这句话应该是：祖国建设蒸蒸日上，形势一片大好，今天各位欢聚一堂，是不是就像尧舜盛世呀？话音刚落，席中站出一人，朗声答道："虽然今天咱们君臣聚在一起，但怎能与尧舜圣世相比呢，差远了吧！"

听了周颙的话，满堂文武都吓呆了。只见明帝司马绍大怒而起："打入死牢，择日再砍！"一个手势，廷尉就上来将周颙推了出去，打入死牢。谁知几天之后，晋明帝气消了，又把周颙放了出来，同仁好友纷纷前往周家探望。而周颙却对来人哈哈大笑地说："就这点罪过，我本来就不至于死嘛，你们担心什么呀！"

> 王导甚重之，尝枕颙膝而指其腹曰："此中何所有也？"答曰："此中空洞无物，然足容卿辈数百人。"导亦不以为忤。(《晋书·周颙传》)

对皇上的态度如此，对其他人的态度就更不在话下了。

周颙与王导算是老熟人，当时王导的地位可谓一人之下万人之上，而周颙却丝毫不给王导面子，见到王导不仅不会做出尊重讨好的举动神情，而且说话也似乎是不知天高地厚。记得有一次王导与周颙在一起，此时周颙已经发福，挺着个"腐败肚"坐着，王导主动上前去，指着周颙的肚子说："周大人，您这里面都是些什么呀？"周颙回答说："这里面空洞无物，但是像您这样的人物，容纳几百个是没问题的！"这就是汉语成语"空洞无物"的起源。

这句玩笑，如果是对自己手下很瞧不起的官员讲，尚且需要斟酌，何况是对"王与司马共天下"的王家王导所言呢？当朝帝王都得听他安排，你一个周颙又算什么？

这样的话慢慢积累多了，周颙自然没有好下场。

到王敦造反朝廷的时候，朝廷上下谁也不敢多言，怕惹祸上身，此时周颙挺身而出，亲率军队与王敦拼杀。可惜周颙一介文人，从来不擅带兵，朝廷军队大败。此时，周颙又奉诏前往王敦军营去说服王敦。一见面，王敦说："周伯仁，你对不起我！"周颙针锋相对回答说："你兴兵造反，当了叛匪，我亲自率领六军与你拼杀，无奈没能成功把你镇压，致使朝廷军队溃败，所以我辜负了你！"面对周颙视死如归的神情和正义言辞，王敦不知如何是好，顿时哑口无言。

中国有句话叫"山不转水转"，在"有枪便是草头王"、"城头变幻大王

232

旗"的晋代，王敦这样的乱臣贼子不但没有转下去，反而转回了首都，成了总揽兵权的一号军阀。

至此，名士周颛的噩运便开始降临。

铁骨铮铮，血溅祖庙

封疆大吏王敦在外面带着大军造反谋逆，杀向首都建康的过程中，可把他当朝为相的哥哥王导害苦了。全家一百多口人还在城里过日子呢。

> 初，敦之举兵也，刘隗劝帝尽除诸王，司空导率群从诣阙请罪，值颛将入，导呼颛谓曰："伯仁，以百口累卿！"颛直入不顾。既见帝，言导忠诚，申救甚至，帝纳其言。颛喜饮酒，致醉而出。导犹在门，又呼颛。颛不与言，顾左右曰："今年杀诸贼奴，取金印如斗大系肘。"既出，又上表明导，言甚切至。导不知救己，而甚衔之。敦既得志，问导曰："周颛、戴若思南北之望，当登三司，无所疑也。"导不答。又曰："若不三司，便应令仆邪？"又不答。敦曰："若不尔，正当诛尔。"导又无言。导后料检中书故事，见颛表救己，殷勤款至。导执表流涕，悲不自胜，告其诸子曰："吾虽不杀伯仁，伯仁由我而死。幽冥之中，负此良友！"（《晋书·周颛传》）

王敦举兵造反的时候，正义之士刘隗就劝说晋明帝司马绍把王家一锅端完事。听到这个消息，王导吓了个半死，就天天带着全家老少去朝廷请罪，希望明帝能保留自己一家的性命。国家大乱，屡屡在国家有难时站出来的正义之士周颛此时成了明帝的依靠。

一天，王导率满门老少在朝廷门口跪着的时候，正好遇到周颛进宫去，王导便哭喊着对周颛说："伯仁，我全家百多口人的性命就托付您了，您行行好吧，给我在皇帝面前求求情吧！"周颛听了，连头也不回，径直向宫里走去。但是一见到明帝，他却又不断陈述王导对司马家建立东晋政权的功劳和忠诚，恳切请求明帝能够放过王导全家。于是明帝就听从了周颛的话，并把周颙留下来一起吃饭喝酒，圣上赐周颙同膳，当然是莫大的荣耀。周颙于是又一次喝醉才出宫门。出来时，王导仍然率一家人苦苦跪在宫门外，王导见周颙出来，又是一阵呼天抢地地哭泣求情。周颙却不答话，只故意对左右的人说："今年杀了诸贼，取斗大的金印挂在手肘上。"

回到家后，周颙又连夜起草奏章，为王导一家求情，言辞诚恳切至。周颙所做的这一切，完全是从一个知识分子的良知出发，根本也没想要让王导知道。王导因为数次向周颙求情而没有得到周颙的正面答复，反受白眼和奚落，加之以往周颙肆无忌惮的言行，新仇旧恨在心里长出毒瘤来。

永昌元年（322）正月，王敦以诛隗崴恶为名在武昌（今湖北鄂州）起兵，江南大族沈充也起兵响应，王敦攻入建康。王氏家族此时俨然成了鸠占鹊巢的主角，挟持皇权、主宰着天下人的生死荣辱。

王敦攻入建康的消息传来，朝中好友都为周颙捏了把汗，纷纷建议周颙离开建康避开王敦，周颙说："我是在朝廷中任职的大臣，朝廷丧乱衰败，我怎么可以回到乡下苟且偷生，或者逃奔出国去投靠异族呢？"

好友的担心不是没有道理的。

王敦回到建康站稳脚跟后，就开始关心起周颙来了。

一天，他问王导："周颙、戴若思是全国都享有名望的人，应当位登三司（司马、司徒、司空的合称，相当于政治局常委级别），才能使天下人信服吧？"王导不置可否。过了一会儿，王敦又说："如果不让他们任三司，是不是可以把他们削职为民，去做奴仆呢？"王导还是不回答。王敦见兄长如此态度，就试探性地说："如果都不妥的话，那就应该把他们杀了。"阴险歹毒的王导还是没有说话。

> 俄而与戴若思俱被收，路经太庙，颙大言曰："天地先帝之灵：贼臣王敦倾覆社稷，枉杀忠臣，陵虐天下，神祇有灵，当速杀敦，无令纵毒，以倾王室。"语未终，收人以戟伤其口，血流至踵，颜色不变，容止自若，观者皆为流涕。遂于石头南门外石上害之，时年五十四。（《晋书·周颙传》）

几天之后，周颙与戴若思一同被捕。押赴刑场时恰好路经太庙（皇帝为祭拜祖先而营建的庙宇），见到太庙，周颙控制不住自己的情绪，高声喊起了"革命口号"："天地先帝之灵：贼臣王敦颠覆社稷，枉杀忠臣，肆虐天下，神祇如若有知，应当速杀王敦，不要让他恣意为害，而颠覆王室。"

见周颢呼喊口号，押解他的刑差急了。为了及时制止周颢的"反动口号"，刑差提起长枪对准周颢张开的嘴就是狠命一枪，霎时，血流如注，满脸鲜血顺着往下淌到脚跟，再顺着脚跟一路淌着向前。早已喊不出声音的周颢，神色除了像先前一样悲愤之外，举止自若，道旁观者无不为之动容。

刑差押解他俩到了南门外就杀害了他们，这一年，周颢五十四岁。

周颢被害后，王敦派人去抄了周颢的家，企图从中找出一点加害周颢的证据。让王敦失望的是，差役把周家翻了个底朝天，只搜到几只竹箱，里面装着几床破棉絮，另有五坛酒，几石米。

周颢死后，有两件事提到了他的死，但周颢却永远无法知道了。

一天，王敦手下一个参军与人赌博，那时往往以杀输家的坐骑为乐事，这参军的一匹好马在赌博中被杀，此人便趁机对王敦说："周家累世享有声望，但是官位还是没有达到王公这一级，到了周伯仁即将登上王公位置时，却又像我的这匹不争气的马一样，掉了下去。"王敦说："周伯仁尚未成年时与我在东宫相识，一见面彼此就推心置腹，我就应允了他三件事，哪想到他自己无视王法。该杀！"

还有一件事是：在帝王面前愈加肆无忌惮的王导有一次检查皇家档案时，见到了周颢亲笔上书请求赦免王氏全家的奏表，言语殷切诚恳之至。王导睹物思情，悲不自胜。当即回到家中召集全家人说："我虽然没有亲手杀周伯仁，但他是因为我而死的。就是到了地狱，我也对不起他啊！"

两年之后，王敦病死，周颢被彻底平反昭雪，享受到了生前未能享受的政治待遇。

成语附录

【成语】刻画无盐，唐突西施

【拼音】kè huà Wú yán，táng tū Xī shī

【释义】刻画：描绘。无盐：战国时齐国的丑女。唐突：冒犯。西施：春秋时越国美女。比喻拿丑的和美的比较，冒犯与贬低了美的。

【出处】《晋书·周颛传》："庾亮尝谓颛曰：'诸人咸以君方乐广。'颛曰：'何乃刻画无盐，唐突西施也。'"

【成语】伯仁由我

【拼音】bó rén yóu wǒ

【释义】伯仁：晋周颛的字。表示对别人的死亡负有某种责任。

【出处】参见本文。

【成语】空洞无物

【拼音】kōng dòng wú wù

【释义】空空洞洞，没有什么内容。多指言谈、文章极其空泛。

【出处】南朝·宋·刘义庆《世说新语·排调》："此中空洞无物，然容卿辈数百人。"

桓温 柔情的英雄，失败的老大

人物简介

姓名：桓温，字元子

家庭出身：谯国桓家（东晋四大家族之一）

籍贯：安徽怀远

生卒：公元 312-373 年

社会关系：中层官员桓彝的儿子，晋明帝（司马绍）南康长公主的驸马，大名士刘惔的发小，车胤、王珣、谢安等人的领导

社会身份：名士、赌徒、高官

容貌：奇骨、碧眼、猬须、面有七星，很有特点

主要作品：《请还都洛阳疏》、《辞参朝政疏》、《檄胡文》、《上疏自陈》等

雷人言行

◎堂堂统领一国军队的大司马，却干出偷看尼姑洗澡的事来。

◎用弹弓装上子弹向赖床的下属射去，以此唤醒懒睡的手下。

◎"既不能流芳百世，亦不足复遗臭万载耶！"

相关成语

哀梨蒸食 咄咄怪事 大笔如椽 凤毛麟角 流芳百世 倚马七纸
我见犹怜 出山小草 扪虱而谈 肝肠寸断 光复旧物

作者评价

心慈手软，怎么能实现梦想？

假如你更坏，绝对不会有人称你为枭雄！

桓温是谁？

桓温是东晋继王导、王敦之后，海西公司马奕与简文帝司马昱时期最牛的牛人。他官至大司马，总揽天下兵权，废掉海西公司马奕的皇位而抬出简文帝司马昱；三次领兵北伐，两次平西蜀之乱；他十八岁手刃父亲仇人的三个儿子；他求贤若渴，广揽天下人才；他痛恨无为清谈，倡导高效务实的执政效率，掀起一场上至皇上下至百官的改革；面对东晋偏安一隅，他夜不能寐，从不松懈。但他也是中国历史上少见的柔情英雄和失败者，他是牛人，同时也做过很多雷人之事。

有关桓温的史料，历史有很多记载。关于他，笔者不愿意在传统的枭雄与英雄之争中搅和。英雄或枭雄从来就是对同一个人物的不同命名，相当于把菜刀叫成厨具和兵刃一样。

英雄也好枭雄也罢，他们都是人。南朝刘义庆和唐代房玄龄最让人钦佩的是，他们对于魏晋那段历史充满人性温度的记载。

> 桓大司马诣刘尹，卧不起，桓弯弹弹刘枕，丸迸碎床褥间。刘作色而起曰："使君，如馨地宁可斗战求胜？"桓甚有恨容。

《世说新语·方正》这段文字讲述的是，总揽全国军事的大司马桓温亲自去到下属刘惔家商量政事，时间已经不早了，可这位名士依然躺在被窝里睡大觉。桓温这位比皇帝还牛的第一领袖没有到床榻边去叫他，而是"雷性"大发，从兜里拿出弹弓装上子弹（估计是硬土块），对着刘惔"啪"地弹去，子弹弹在枕上立即迸碎，褥上散落一片碎尘。懒散的下属刘惔顿时勃然大怒，立起身对桓温吼道："头儿，你这样发疯难道就能在战斗中获胜？"第一领袖桓温一听，顿时难堪至极。

身为天下第一领袖，不让侍卫去传唤下属，而是亲自上门，这是第一难得；见到大睡中的下属，不是让人去唤醒他，而是自己上前用随身携带的弹弓一弹打去，更是难得。此等高官如此雷人地召唤下属，真可谓前无古人后无来者。

> 　　时有远方比丘尼名有道术，于别室浴，温窃窥之。尼保身先以刀自破腹，次断两足。浴竟出，温问吉凶，尼云："公若作天子，亦当如是。"

这是《晋书》本传对桓温的一段记载。说的是一位会法术的尼姑来到晋国，想来由于尼姑既漂亮又会法术的原因，身为大司马的桓温不禁对她充满好奇，趁尼姑洗澡的当儿，偷偷趴在墙缝边偷窥，却不想被尼姑发现了。尼姑在浴室变化法术，要惩罚一下桓温。只见那姑子赤裸着身子，先用刀剖开自己的肚子，继而又砍掉自己的双足，吓得桓温赶紧逃跑。等到尼姑洗澡完毕从浴室出来，桓温就向尼姑讨教自己未来的凶吉，尼姑说："如果你要取代天子的话，就会得到刚才你看到的下场。"

以上两个故事只是本文的开头，其实桓温是一个极其复杂和丰富的牛人，并非只会玩弹弓的白痴和偷看女人洗澡的色鬼。

复仇者的转身

桓温是谯国龙亢（今安徽怀远西北）人，谯国桓家在晋代是仅仅次于琅琊王家、陈留谢家、颖川庾家之后的四大家族之一。

东汉一朝，谯国桓氏是声名显赫的儒学世家。如经学大师桓荣以汉明帝刘庄授业恩师的身份，晋爵关内侯，受到朝野上下一致尊重。桓荣之后，谯国桓氏亦为东汉世代豪门望族，门第极高。但这个家族在魏晋易代之际曾遭受过毁灭性打击。桓荣六世孙桓范作为曹爽的重要谋臣，在司马懿高平陵兵变后，被诛三族。谯国桓氏也因此几近灭族，仅有少数子弟侥幸逃过屠杀。谯国桓氏的重新复兴起自桓温的父亲"万宁县男"（爵位）桓彝。永嘉之乱

后，桓彝避难江左，并积极经营，先通过与众放达名士的频繁交往，获得了"江左八达"之一的高名，戴上了大名士的光环，后又在王敦之乱、苏峻之乱中忠心护主，并最终殉节死，获得了东晋中兴名臣的美誉。这个家族的子弟中亦不乏出色的艺术家。"淝水之战"中的名将桓伊的音乐造诣更是在东晋首屈一指，其谱写并演奏的著名笛曲《梅花三弄》，为中国十大古曲之一。

这个家族从桓彝传到桓温和桓温儿子桓玄的时候，达到了顶峰，桓玄甚至还做过几十天的皇帝，最后被杀，举族被诛。这个家族从此失去了往日的荣光。

桓彝有五个儿子，桓温排行老大。

桓彝五十三岁的时候，在一次平叛中，被叛将韩晃与江播杀害。这一年，桓温只有十五岁。失去了父亲的桓温与母亲和弟弟生活相当凄苦，但作为一个血性男儿，桓温整日枕戈泣血，立志复仇。十八岁那年，适逢江播去世，江播的儿子江彪兄弟三人在守丧期间为了防备桓温复仇，把刀子放在手杖中，时刻准备迎接桓温的复仇。桓温假称是吊丧的宾客，得以进入，一进灵堂，手起刀落就杀了江彪，江彪的两个弟弟见势不妙，立马跑了。桓温哪里肯罢手，一不做二不休，一口气追上他俩"嚓嚓"几刀一个没留。

刚刚十八岁的桓温，只身深入虎穴，手刃仇敌的壮举一时传遍了东晋门阀帝国，一夜之间家喻户晓。眼看烈士的后代如此英勇，当朝皇上晋明帝大喜之下，将自己的女儿南康长公主投向了桓温这支"潜力股"。桓温这个少年丧父的孩子，在十八岁那年，坐上了驸马都尉的位置，承袭了父亲万宁男爵位，任琅琊太守，明帝在位的此后几年，经多次升迁，做到了徐州刺史。

桓温一生崇拜的有三个人。一是西汉第十位皇帝汉宣帝刘病已，刘在位期间"吏称其职，民安其业"；二是同时代长他一辈的刘琨，当时北方沦陷，只有刘琨坚守在并州，是当时北方仅存的汉人地盘；三是同时代长他一辈的反贼王敦。但是，在当时的人看来，桓温跟他们中的哪一位都不同。

譬如，他常常问下属自己的气质像不像宣帝，下属没有一个敢说实话。

还譬如，在第一次北伐的时候，桓温在北方得到一个手巧的老婢女，这婢女原来是刘琨当年的伎女，一见桓温，立马泪流满面。桓温问她什么原因，她回答："您和刘司空简直太相像了，让我不免想起他。"桓温非常高兴，穿

戴好衣服帽子，又把婢女叫来询问。婢女说："脸面很像，可惜有些薄相；眼睛很像，可惜小了些；胡须很像，可惜红了些；身形很像，可惜矮了些；声音很像，可惜嫩了些。"桓温于是脱下衣帽，感觉非常失落，好几天高兴不起来。

又譬如，桓温除常常说到王敦之外，一次在路过王敦的墓地时，情不自禁地说："真是个让人喜欢的人，真是个很棒的人啊！"平定蜀地后，他召集部属在李势的宫殿里大摆宴席，巴、蜀两郡的士大夫们也都到了。桓温一向英雄豪迈，加上那天兴奋，慷慨激昂，叙述"古今成败，事在人为"的关系，四座为之赞叹。席上难免也说到王敦。宴会散后，众人还在回味他的话语，其中一位叫周馥的下属悄悄对大家说："遗憾的是你们这些人没有谁见过王敦大将军！"这话显然是说桓温跟王敦不同。

桓温在万宁男爵、琅琊太守的位置上，通过两平西蜀、三次北伐，以实际的功绩，最后升任为大司马，统领全国兵权，左右皇位更替，这其中确实付出了很多努力。

而这些过程中也不乏有人看好他，在关键时刻往往将票投向他，从而使桓温获得了一展才能的机会。当时李势在四川作乱，桓温主动请求要去平蜀，朝中大臣都认为，李势在四川时间很长，继承祖上基业已经几代，而且长江上游、三峡地势险要，不易攻克。此时刘惔就站出来在皇帝面前力挺桓温说："桓温一定能攻下四川。我看他赌博，没有赢的把握他是绝不下注的。希望大家能够相信他！"于是，桓温这个此前没有丝毫建树的军官得到了这次机会。两平蜀乱的胜利，让人们看到了这位青少年时期手刃仇人的英勇军人，还有带兵打仗、攻无不克的本领。

在桓温还未发达之前，他的好友——颍川豪族、都督六州军事的前荆州刺史庾翼，向成帝举荐桓温说："桓温年少时就有雄略，希望陛下不要像对常人一样对待他，不要像养普通女婿一样畜养他，应该像周宣王委任方叔与召虎一样把国家重臣的职务交给他，委托给他广泛地匡济艰难的重任。"不久庾翼死了，朝廷果然任命桓温都督荆梁四州诸军事、安西将军、荆州刺史、领护南蛮校尉、假节（持皇上符节，主辖区生杀大权）的职权。

当时以善赌著名的"千王"型官员袁彦道更是公开提出来："我有两个

妹妹，一个嫁给了名士殷浩，一个交给了闻鸡起舞的祖逖。假如我再有一个妹妹的话，一定要许配给桓温。可是我没有，这不能不说是一个遗憾！"

在桓温一步步向自己的目标迈进的过程中，也有不以为然，对他所做的一切嗤之以鼻的人，这其中太原王家的王蓝田就是一个代表。

> 王文度为桓公长史时，桓为儿求王女，王许咨蓝田。既还，蓝田爱念文度，虽长大，犹抱着膝上。文度因言桓求己女婚，蓝田大怒，排文度下膝，曰："恶见文度已复痴，畏桓温面？兵，那可嫁女与之！"文度还报温云："下官家中先得婚处。"桓公曰："吾知矣，此尊府君不肯耳。"后桓女遂嫁文度儿。（《世说新语·方正》）

桓温曾经替自己的儿子向王家求婚，桓温的手下王坦之一时不敢答应，就回去和父亲蓝田侯王述商量。回到家里，王述很溺爱王坦之，虽然坦之都工作了，王述还是把他抱在膝上。王坦之讲了桓温向自己女儿求婚的事，王述一听就怒火万丈，一把将坦之从膝上推下来，说道："你现在怎么那么傻呀，竟害怕起桓温来了！一个当兵打仗的人家，怎么能把女儿嫁给他呢？"王坦之只得回去禀告桓温："下官家的女儿早就订了婚了。"在这里王蓝田显然是看不起桓温出道的经历和身份。

事实证明，王蓝田带上这样的有色眼镜看待桓温，是大错特错了。桓温用自己的作为证明了自己不仅仅是一介武夫。他有着更丰富的思想和宏大理想。他的身边围绕着几乎当时所有有志收复北方的志士仁人，他推行德政，立志改革国家弊端，受到了大多数人的追捧。

当年这个失去父亲，孤儿寡母凄苦度日的孩子，在母亲去世的时候，除了皇家赐予的仪仗之外，几乎全国所有的名士高官都出场了，豪华的葬礼场面连绵数十公里。在封建时代看来，这样的作为，算是功德圆满了。昔日的复仇青年，已经华丽转身为朝廷的栋梁。

柔情善感与好赌贪色并不矛盾

桓温有三大特点。一是有林黛玉一般的多愁善感，二是好赌，三是英雄本性——贪色。

> 桓公北征，经金城，见前为琅琊时种柳，皆已十围，慨然曰："木犹如此，人何以堪？"攀枝执条，泫然流泪。（《世说新语·言语》）

上面这段话，说的是桓温在北伐途中，途经金城，看到当年自己任琅琊内史时种的柳树，已经十围粗了，情不自禁手握枝条感慨道："这些树都长这么大了，更何况人呢？哪经得起岁月的流逝啊！"不知不觉，他泪流满面。

在平西蜀之乱的过程中，桓温有两件柔情善感的事被后世津津乐道。

其一是桓温带领部队刚进入三峡的时候，只见两岸峭壁，直耸云霄，波涛汹涌，水势湍急，于是感叹道："既为忠臣，不得为孝子，如何？"这话翻译过来就是说：男人为什么只能在忠臣和孝子之间做出抉择呢，难道就不能兼顾了吗？为什么会是这样呢？

这段记载，应该是桓温思念母亲和家人的最好表现。一口气连杀仇人兄弟仨不眨眼的好汉，其实是如此柔情，有时甚至愁肠百结，这个反差不能说不大。

> 桓公入蜀，至三峡中，部伍中有得猴子者，其母缘岸哀号，行百余里不去，遂跳上船，至便即绝。破视其腹中，肠皆寸寸断。公闻之怒，命黜其人。（《世说新语·黜免》）

这段文字，说的也是晋穆帝永和二年（346）桓温平西蜀之乱，部队经过三峡时的事情。当时部队里有人捕到一只小猴，母猴沿着江岸悲哀地嚎叫，一直跟着船走了百多里也不肯离开，终于等到船靠岸的时候，母猴趁势就跳上了船。母猴一上来却马上就咽了气。众人剖开母猴的腹一看，只见肠子都一寸一寸地断开了。这件事不想传到了桓温那里，桓温一听勃然大怒，拍着桌子下令让那个捉了小猴的士兵立马赶路走人。

作为一位带领大家赴死的将军，桓温在这件事情上的表现，如果放在今天的西方国家，保不准下一届的总统选举非桓温莫属。而在一千多年前的中国，桓温此举无异于发神经。捉一只小猴算什么，不就死了一只母猴吗？在即将血流成河的关头，你一个大将军还真把这些鸡毛蒜皮当回事了。但这恰恰就是桓温的表现。

这也是汉语成语"肝肠寸断"的由来。

桓温的柔情似乎很不适合做所谓"英雄"，在笔者看来，历史上任何英雄都缺少他这样的温情。几乎所有的英雄在个人终极利益与人性道义的冲突中，都会毅然决然做出冷如冰霜、铁石心肠、大义灭亲的"壮举"。桓温，似乎没有那些为夺得霸权而杀人不眨眼的英雄那么"伟大"。

为了维护桓家在朝中的主导地位，桓温也开过杀戒，但对自己的亲人，他却下不了手。

庾玉台（庾友）是庾希的弟弟。庾希被朝廷杀死后，马上就要轮到庾玉台了。庾玉台的儿媳是桓温弟弟桓豁的女儿，听到差役要来捉人的时候，她光着脚跑到桓温家去。门卫不让进，这小女子就一边哭一边训斥道："站开，你是什么东西！我伯父的家，敢不让我进去！"她随即冲了进去，号哭着对桓温恳求道："伯父啊伯父！庾玉台的脚只有三寸长，行动都要依靠他人，难道他也会造反吗？"桓温听了就说："看来，我侄女婿一家是真的急了。"于是庾玉台一家得以赦免。

桓温这个柔情似水的汉子另一大特点就是天生好赌。想当初，他只身深入仇家为父报仇，也应是一种赌的行为，明明知道人家正在办丧事，家中宾客络绎，而仇家三兄弟也做了充分准备的，他却偏偏这个时候行事。因为这样做只有两种结果，一是杀了仇人，二是被杀。

桓温的这种嗜赌的心理也许是英雄天生的情结吧。

桓温的那个时代没有最低生活保障金，没有每月一次的抚恤金。父亲死后，家里经济每况愈下，或许是为了弄点钱来孝敬母亲、供养弟弟们，桓温选择了赌。

有一次，他输得很惨，债主又催得很急。桓温想了很多办法也没法搞到钱还债，走投无路的情况下，桓温想起了素不相识的"千王"袁彦道。袁彦道，姓袁，名耽，字彦道，陈郡阳夏人。他年轻时就爽朗不羁，先前是某郡太守，好赌博，似乎有某种特异赌技，每赌必赢。因为性格向来狂放，袁彦道丢了官职。桓温去找他的时候他正在家里服母孝。一来因为素不相识，二来因为袁彦道正在服丧，所以桓温实在无法开口，迫于无奈，桓温还是支支吾吾把自己的请求说了。没想到袁千王异常爽快，没有丝毫犹豫就答应了。甚至还有些兴高采烈地换掉孝服，把戴的布帽揣在兜里就跟着桓温走了。桓温搬来千王，直接去跟赌博债主会面。债主不认识袁千王，根本想不到千王会亲自驾到。见到是桓温搬来的救兵，他不以为然地说："想必你也不是袁彦道吧？"意思就是根本不怕你桓温的救兵。于是双方拉开架势比拼起来，赌注从每次十万钱开始，一直升到每次上百万。袁彦道这边本来就是性格狂诞之人，一上赌场似乎就忘了自己正在服丧，旁若无人，每掷筹码大吼大叫。只一会儿就抵平了桓温的债，还使债主的银袋子输了个底朝天。直到这个时候，袁彦道才站起来，抓起东西砸向对方的桌子说："你倒终于认识袁彦道了吧？"

这是《世说新语》里的一段记载。桓温发迹后，把这个袁彦道召到了自己手下，千王最终官至从事中郎。就是这个袁彦道，说遗憾自己没有多的妹妹嫁给桓温，可能是从赌博中看出了桓温的人品和能力吧。

而袁彦道在桓温手下之后，也依然是狂放不改。一次，桓温与他掷骰子赌博，估计此时千王已把所有的绝技都教给了桓温，在与桓温的赌博中，无论怎么掷，那五颗骰子就是不听使唤。袁千王一怒之下，抓起骰子就扔了出去。桓温却并不生气地说："看见袁先生把怒气发泄到五个骰子上，才更加觉得当年孔夫子的门生颜回从来不生气是多么的难能可贵啊。"

桓温除了好赌之外，跟所有的英雄一样，喜好女色。

本文的第一部分曾说过桓温偷看尼姑洗澡的事。那尼姑在惩罚桓温偷窥的同时，也借这个机会对有篡位意图的他进行了警告和威胁。此处不再赘述。

桓温作为司马皇室的驸马爷，他与公主只不过是名义上的夫妻，男方因在外面有点实权，工作自然就比较忙，也自然就有人有求于他，在工作和应酬的同时，银子和美女也会有人送上的。长此以往，习惯成自然，慢慢就把家里的那位当成真正意义上的"家长"了。这样的"家长"除了在经济上有些优势之外，要想享有正常的家庭生活是不太可能的。

从这个角度讲，南康长公主是很不幸的角色。

当时桓温广招天下贤才，各种禀赋的名士都在他的属下工作。桓温的随军司马谢奕就是其中之一。谢奕，成语"东山再起"的主角谢安的哥哥，名士谢玄与大才女谢道韫的父亲。

> 奕既上，犹推布衣交，在温坐，岸帻啸咏，无异常日。宣武
> 每曰："我方外司马。"遂因酒，转无朝夕礼。桓舍入内，奕辄复
> 随去。后至奕醉，温往主许避之。主曰："君无狂司马，我何由得
> 相见！"

《晋书·谢奕传》说，谢奕"尝逼温饮，温入南康主门避之"。《世说新语·简傲》更详细地说，谢奕是个很滥酒的家伙，经常上桓温家来，拉着桓温这个领导就是死喝滥喝。桓温实在没办法只得丢下他逃入内室，谢奕每次都会跟进去。后来一到谢奕喝醉时，桓温就到南康长公主那里去躲谢奕的劝酒。公主得见驸马进来，当然高兴。这种高兴和幽怨加在一起，公主情不自禁地说："我的夫君，您终于来了，如果不是谢奕那个放荡的司马逼你喝酒，八成我今天还是见不到您吧！"

桓温长期不上公主那里去，并不是说被工作累得连寝眠的时间都没有了。在一千多年前的东晋，以桓温这样都督全国军事的人物根本就不会缺女人的，甚至是全国一流的绝世美女。有了这些美女，桓温自然就会忘记南康长公主的存在了。

这不，汉语成语"我见犹怜"记载的就桓温泡妞这事。

桓温讨平蜀国后，纳了成汉皇帝李势的女儿为妾。南康长公主开始不知这件事。一天得知后，妒火中烧，立马就带着一群婢女各拿凶器气势汹汹冲到李女的住所，要杀了她。破门而入的时候，公主只见一女子长长的头发垂落到地上，肤色如白玉一般光洁。看到公主一行进来，李女神色安然，慢悠悠地说："要不是国破家亡，我也并不想这样。如果今天你能杀了我，就合了我的心愿了。"公主看到此情此景，听了这番话，先前的仇怨早已化成悲悯之情。于是，她丢下闪着寒光的钢刀，上前抱住李女说："好妹妹，我见到你也感到可爱可怜，更何况那老家伙呢！"于是两人关系从此好得不得了。

"我见犹怜"，后来被用来形容女子文静娴雅，让人望而生怜。

心有多大天空就有多大

桓温之所以能够从一个复仇的孤儿成长为剿灭成汉、收复蜀地，三次领军北伐，掌管全国兵权，废帝立新的头号老大，一个主要原因就是因为他爱才、揽才、心胸宽广，有着常人难及的肚量。

从资料梳理的情况来看，他在世的那一时期，东晋同时期几乎所有的英雄、名士纷纷投在他的麾下。他在当时那么拉风，却不像曹操、司马炎那样惹得众多名士口诛笔伐，一个个避之三舍，躲在山林里喝酒、谈玄、玩女人。这不能不让人对桓温的肚量和作为产生好奇。

随便扒拉一下，与桓温同时代的名士、好汉、专家学者，在桓温的大营内可谓群贤毕至。

车胤：桓温的从事，"囊萤映雪"中囊萤的主人公。

孟嘉：桓温的参军，文学家，东晋山水田园诗人陶渊明的外公。

孙盛：桓温的参军，文学家、史学家，所著《晋阳秋》一书为研究三国魏晋时期的重要史料。

习凿齿：桓温的荆州别驾，文学家、史学家，精通玄学、佛学、史学，所著《汉晋春秋》一书为研究三国魏晋时期的重要史料。

袁宏：桓温的参军，文学家、史学家，所著《后汉纪》一书为研究三国时期的重要史料。

王珣：桓温的主簿，书法家、文学家，丞相王导之孙，王羲之之侄。他与郗超齐名。书法作品《伯远帖》为乾隆三希堂珍品之一。

谢安：桓温的司马，陈郡谢氏的代表人物，有远见卓识和决胜千里之外的才能。他是"东山再起"的主人翁。

顾恺之：桓温的参军。著名画家，与桓温、桓玄私交甚厚。

郗超：桓温的参军，聪明过人，深得桓温信赖。

谢玄：桓温的掾吏，陈郡谢氏的代表人物，为淝水之战的统帅之一，大败符坚，中兴东晋。

伏滔：桓温的长史，文学家，与袁宏齐名。

谢奕：桓温的司马，陈郡谢氏的代表人物。

袁乔：桓温的参军，小名袁羊，灭成汉之战的谋士功臣。

赫隆：桓温的长史，东晋风流的代表人物。

罗友：桓温的记室、从事。

……

如此之多的贤才能够聚集在桓温的麾下，首先是因为桓温的思贤若渴，广揽英才。

> 范玄平为人，好用智数，而有时以多数失会。尝失官居东阳，桓大司马在南州，故往投之。桓时方欲招起屈滞，以倾朝廷。且玄平在京，素亦有誉，桓谓远来投己，喜跃非常。比入至庭，倾身引望，语笑欢甚。顾谓袁虎曰："范公且可作太常卿。"范裁坐，桓便谢其远来意。范虽实投桓，而恐以趋时损名，乃曰："虽怀朝宗，会有亡儿瘗在此，故来省视。"桓怅然失望，向之虚伫，一时都尽。

（《世说新语·假谲》）

曾经有位叫范玄平的失业官员在京都一带很有声誉，桓温也正想招揽起用这些不得志的人才。范玄平听说桓温在姑苏，就前去投奔。桓温听说范玄平远道前来投奔自己，显得非常高兴。范玄平刚一进入院内，桓温便伸长脖子远远地打量着他，说说笑笑，高兴得很。他还回头对手下说："范公暂且可以任太常卿。"范玄平刚一坐下，桓温就对他的远道而来表示感谢。范玄平虽然是来投奔桓温，可又怕人家说他趋炎附势，有损名声，便说："我不是来投奔长官的，因为正巧我有个儿子葬在这里，特意前来看望一下。"桓温一听，顿时大失所望，刚才那种虚位以待的高兴劲儿，顷刻之间烟消云散。

王珣和郗超在桓温手下的时候，很受器重和提拔。王珣担任主簿，郗超担任记室参军。郗超胡子很多，王珣身材矮小。于是当时荆州人就给他们编了几句歌谣说："大胡子的参军，矮个子的主簿；能叫桓公欢喜，也能叫桓公发怒。"看来桓温是经常因为这些人才"让我欢喜让我忧"的。

一代名相谢安当年四十好几才参加革命工作，投奔首选的也是桓温，正是桓温最初的信任和推崇，谢安才得以一步步迈向成功。谢安投奔桓温时，还造就了中国历史上的一个典故，叫"出山小草"。

罗友，当时有名的破落户，连自己的生存也无法解决的角色，没有谁愿意把他当人看。但是桓温看重他的才，把他囊在帐下，成了自己的秘书。《世说新语》里记载说，襄阳人罗友有突出的风度，年轻时人们大多认为他傻。有一次他打听到有人要祭神，想去讨点酒饭，因为去得太早了，那家大门都还没开，过了好一会儿，主人出来迎神，看见他，就问："还不到时候，怎么能在这里等着？"他回答说："听说你祭神，想讨一顿酒饭罢了。"他便闪到门边躲着，就这样一直等到天亮，得了吃食才走。

即便是到了桓温手下工作，罗友混吃混喝的德行依然不改。

一次桓温设宴给车骑将军王洽送别，被请的都是有一定层次的官员。未在名单之列的罗友也来了。对这位不在列席之列的下属入席，桓温也没管他。酒足饭饱之后罗友要起身告辞，桓温这才问他："你刚才像是有什么事要跟我商量，为什么不说就要走了呢？"罗友回答说："我听说白羊肉味道很美，一辈子还没有机会吃过，所以冒昧前来，其实没有什么事要商量的。现在已经吃饱了，就没有必要再留下了。"说时，他没有一点羞愧的样子。知道了吧，就这副模样的人，桓温竟然也把他弄到手下，当个宝物。

这罗友呢，也的确没让桓温失望。他记忆力超强，曾随从桓温平定蜀地。占领成都后，他巡视整个都城，宫殿楼阁的里里外外，道路的宽窄，所种植的果木、竹林的多少，都一一记在心里。后来桓温在溧洲和简文帝举行会议，罗友也参加了；会上一起谈及蜀地的情况，桓温有所遗忘，罗友就按名目一一列举出来，一点错漏也没有。桓温觉得好奇，就拿记载蜀地都城情况的簿册来对照，跟罗友说的简直一模一样，在场人等无不惊奇。谢安说："罗友哪里比魏阳元差吗？"（魏阳元即魏舒，字阳元，曹魏末至西晋初的人物，山涛死后接替其司徒一职，为"三公"级高官。）

罗友不仅有这样的特异功能，为官也非常清廉。后来他出任广州刺史，将赴任的时候，荆州刺史桓豁让他晚上来家里吃饭、住宿，他回答说："我已经先有了预约，那家主人贫困，也许会破费钱财置办酒食。他和我有很深的交情，我不能不赴约，请允许我以后再遵命。"桓豁暗中派人观察他，到了晚上，他竟到荆州刺史的属官书佐家去，在那里处得很愉快，跟对待名流显贵没有什么两样。任益州刺史时，他对儿子说："我有五百人的食具。"家里人大吃一惊。他向来清白，却突然有这种用品，原来是二百五十套廉价的黑食盒（相当于现今的方便饭盒）。

除了求贤若渴，桓温对下属的宽容也是少有的，甚至让人瞠目结舌。

> 王、刘与桓公共至覆舟山看。酒酣后，刘牵脚加桓公颈，桓公甚不堪，举手拨去。既还，王长史语刘曰："伊讵可以形色加人不？"（《世说新语·方正》）

这段话翻译过来是这样说的：

王蒙、刘惔和桓温一起到覆舟山游玩。酒喝得酣畅的时候，刘惔把脚伸到了桓温的脖子上，桓温实在不能忍受，就用手把他的脚拨开了。回来以后，王蒙对刘惔说："他怎么能对人流露不快的脸色呢？"

刘惔这个名士也太过分了一些，虽然是桓温自小的朋友，但做人家的下属，也应该讲点规矩。而那个王蒙却说桓温不应该在别人脚放在自己脖子上的时候，流露出不快的神色，简直岂有此理。要不是桓温对下属的宽厚，想来这些名士再怎么狂也不敢如此放肆。

那个谢奕司马也跟刘惔不相上下。被桓温招聘到到荆州后，他在桓温面前更是有恃无恐，即使是到桓温家里去做客，也是衣衫不整、头巾歪戴，长啸吟唱，跟在野外和朋友聚会没有什么不同。桓温常无奈地说："谢奕是我的世外司马。"谢奕好喝酒，桓温越是宽待他，他就越发违背晋见上级的礼节。常常劝酒把桓温追得四处躲避，即使桓温逃到内室他也会跟着进去，唯独不敢进的就是南康长公主的寝宫了。

当然，有的官员也会被忽略或疏远，但桓温绝对不会因为一点事情就打压他们。

> 刘简作桓宣武别驾，后为东曹参军，颇以刚直见疏。尝听讯，简都无言。宣武问："刘东曹何以不下意？"答曰："会不能用。"宣武亦无怪色。（《世说新语·方正》）

有一个叫刘简的官员，先是担任桓温的别驾，后来又作东曹参军，因为过于耿直，常常让桓温下不了台，多少有点被桓温疏远。一次参加议事，刘简一言不发。桓温问他："刘东曹怎么不谈点意见？"刘简回答："我说了也一定不会采用！"桓温听了也没有责怪的意思。

还有一个叫郝隆的官员，因为未能得到重用，于是在一次单位的联欢会上就用一种别样的方式对桓温发泄了一通。当时大家都必须作诗，不作的就要被罚饮酒。这位官员提起笔来便写了一句："娵隅跃清池。"桓温问："娵隅是什么？"郝隆回答说："南蛮称鱼为娵隅。"桓温说："作诗为什么用少数民族语言？"郝隆说："我从千里之外来投奔您，才得到个南蛮校尉府的参军一职，哪能不说蛮语呢！"面对这样的冒犯，桓温也只是大度地笑一笑就完了。

桓温死后，到了谢安执政时期对下属估计是比较刻薄一些，所以很多的官员对桓温就特别怀念。这其中表现最突出的要数顾恺之，在拜谒桓温墓时，他作诗道："山崩溟海竭，鱼鸟将何依！"于是有人问他："你以前是那样受桓公倚重，哭他的样子可以给我们描述吗？"顾恺之说："鼻息如北风呼号，眼泪像瀑布奔流。"或说："哭声如霹雳开山，泪水像奔流入海。"

流芳百世还是遗臭万年

> 未废海西时，王元琳问桓元子："箕子、比干迹异心同，不审明公孰是孰非？"曰："仁称不异，宁为管仲。"（《世说新语·品藻》）

桓温在还没有废黜海西公司马奕时，王珣对他说："箕子与比干相比二人的做法不同，但用意一致，不知您认为谁对谁错呢？"桓温说："仁人的说法不同，我宁可做管仲。"

在上面提到的三个人中：

箕子是商代纣王的叔父，作为儒家前驱，其思想上承大禹，下开周公"明德保民"和孔子的"仁"。在商周政权交替与历史大动荡的时代中，他因其道之不得行，其志之不得遂，"违衰殷之运，走之朝鲜"，建立东方君子国。

比干，商朝沫邑人，中国古代著名忠臣，被誉为"亘古第一忠臣"。

管仲，春秋时期齐国著名的政治家、军事家，被称为"春秋第一贤相"，辅佐齐桓公成为春秋时期的第一霸主。

由桓温对王珣的回答来看，桓温似乎更趋向于做一个辅佐朝廷的贤相。

从桓温的做法来看，也的确如此。

他生性俭朴，每次宴饮只摆出七奠盘茶果而已。

他务实上进，不放松自己，鄙视名士清谈的不作为。一次他趁下雪要出门打猎。打猎，对桓温来说既是一种休闲，更是一种练兵的方式。出门之前，他先去探望王蒙、刘惔等朋友。刘惔见他一身戎装，单薄紧窄，问道："老家伙穿着这身衣服要做什么？"桓温说："我如果不穿这种衣服，你们这班人又哪能闲坐清谈呀？"

他爱护百姓、下属，想在自己的治内施以仁德，达到和谐。

任荆州刺史时，他一心想在江汉地区施行德政，不想靠酷刑威慑百姓。手下有人受杖刑，刑棒只是从官服上掠过。儿子桓式年纪小不知道父亲的用意，从外边回来就对桓温说："刚才从官府前经过，看到令史受刑，刑棒上面拂过云彩，下面掠过地面。"桓式用这话讥讽父亲，意思是刑罚根本没让受刑的人吃苦。桓温回答说："这样啊，可是我还是担心打得过重了呢。"

他治军有方，倡导"团结才能取胜。"

一次桓温宴请下属，席上有个参军用筷子夹薤头没能一下子夹起来，同桌又没人帮他，而他还夹个不停，满座的人都笑起来。桓温说："同在一个盘子里用餐，尚且不能互相帮助，更何况遇到危急患难呢！"他便罢了那几个笑而不帮的人的官。

通过自己的努力，战功和势力凸显之后，他的地位得以迅速提升，最终达到都督全国军权的顶峰。看到北方仍未收复的大片失地和积弱的国力，桓温开始了大刀阔斧的改革。

《晋书》本传记载，此时的他向司马政权提出了七项改革措施。第一，朋党随声附和，私下议论纷纷，应该制止争名夺利，不使它滋长下去。第二，户口凋零稀少，比不上汉朝的一个郡，应该并官省职，让官吏们长久从事他们的工作。第三，机要事务不可停止，常行的文案应该限定时间。第四，应该阐明长幼的礼仪，褒奖忠于公府的吏人。第五，褒贬赏罚，应该和事实相符。第六，应该遵循前代的典章，昭明学业。第七，应当选拔和设立史官，来撰修《晋书》等等。

特别是在上述第三条上面，桓温对司马政府一贯拖沓的陈腐作风很是不满，对这个问题，他很早以前就看不下去了，曾跟自己的顶头上司司马昱直接建议过。

> 简文为相，事动经年，然后得过。桓公甚患其迟，常加劝勉。太宗曰："一日万机，那得速！"（《世说新语·政事》）

这段话翻译过来是说，简文帝（司马昱）做丞相时，一件事动不动就要经过一年才得以审批下来。桓公（桓温）对他的拖沓很反感，常催促他。简文帝就说："日理万机，怎么能快得了？"

由此可见，桓温的美好愿望并不是那么好实现的。

如今我们在翻阅东晋那段历史的时候，所有史家几乎众口一词说桓温北伐是为了扩大自己的实力，目标就是要取代皇权。其实，这又有什么不可呢？综观魏晋这一时期，从取代刘氏皇权的曹魏，到取代曹魏的司马家族，哪一个不是如此？曹操曾说过一句话：我不称王，不知道天下会有多少人称王。秉持儒家的忠君思想一味屈从于腐败羸弱的皇权，难道就是对国家负责？那些一味指责的人，怕是有些嫉妒吧？假如让那些指责的人取得桓温的成就，想来是绝对不会有桓温那样的德政、柔情与宽容的。这不，指责和非议他的人中，桓温的发小、好友、手下刘惔就是一个值得鄙视的角色。

当初荆州刺史庾翼临终时，亲自上表想让儿子园客（庾爱之）接替他的位置。朝廷担心他会不服从命令，不知道该派谁去接替，于是大家商量起用桓温。刘尹（刘惔）说："让他去，肯定能稳定西楚，但他这一去恐怕再没有人能控制他了。"

两平西蜀，三次北伐，桓温拥有对天下的绝对支配权之后，他废除了海西公司马奕，拥立了当时的丞相司马昱为帝，是谓简文帝。桓温的这一举措当然引起了很多人的不满，这其中，当年从桓温手下走出来的谢安就是一个。这时的谢安已经到侍中的位置上了。海西公被废后，谢安一见桓温到来，就立马跪下拜见桓温，桓温笑着说："安石，你有什么事要行如此大礼呢？"谢安回答说："没有君先行礼，而臣下却站着接受礼拜的。"谢安用了一个"君"字，有意把对人尊称的"君"与"君王"的"君"混淆，意思就是说，你桓温现在简直就成了不是皇帝的皇帝了。

到了老年后，桓温的帝王梦似乎才陡然凸显。而由于一贯过于仁慈，他总下不了手，可以说，桓温的失败就是失败在过于善良仁慈。从废海西公立简文帝起，桓温要想把皇位夺过来其实是并不难的事情，而他却一拖再拖，下不了手。当初他向简文帝陈述废海西公的原因的时候，面对简文帝得了皇位的实惠还卖乖地眨巴着眼泪，桓温竟然被弄得不知所措。

简文帝的死无疑又是一次机会，简文帝"可取代之"的遗旨本来就有意要将皇位转让桓温。不想在简文帝拟定诏书的当儿，桓温曾经的手下谢安、王坦之站了出来，主持了"正义"。桓温的帝王梦就此搁浅。从此之后，桓温一病不起。于是他想获得皇家的"九锡"之礼，但谢安又以文书没写好，拖了下去。

雄心勃勃的桓温只得躺在床上，对亲信说："做这种寂寂无闻的消耗，将会被前朝的那些英雄所耻笑呀。"接着，他一下坐起来说："如果不能流芳百世，难道也不能遗臭万年吗！"

一病不起的桓温门前开始冷落，病中的他似乎看到了自己的末日。这时候，想方设法要阻止桓温梦想实现，为自己家族留下发展空间的谢安假惺惺地探视他来了。他从东门进去，桓温远远望见了，叹息道："我的门里很久没有这样的人出现了。"

几天之后，这位柔情侠骨的篡位未遂者，这位东晋的"第一坏蛋"在睁着眼睛等待朝廷"九锡"的过程中，死在了自己的驻地姑孰。这一年，他六十二岁。

【成语】哀梨蒸食

【拼音】āi lí zhēng shí

【释义】意指愚人不能辨别滋味，得好梨蒸熟了吃。后用"哀梨蒸食"比喻不识货，将好东西糟蹋了。也作"蒸食哀梨"。

【出处】传说汉朝时秣陵（今南京）有一个叫哀仲的人，他家的梨个头很大并且味道鲜美，又脆又嫩。由于哀家梨名气大，当时的人们常以能够吃到哀家的梨为荣耀。有些人为了炫耀就想尽办法得到哀家梨。但得到了哀家梨后却用蒸笼蒸熟了来吃。因此人们就用"哀梨蒸食"来比喻不懂得事物特性，而故弄风雅的虚荣行为。

　　南朝·宋·刘义庆《世说新语·轻诋》："桓南郡每见人不快，辄嗔曰：'君得哀家梨，当复不蒸食不？'"

【成语】咄咄怪事

【拼音】duō duō guài shì

【释义】表示吃惊的声音。形容不合常理，难以理解的怪事。

【出处】南朝·宋·刘义庆《世说新语·黜免》："殷中军（殷浩）被废在信安，终日恒书空作字，扬州吏民寻义逐之，窃视，唯作'咄咄怪事'四字而已。"

【成语】大笔如椽

【拼音】dà bǐ rú chuán

【释义】椽：放在檩上架着屋顶的木条。像椽那样大的笔。形容著名的文章。也指有名的作家。

【出处】《晋书·王珣传》："珣梦人以大笔如椽与之，既觉，语人曰：'此当有大手笔事。'"

【成语】凤毛麟角

【拼音】fèng máo lín jiǎo

【释义】凤凰的羽毛，麒麟的角。比喻珍贵而稀少的人或物。

【出处】《南史·谢超宗传》："超宗殊有凤毛。"《北史·文苑传序》："学者如牛毛，成者如麟角。"

【成语】流芳百世

【拼音】liú fāng bǎi shì

【释义】好的名声永远流传下去。

【出处】《晋书·桓温传》："既不能流芳百世，亦不足复遗臭万载耶！"

【成语】倚马七纸

【拼音】yǐ mǎ qī zhǐ

【释义】比喻文章写得快。

【出处】南朝·宋·刘义庆《世说新语·文学》："桓宣武北征，袁虎时从，被责免官。会须露布文，唤袁倚马前令作。手不掇笔，俄得七纸，殊可观。"

【成语】出山小草

【拼音】chū shān xiǎo cǎo

【释义】出山：从山里出来。小草：植物。比喻隐士出来做官。

【出处】南朝·宋·刘义庆《世说新语·排调》："此甚易解，处则为远志，出则为小草。"

【成语】扪虱而谈

【拼音】mén shī ér tán

【释义】扪：按。一面捻着虱子，一面谈着。形容谈吐从容，无所畏忌。

【出处】《晋书·王猛传》："桓温入关，猛被褐而诣之，一面谈当世之事，扪虱而言，旁若无人。"

【成语】肝肠寸断
【拼音】gān cháng cùn duàn
【释义】肝肠一寸寸断开。比喻伤心到极点。
【出处】《世说新语》："桓公入蜀，至三峡中，部伍中有得猴子者。其母沿岸哀号，行百余里不去，遂跳上船，至便即绝。破视其腹中，肠皆寸寸断。公闻之，怒，命黜其人。"

【成语】光复旧物
【拼音】guāng fù jiù wù
【释义】光复：恢复。旧物：旧有的东西。指收复曾被敌人侵占的祖国山河。
【出处】《晋书·桓温传》："光复旧京，疆理华夏。"宋·辛弃疾《美芹十论》："臣愿陛下姑以光复旧物而自期。"

谢安 赌鬼、风流男人与军事奇才

人物简介

姓名：谢安，字安石，号东山，别名谢太傅

家庭出身："王谢堂前燕"的谢家（晋代除王家之外最显赫的家族）

籍贯：河南太康

生卒：公元 320-385 年

社会关系：谢家的顶梁柱，王羲之、高阳许询及和尚支道林的好友，王坦之的生死战友、亲家

社会身份：名士、风流鬼、赌鬼、朗诵高手、著名军事家、显赫高官

容貌：风俊神清、气宇非凡

主要作品：《兰亭诗》、《与王胡之诗》、《中郎帖》

雷人言行

◎别人隐居最多与朋友躲在山林间喝酒吃肉、清谈玄学，而谢安隐居却带着美女昼夜相伴、参加聚会。

◎赌博者一般都是些胸无大志混时间的人，谢安竟然非常嗜好赌博，有一次连拉车的牛都给输了，只得步行回家。

◎以八万人的队伍在淝水之战中击败十多倍于己的敌人，堪称战争史上的奇迹。

相关成语

风声鹤唳 围棋赌墅 草木皆兵 入幕之宾 东山再起 屋下架屋 前倨后恭 新会蒲葵 雅人深致 一往奔诣 投鞭断流

作者评价

"本来我可以什么都不干的，既然迫不得已干了，当然能干得最棒！"

不把你打瘫痪我就不是人才

魏晋历史绕不过谢安,中国战争史绕不过谢安,世界战争史上以少胜多的战例也绕不过谢安。

谢安是谁?

一位四十岁才参加"革命工作"的浪荡公子,一位吃喝嫖赌五毒俱全的名士,一位曾经无所事事啸聚山林的隐者,在东晋王朝命悬一线的时候一面与人下棋赌别墅一边运筹帷幄,最后以八万兵力击败八十万大军的神话式人物。

三国两晋史,犹如一支万花筒,时而是三个国家的历史,时而是两个国家的历史,再一摇晃就会变成十几甚至二十个国家的历史。

蜀汉、孙吴先后被灭,三国归晋,西晋王朝本可以继秦汉政治格局,一统中国,但貌似精明的晋武帝司马炎却推出门阀政体(政权主要由少数几个高门显族支撑),将中央集权分散派发给族中子弟和高门士族,让他们各据一方,作威作福。如此一来,社会各个阶级的矛盾和民族矛盾加剧,难以应付。在司马炎升天之前,又办了另外两件"好事",一是选了祸水贾南风为王子妃,另一件就是把皇位交给了说出"老百姓没饭吃为什么不吃肉"和"田里的青蛙是公家的还是私人的"的傻子司马衷。

贾南风这个祸水的倒行逆施最终导致了"八王之乱",司马叔侄兄弟同室操戈,杀得乌烟瘴气、血流成河,继而"五胡乱华",匈奴、鲜卑、羯、氐、羌等少数民族纷纷杀入中原,群雄混战,生灵涂炭,司马王室被迫南迁。从此黄河流域先后成了前凉、后凉、南凉、西凉、北凉、前赵、后赵、前秦、后秦、西秦、前燕、后燕、南燕、北燕、夏、成汉,以及代国、冉魏、西燕、吐谷浑等二十国的逐鹿之地，直至东晋灭亡也未能收复统一。这就是历史上所谓的"五胡十六国"。

公元 383 年，前秦皇帝苻坚经过二十余年的苦心经营和征伐，基本统一了中国北方。此时他刀锋一指，带着八十万大军，气势汹汹朝着偏安江南的东晋王朝杀来了。

出师之前，苻坚的一些大臣认为还不是时候，出来劝阻。但苻坚却很坚定地说："从前夫差威陵上国，勾践能一举成擒；孙皓承三代之业，司马军队一到，君臣受俘。晋朝即使有长江之险，对我来说有如虚设。凭咱们这么多兵力，就是把马鞭投入长江，也足可以使江水断流！还怕什么呢？"这就是汉语成语"投鞭断流"的来由。

> 坚后率众，号百万，次于淮肥，京师震恐。加安征讨大都督。玄入问计，安夷然无惧色，答曰："已别有旨。"既而寂然。玄不敢复言，乃令张玄重请。安遂命驾出山墅，亲朋毕集，方与玄围棋赌别墅。安常棋劣于玄，是日惧，便为敌手而又不胜。安顾谓其甥羊昙曰："以墅乞汝。"安遂游涉，至夜乃还，指授将帅，各当其任。
>
> （《晋书·谢安传》）

秦军南下，东晋闻讯，举国恐慌。此时已身为宰相的谢安却非常淡定地向孝武帝司马曜呈上了御敌计划。升任官为尚书仆射的弟弟谢石为征讨大都督，侄子谢玄为前锋都督，儿子谢琰为辅国将军，三人统兵八万，北上御敌。

接到命令的谢玄不知如何是好，一时慌了神，就去向叔父谢安请教对敌之策，谢安却像平时一样轻松自如地说："你先去吧。到了那里我会给你下达命令。"说完，他就再也不说话了。谢玄虽然不敢多问，但心中确实没底，退出后又让部将张玄再次请示计策。谢安不仅没有回答，反而吩咐他俩下去准备车马，自己要跟亲朋好友去郊区别墅下棋。到了别墅，摆开棋盘，谢安叫谢玄与自己对弈，并指着自己的这幢别墅说："侄儿，假如你今天赢了我，这栋别墅就是你的了。"当隐士时的赌瘾在此时竟然还那么大，这不能不让人惊爆大脑。平日下棋，谢玄总是胜谢安一筹，但这次他却因牵挂战事、忧心忡忡，总是不能取胜。对弈完毕，谢安又登山漫游，神情就像又回到做隐士时的会稽东山一样，直到夜幕降临才打道回府。

开赴前线的谢家军却并非一帆风顺，面对十倍于自己的敌人，在局部战场，他们吃了不少败仗。直到这年的十一月，战争才出现转机。

先是谢玄派部将刘牢之率精兵五千人开赴洛涧（今安徽怀定县西南洛水入淮处）向秦军将领梁成发动进攻。刘牢之率部奋勇向前，强行渡河，大破秦军，斩了梁成。秦军不得不向淮水一线溃逃，而谢石、谢玄却指挥晋兵节节进逼，直逼寿阳。在深秋的寒风中，苻坚与弟弟苻融登上寿阳城楼远望，只见东晋军阵严整，颇具规模；转而眺望八公山，见草木摇动，以为都是东晋的士兵。身经百战，投鞭断流的苻坚顿时感到莫大的恐慌与惆怅，他若有所失地对苻融说："这也是强敌呀，谁说他们是弱旅呢！"

东晋军与前秦军隔淝水遥相对峙。秦军先锋虽然新败受挫，但兵力仍是晋军的几倍，而且主力正不断到达，形势对晋军来说依然很严峻。东晋将帅经过精密策划，想出了一条妙计。谢玄派了使臣告诉苻融说："你们孤军深入，却在这淝水岸边扎营布寨，这虽可使我们长期对峙，但却不利于速战速决。如果你们稍微向后退一退，在岸边腾出一块空地作战场，让我们渡过淝水，与你们一决胜负，岂不是更好的策略？"苻坚也有自己的想法，他觉得答应对手的要求也未尝不可，等晋军渡河到一半时，便可以发动铁骑冲杀，杀他个措手不及，于是下令后撤。没想到，秦军一退就乱了阵脚，有人又夹在秦兵中大声呼喊："秦军败了！秦军败了！"前秦大部分士兵是被强迫征来，无心与东晋作战的各族俘虏，他们早已力竭身疲，此时更是乱作一团，不可收拾。东晋军队借机大举进攻，于乱军中杀死前秦前锋主帅苻融，苻坚也被乱箭射中。秦军溃不成军，争相逃命，自相践踏，死伤遍地。不少士兵听到风声鹤唳，都认为是东晋的追兵赶到，更加慌不择路，日夜狂奔。后来苻坚在慕容垂的护卫下回到洛阳，淝水之战就这样以前秦的惨败画上了句号。

> 玄等既破坚，有驿书至，安方对客围棋，看书既竟，便摄放床上，了无喜色，棋如故。客问之，徐答云："小儿辈遂已破贼。"（《晋书·谢安传》）

当战争的捷报送到京城时，谢安正在府中与客人下棋。他随手拿过捷报翻了翻，就放在一边，继续下棋，就好像什么事也没发生一般。他若无其事的样子，让客人实在忍不住了，就问："前方战事怎么样了？"

谢安淡然回答:"孩子们已打败了敌人。"

这就是谢安。在魏晋历史上与曹操的光芒一样耀眼的明星。一生以自己的所作所为创造了中华文化中十几个成语典故的超级大腕。

咱是老谢家的人

山阴道上桂花初,王谢风流满晋书。
曾作江南步从事,秋来还复忆鲈鱼。

这是唐代诗人羊士谔《忆江南旧游》中的一首,其中"王谢风流满晋书"讲的就是琅琊王家与陈郡谢家的辉煌占满整本《晋书》的事实。类似感叹当年王、谢两家盛况的词句,在汉语典籍中不胜枚举,最为人们熟悉的还有刘禹锡在《乌衣巷》中的那句"旧时王谢堂前燕,飞入寻常百姓家。"由此可见陈郡谢家在当时是何等的显贵。

谢氏家族祖居陈郡阳夏(今河南太康),家族的来源可能与周宣王时期的申伯有关。不过,谢氏家族真正有史可考的第一人是曹魏典农中郎将谢缵。他当时所任的官职尽管不高,但由于掌握有人力和物力,任职的地点又是曹魏的中心之一,乃为谢氏家族的兴起奠定了基础。从此,谢缵儿子谢衡,谢衡儿子谢鲲、谢裒等相继在魏晋时期进入仕途,不同程度地为家族赢得了声誉,并使自己的家族从一般的官宦之家演变为世代为官的世族之家。

需要指出的是,在东晋中叶以前,谢氏像以后那样与琅琊王氏齐名的一流世族地位并没有形成,家族成员被人歧视的事情还时有发生。即使在谢安出山振兴了谢家之后,也还有人对暴发的谢家人不屑一顾。《世说新语·简傲》里对这个情况有所记述:

谢万在兄前,欲起,索便器。于是阮思旷(裕)在坐,曰:
"新出门户,笃而无礼。"

这句话的意思是,谢安的弟弟谢万当着哥哥的面,站起来去找小便器,想要撒尿。那个有豪车别人不好意思借就烧掉的疯狂爱车族阮裕(见本书

"阮裕"一章）当时也在场，就说："毕竟是暴发户啊，处处显得憨厚而缺乏礼节。""新出门户"就是当时所说的"新户"，这意思跟中国上世纪八十年代城市人说谁谁谁是"农转非户口"一样。

当时间的年轮推到公元383年，由谢安坐镇京师任总指挥、谢石任征讨大都督、谢玄任前锋都督、谢琰任辅国将军，四人联合导演的一场震古烁今的"淝水之战"，创造了八万人大胜前秦八十万入侵者的以少胜多的战例，才使谢氏家族走上了无限荣光的舞台。谢安等四人同日封公，鼎贵无比，不仅获得了应有的奖赏，而且还使家族的一流门阀地位得以确立。

谢家从一个一般官宦家庭到谢缵之后逐渐转变成一个世族之家，到谢安之后又转变成显赫门阀，特别是谢安出仕之后，家族实力有了天翻地覆的变化。

政权上，谢尚、谢万、谢石、谢玄、谢琰等人各领强兵遍布方镇，谢氏家族的人几乎垄断了东晋王朝的军政大权，形成了与皇族司马氏"共天下"的局面。

在财富上，谢家更是富可敌国。按照当时朝廷规定，在官之人都可以按官位高低占有土地、山泽和佃客，多者可以占田五十顷、佃客四十户，少者也可占田十顷、荫客五户。由于谢氏族大官多，拥有的土地和劳动人手也就多，经济实力自然雄厚。谢安在世时，仅家中的僮仆就有数百人；即便是在晋末和南朝的时候，谢安的孙子谢混"仍世宰辅，一门两封，田业十余处，僮仆千人"。谢混死后十多年后，他的夫人东乡君去世时，家中仍有"资财巨万，田园十余所，又会稽、吴兴、琅邪等很多处"。而谢玄曾孙大诗人谢灵运，在会稽始宁拥有更多的田产，其中包括几座山，另有水田旱田无数、果园五处，以及大面积的竹林菜园。这种庞大的庄园经济，在当时世族中首屈一指。

有专门研究陈郡谢家的专家统计，从东晋到南朝的两百多年中（317-589），谢氏见于史传的人数就有十二代、一百余人。这其中，文学贡献与艺术才能的杰出人物随便一数，就有谢尚、谢奕、谢安、谢玄、谢道韫、谢琰、谢灵运、谢惠连等。至于谢安、谢玄早已名垂青史，而谢灵运、谢惠连、女诗人谢道韫等的文学成就亦在后世广为流传。

到南朝的时候，齐国的三朝元老纪僧真曾经向齐武帝请求当世族，齐武帝让他去征求谢氏的意见，可见在皇帝眼中，谢氏仍是世族领袖；后来侯景想与谢氏联姻，梁武帝也认为侯景家的级别不够，与谢氏所处的不是一个档次。

谢家的辉煌一直持续到了谢安的九世孙谢贞这一代，成为谢氏最后一位在史籍留下传记的子孙。在谢贞死去后的四年，已腐朽的陈王朝也终于在"玉树后庭花"的吟歌中走向终结。三百年风流云散，到了盛唐，这个家族只能被赋予一番华贵的忧伤，为人们追忆并叹惋。乌衣巷也已然是夕阳野草，目不暇接地化作了前朝往事。

美色、赌博与艺术

谢安的一生有"三爱"，一是爱美女，二是爱赌博，三是爱艺术。这"三爱"在谢安未入仕之前，几乎是他生活的全部。

谢安喜欢美色，在当时的名士中是出了名的，他自己也毫不避讳。但他喜欢美色的方式跟他伯父谢鲲不同。谢鲲那种好色近乎于比较下流的好色，身为朝廷中高级官员，却有着城市小混混那种格调不高的好色言行。一次，邻家一美女在织布，谢鲲偶然得见，越看越觉得漂亮，就上前搭讪，谁知那姑娘早看出这个男人不怀好意，愣是没有答理他。谢鲲实在无法，就动手动脚起来，那 MM 也不是吃素的，仰头就是一梭子向谢鲲砸去，只听"嘣"的一声，一块门牙掉了下来。遭此一击，谢鲲竟然像没事一样就离开了。后来有人取笑他的时候，他还大言不惭地说："犹不废我啸歌！"这句话的意思是，至少我的嘴没被砸烂，不妨碍我作为名士还可以仰天长啸嘛。

> 安虽放情丘壑，然每游赏，必以妓女从。（《晋书·谢安传》）

谢安喜欢美女，有点类似于今天某些贪腐分子和大款包二奶、养小蜜，要求美眉"长相像演员，说话像播音员，态度像服务员"，虽是钱色交换，却多少有些"情深深雨蒙蒙"的味道在里面。"常挟妓女出游"，谢安不管上哪里交游聚会，都要带上才貌俱佳的美眉。一出场，弄得满场风流才子一片啧啧之声，好不羡慕。这个风气从此也就一直传了下来，甚至传到了今天的商场、赌场、饭桌上。唐朝的李白是谢安的超级粉丝，"但用东山谢安石，为君谈笑静胡沙"。他不仅梦想像谢安那样有一番出息，还想效仿谢安挟妓出游，到处招摇风光。N年后，他带着自己喜欢的女人，来到会稽东山凭吊谢安，写下了乐府《东山吟》：

> 携妓东土山，怅然悲谢安。我妓今朝如花月，他妓古坟荒草寒。

上文讲过，谢安老婆是当时的大名士刘惔的妹妹。在当时的社会，对于谢安的种种，她无法阻止，但却有自己的一套整治谢安的办法。这些办法今天看来，更像是专门针对色鬼的恶作剧。一次，他趁谢安出远门后，召来数位姿色绝佳的艺妓，等谢安快回家的时候才开始盛装上演。谢安一进家，见无数漂亮美眉穿着羽翼般的薄纱在家里吹箫弄琴，轻歌曼舞，顿时心猿意马、心花怒放。正看得起劲，夫人却突然叫停演出，并拉上帷幕。谢安顿时急了，跳起来就要去拉开帷幕。刘夫人站起来走到谢安面前说："夫君，这回您得听我的，我是怕坏了您的小身子骨和声名大德啊。"夫人的这一招，谢安只有哭笑不得地接受。

> 谢公夫人帏诸婢，使在前作伎，使太傅暂见便下帏。太傅索更开，夫人云："恐伤盛德。"（《世说新语·贤媛》）

谢安对美色的嗜好，到功成名就之后仍然不减当年。但此时的他，身为一国宰相，肯定不便像当初一样在外面养二奶，想带到哪里就带到哪里。收一位小蜜回家做小妾，名正言顺地包起来就成了他的愿望。

有一次，他真看上了一位美人，一面发誓要把美人娶回家，一面却暗自伤神，不知道夫人那里怎么过得了关。

寻思半天，谢安把自己的几个侄子外甥叫来，绕山绕水说出了自己的想法，几个侄儿一听自然心领神会，一拍胸脯说："您老放心，这事就交给我们吧。"

于是谢安的一群侄子外甥来到了刘夫人的面前，一会儿朗诵《关雎》，一会儿又说礼制，一会儿大谈女子无妒方为贤，总之就是要告诉刘夫人："他老人家"应该娶个小妾，"您老人家"作为正房就不要干涉了。

刘夫人一看这帮孩子如此卖力表演，早知道他们为什么而来，要干什么。

于是夫人说："你们哥几个读了不少书呀，懂得这么多道理，真的很让我高兴，你们有谁知道礼法是谁制定的呢？"晚辈中有人回答说："当然是周公。"

刘夫人一拍桌子说："既然是周公礼制，当然向着男人了，如果是周婆制礼又会怎样呢？还会让你们这些男人如此猖狂吗？都下去吧！这个事到此为止，以后谁也休想再提。"

吓得谢安的那帮孩子屁滚尿流地退了出来。这就是汉文化里"公说公有理，婆说婆有理"的由来。

> 谢太傅刘夫人，不令公有别房宠。公既深好声乐，不能令节，后遂颇欲立妓妾。兄子及外生等微达此旨，共问讯刘夫人，因方便称"关雎"、"螽斯"有不忌之德。夫人知以讽己，乃问："谁撰此诗？"答云周公。夫人曰："周公是男子，乃相为尔；若使周姥撰诗，当无此语也。"（《妒记》）

除了好美色，谢安还爱赌，有时甚至到了无以复加的地步。

一次他上西边去郊游，一不小心就跟人赌上了，先是输掉了所有的钱，为了扳本，他孤注一掷，连牛车也押上，最后输得只剩下自己的身体。没办法，只得拄着竹杖长途跋涉徒步回家。途中幸好遇到好友加舅哥身份的刘惔，得以搭乘顺风车。这刘惔一见谢安落魄的样子，气不打一处，又恨他又疼他，却不便表露，只说："安石，牛车丢了没事，只要你好好的就行。"

赌博不仅是谢安日常的消遣，他还把这种方式运用到了家庭教育和工作中。

他的侄子谢玄小时候估计在自身性别意识上有点模糊，或许是崇拜前代的何晏吧。他喜欢用女人的东西，不仅随身携带紫罗香囊，还喜欢在腰间垂挂着绣帕之类的物品，这在谢家人看来，是不太能接受的，但不管采用什么方法，就是纠正不了。这事让谢安知道后，他叫来谢玄，提出要跟谢玄赌一盘，自己以高额钱财为赌注，谢玄必须用"听叔叔吩咐"为赌注，谢玄经不起高额钱财的诱惑答应了。一番下来，谢玄输了，只得听从谢安吩咐，将香囊、绣帕一类物品悉数拿出，付之一炬，以后再也没有这种偏好了。

淝水之战前夕，前秦大军压境，满朝王公大臣莫不惊慌失措，为了稳定军心，消解前锋都督谢玄的紧张心理，谢安再次用上了赌博的妙招。邀请亲朋好友去到自己的别墅下棋，并用自己的豪华别墅为赌注，邀请谢玄与自己"来一盘"。

看来谢安的好赌、豪赌，不仅仅是为了赌，而是在赌里运筹人生及家国胜败。

谢安除好色好赌之外，更爱好文艺，包括作诗赋词、音乐、书法、朗诵等等，且都有一定造诣。

说点题外话，在魏晋以前，很少有艺术家能够留名的。原因是当时人们并没有把艺术家与百工匠人区分开来，在两晋时期，正是因为有了嵇康、王羲之、谢安一类身份高贵之人的参与，艺术才从技艺中分离开来。

《晋书·谢安传》一开头就说谢安"及总角……善行书"。总角，指孩子从八九岁到十三四岁的年龄，如此看来，谢安早在少儿时期就开始写得一手好字了。今故宫博物院收藏的《中郎帖》就是谢安的亲笔珍品，被后代若干书家奉为圭臬，价值连城。

在文学成就上，谢安留下了《兰亭诗》、《与王胡之诗》等一批人们至今传唱的诗歌。在兰亭聚会上，他风度翩翩，以诗会友，表明心迹，与王羲之等学士名流唱和，与会者各自在诗中记录了这一盛会，特别是李密的《兰亭集序汇评》中，更是详细记叙了谢安、王羲之诗词唱和的针锋相对。《世说新语》里记载谢安与朋友探讨文学艺术的条目不下几十篇，仅"文学"一节中就有十处。谢安文学领域里的作用不能说不是他一生的一个重点。

关于谢安与音乐的关系，史料上也有不少记录。"性好音乐，自弟万丧，十年不听音乐"，说的就是谢安十分喜欢音乐，但是弟弟谢万不幸早逝之后，他非常悲伤，曾经有十年都没听过音乐。

但后来谢安似乎不那么讲究了，即使是服丧期间也一样赏乐听琴，王坦之知道这件事后曾经专门写信劝他，要他还是注意一下影响，该讲的礼法还是要讲，特别是服丧期间，音乐该撤就撤。谢安回信说："知道你非常爱惜我。我所追求的是音乐，只要与情义相称，没有什么不可以做的，姑且用来自娱罢了。"仅就这件事情，两人书信往返多次，谢安最终还是没有听从。

由于谢安的特殊地位与影响力，人们纷纷效仿。从那时起，人们操办丧事以及服丧期间就再也不忌讳音乐了。

有一次，听说"琴棋双绝"的戴逵（王徽之雪夜拜访他，"乘兴而来，兴尽而去"的那位。本书"王徽之：史上最牛的行为艺术大师"一章有详细介绍）来到京都，谢安一听，顾不得身为朝廷首辅，就兴冲冲上门去拜访他，大谈音乐、琴理，十分投机，乐而忘返。这哪是首相呀，简直就是一个追星族。

谢安在文艺方面的造诣还表现在朗诵艺术上，他的"洛下书生咏"在当时堪称一绝。洛阳曾为华夏民族融合过程中的政治、文化中心。"洛生咏"，就是用当时洛阳书生的口音说话或吟唱，今天看来，"洛生咏"应该是那时的普通话和官方口音。

因为谢安年少的时候就有鼻疾，所以浊音较重，一旦操上洛阳口音就显得另有一番韵味。用这样的语音所产生的听觉效果，估计跟今天港台大舌普通话或上世纪某些高官打哈哈产生的陌生化效果近似，估计这种陌生化效果使人觉得多了一份新意。在围绕谢安周围的那些名士的推广下，"洛生咏"竟在当时流行开来，以能说这样的语音为时尚。

一次桓温想要除掉谢安和王坦之，在请他们赴宴中设下了刀斧手，王坦之见状吓得身如筛糠，谢安却用"洛生咏"大声指责桓温，高贵的浓重鼻音加上洛阳话一开腔，桓温被彻底镇住了，当即叫退了埋伏的刀斧手。在全国上下文人名士效仿谢安作重鼻音"洛生咏"的时候，只有大画家顾恺之不屑一顾。有人说，不是顾恺之不喜欢"洛生咏"的腔调，而是因为他对谢安给他的地位不满。

哥的故事多着呢

谢安祖父叫谢衡，官至散骑常侍。父亲叫谢裒，官至吏部尚书。谢安有兄弟六人，按序分别名为谢奕、谢据、谢安、谢万、谢石、谢铁。

谢安四岁的时候，一位叫桓彝的高官见到他，赞叹说："这孩子气韵清秀明达，将来不会比王东海差。"（王东海，东晋初东海太守王承，时被誉为"政声第一"的大名士。）到稍大一些，谢安器量见识渐显沉着聪颖，风度豁达，又善写行书。

六七岁的时候，谢安哥哥谢奕刚好任剡县的县令。一次，一个老头犯了法，谢奕就采用让他喝高度白酒的办法来惩罚他，眼看老头醉得不行了，谢奕还在让他继续喝。这一幕恰好让谢安看见了。就对谢奕说："哥哥，这老头实在太可怜了，你怎么能这样做？"谢奕发怒的表情这才缓和下来，对谢安说："你是想放了他吗？"于是就把老头放了。

刚成年的谢安有两件事情让人觉得他非同一般。

一次与朋友一起乘船出海游玩，突然风起浪涌，孙绰、王羲之等人都紧张得不得了，建议回去算了。只有谢安沉吟不语，船夫看了谢安的表情，就继续向深海划去。一会儿，风越来越高、浪越来越大，有人就恐慌得尖叫起来，惊慌失措地在船上跑来跑去。谢安见状，不紧不慢地对大家说："如果这样惊慌，那就回不去了。"听了他的话大家立即安静下来，于是船得以掉头顺利返航。

一次，谢安去拜访王濛（晋哀帝司马丕的岳父，官至司徒左长史、封晋阳侯。与刘惔、桓温、谢尚合称"四名士"），双方你来我往清谈了很久。谢安离开后，王濛的儿子王修就问父亲："刚才这位客人水平怎么样？他能跟父亲大人您比吗？"王濛回答说："这个人清谈起来思路连绵不绝，气势咄咄逼人，不是一般地厉害。"这件事让当时的首辅王导知道后，更加器重谢安了。以上两件事让谢安的名声越来越大。

然而，正是这位正义、善良、沉着、充满智慧的青年却死活不干正事，整天不务正业，隐居在会稽东山跟支道林、王羲之、许询、孙绰、李充等名士不是谈诗论文、畅谈玄理，就是游山玩水，四处旅游。眼见谢安的同龄人，一个个"参加革命工作"，又一个个走向领导岗位，家里人那个急呀，但谁也拿他没办法。

在四十岁之前，谢安先后有七次都辞去了做官的机会。第一次，当时的司徒招他去做司徒府僚属，他以自己身体有病为由没去。第二次，朝廷招他为佐著作郎，还是以身体健康为由不去。第三次，扬州刺史庾冰因为仰慕他的声名，发誓不把谢安弄到手下不罢休，一次又一次亲自下到谢安所属的郡县督促催逼。谢安不得已只得赴任。仅仅一个多月，他又出现在东山，做起

了闲云野鹤。第五次，被招为尚书郎，没去。第六次，被召为琅琊王的僚属，还是没去。第七次，主管官员升任的吏部尚书范汪亲自出面发函请谢安到自己手下做吏部郎，谢安仍然不为所动。但这一次，碍于吏部尚书的面子，他用一封信委婉回绝了"中组部汪部长"的盛情。

这一次，桀骜不驯、目中无人的谢安终于惹怒了朝廷。他被有关部门奏了一本，原因是屡招不至，轻视朝廷权威，判处终身禁锢（"禁锢"是中国古代对官员或名士学者的一道刑罚。一般指免除有罪官员的官职，剥夺其政治权利和部分人身权利，并终身禁止其本人或其亲属任官、参加其他社会活动。本书"阮裕：逃官典范与怪异的爱车族"一章已有详细说明）。

被判处"禁锢"谢安自己倒没觉得什么，可是家里老婆受不了了。你一个大男人，不寻思着争取功名光耀门楣，一天只跟那帮所谓的名士鬼混，这样下去我就没希望了。谢安老婆是他的好友、大名士刘惔的妹妹，娘家也是不一般的家庭。有一天她终于忍不住了："先生，难道您一辈子就这样算了吗？"谢安回答说："我不是不想做官，我是怕做了官免不了灾祸。这辈子估计就这么着了吧！"

对谢安的这种态度，当时还未承袭帝位的简文帝司马昱却不以为然，他听说谢安在东山一边是不愿出来做官，一边又大肆畜养二奶，于是断言："谢安肯定会出山入仕，只是时候还未到罢了。他既然喜欢与人同乐，肯定就会与人同忧。"

司马昱的话果然说中。谢安四十岁那年，支撑家族门庭的弟弟谢万因为与敌交战单骑狼狈溃逃，被削去一切职务，至此，谢家在士族中的政治经济地位遭遇了前所未有的打击。直到此时，谢安才想到要出来工作。

此时前朝首辅王导已死，唯一能与桓温抗衡的就是庾氏家族政权，随着庾氏势力被桓温剪除之后，桓氏政权蒸蒸日上，成了当时最具实力的士族家庭。谢安选中的主，就是桓温。

永远活在"人民"心中

说起谢安出山还有两个插曲。

对于谢安这样引人注目的明星，一旦要出山为官，朝野上下一片哗然。启程那天，朝中的官员都来为他送行。高灵（高崧）当时担任御史中丞，也来为他送行。高灵喝了点酒，仗着酒意，讥笑道："你屡次违背朝廷的旨意，在东山隐居，大家经常在一起议论说：'安石不出山，他将怎样面对天下的百姓？现在天下百姓又将如何面对你呢？'言下之意就是，你谢安现在出来做官了，有没有能力马上就要通过检验了，你又能做成什么大事呢？面对别人的讥讽，谢安只能笑而不答。是呀，这时候的谢安毕竟四十岁了，想要成功谈何容易！

谢安到了桓温的部队，桓温当然大喜过望，但为了便于掌控这位大名士，他想找个借口杀杀谢安的威风。恰巧这时有人给桓温送来一些草药，其中有"远志"，桓公便拿起来问谢安："这种草药又名'小草'，为什么一个东西会有两个名称呢？"谢安一时没能回答上来。旁边在座的一位姓郝的参军就应声答道："这好理解，埋在地下的就叫'远志'，长出上面的只能叫'小草'。"桓公看着谢安笑道："郝参军的解释确实不错，也很有意味。"谢安听了如芒针刺背，顿时坐立不安。

投奔在桓温手下的谢安一方面踏踏实实、勤勤恳恳地工作，一方面见机行事，很受桓温的青睐，没几年，就"噌噌噌"往上连跳几级。到简文帝司马昱时期，谢安已经在桓温的保举下在司马昱身边辅政了，而此时作为一人之下万人之上的桓温却带兵在外，为北伐和篡夺地位积极筹备。此时的谢安一面悉心观察时局，一面在桓温面前表现得毕恭毕敬。但到关键时刻，面对桓温独霸天下的野心，谢安瞅准时机，该出手时就出手，当面背后都针锋相对，特别是"诏书事件"和桓温要求加"九锡"这两件事情上，谢安或硬或软地挺过去了，直到桓温一命归天，从而保住了司马天下，也给后来的自己的地位和谢家的辉煌留下了巨大的空间。在这些过程中留下了"入幕之宾"等成语。

淝水之战之后，谢安的地位和谢家的辉煌达到了顶峰，一日之内一门四封。穷极一时的炫目终于招来了忌恨，谢安于是被小人所谗，为了避嫌保证自己和家人安全，他只得搬出京城，避住乡下，并再次产生了归隐东山的念头。然而，这个想法还未来得及实现，谢安就一病不起。

公元 385 年，谢安终于走完了他传奇的一生。让他死不瞑目的是，调唆加害于他的小人竟然是他的女婿——生死战友王坦之的儿子王国宝。

前来吊念谢安的人中，有一个人风尘仆仆从外地赶来，他向人们讲述了这样一件事：当年他在中宿县做事，无奈岭南经济凋敝，实在无法生活下去，只随身带了五万把当地产的蒲葵扇前来投靠谢安。谢安当时虽然还很年轻，作为名士却已盛名昭然。谢安知道情况后，从中随意拿了一把，不论什么场合都拿在手上摇着。万人追捧的谢名士做形象代言人的后果自然可想而知。人们竞相打听扇子的出处，蜂拥购买，扇价一路飙升好几倍。那人于是得了一笔不菲的收入转回家去，家中自此发达。

谢安死后，围绕谢安的封谥及后代待遇问题朝廷展开了一场极其激烈的争论，后来还是王献之等正义的一方占了上风，谢安及其后人得以享受应有的待遇。三十年之后，当年曾在谢家"北府兵"里服役的一位叫刘裕的人灭了东晋，改国号为宋，历史进入了南北朝时期。夺得政权的刘裕可能是怀念当年在北府兵营的日子，再一次对谢安的子孙进行封赏。这些都是谢安所不曾料到的。

【成语】风声鹤唳

【拼音】fēng shēng hè lì

【释义】唳：叫声。把风的响声、鹤的叫声，都当做敌人的呼喊声，疑心是追兵来了。形容惊慌失措，或自相惊扰。

【出处】《晋书·谢玄传》："闻风声鹤唳，皆以为王师已至。"

【成语】围棋赌墅

【拼音】wéi qí dǔ shù

【释义】"赌墅"表示临危不惧的大将风度。

【出处】《晋书·谢安传》载，符坚率众百万，次于淮淝，京师震恐。晋孝武帝加谢安为征讨大都督。"安遂命驾出山墅，亲朋毕集，与玄围棋赌别墅。"

【成语】草木皆兵

【拼音】cǎo mù jiē bīng

【释义】形容神经过敏、疑神疑鬼的惊恐心理。

【出处】《晋书·符坚载记》。

【成语】入幕之宾

【拼音】rù mù zhī bīn

【释义】晋朝时期，大将军桓温因为赫赫战功开始居功自傲，先是废海西公立晋文帝。后来又图谋篡夺皇位。他拉拢郗超等人。在召见敌对派谢安时，让郗超躲在幕后偷听。风把幕帐吹开暴露了郗超。谢安风趣地称他为入幕之宾。比喻关系亲近的人或参与机密的人。

【出处】《晋书·郗超传》："谢安与王坦之尝诣温论事，温令超帐中卧听之。风动帐开，安笑曰：'郗生可谓入幕之宾矣。'"

【成语】东山再起

【拼音】dōng shān zài qǐ

【释义】指退隐后再度出任要职。也比喻失势后重新得势。

【出处】《晋书·谢安传》："隐居会稽东山，年逾四十复出为桓温司马，累迁中书、司徒等要职，晋室赖以转危为安。"

【成语】屋下架屋

【拼音】wū xià jià wū

【释义】比喻机构或文章结构重叠。

【出处】《世说新语·文学》："不得尔，此是屋下架屋耳。"晋朝时期，庾仲初写了《扬都赋》送给庾亮，庾亮极力抬高其身价，说可以与张衡的《二京赋》以及左思的《三都赋》媲美。于是人人争相抄写。太傅谢安则认为评论过高，只是屋下架屋，处处模仿别人的作品，内容十分乏味。

【成语】前倨后恭

【拼音】qián jù hòu gōng

【释义】先前傲慢，后来恭敬。形容对人态度由坏转好。多指人势利。

【出处】《世说新语·排调》：" 谢遏夏月尝仰卧，谢公清晨卒来，不暇若衣。跣出屋外方蹑履问讯。公曰：'汝可谓前倨而后恭。'"

【成语】新会蒲葵

【拼音】xīn huì pú kuí

【释义】谢安随意拿在手里的东西别人也竞相效仿。比喻公众对此人的追崇达到了极点。

【出处】《晋书·谢安传》：" 安少有盛名，时多爱慕。乡人有罢中宿县者，还诣安。安问其归资，答曰：'有蒲葵扇五万。' 安乃取其中者捉之，京师士庶竞市，价增数倍。"

【成语】雅人深致
【拼音】yǎ rén shēn zhì
【释义】原是赞赏《诗经·大雅》的作者有深刻的见解。后形容人的言谈举止不俗。
【出处】南朝·宋·刘义庆《世说新语·文学》："'纤谟定命，远猷辰告。' 谓此句偏有雅人深致。"晋朝时期，谢安与子侄们聚会，问他们《毛诗》中最精彩的句子。谢玄说："昔我往矣，杨柳依依，今我来思，雨雪霏霏。"谢安则称赞"讦谟定命，远猷辰告"。他说该句包含着高雅人的情致。

【成语】一往奔诣
【拼音】yà wǎng bēn yì
【释义】支道林称赞谢安的原话，后多用来指文章一气呵成，才气不凡。
【出处】《世说新语·文学》：" 谢后粗难，因自叙其意，作万余语，才峰秀逸，既自难干，加意气拟托，萧然自得，四坐莫不厌心。支谓谢曰：'君一往奔诣，故复自佳耳。'"

【成语】投鞭断流
【拼音】tóu biān duàn liú
【释义】肥水之战前，符坚手下反对出兵，符坚说：我现在这么多兵力，光是把马鞭投进长江，就足以截断江流。比喻人马众多，兵力强大。
【出处】《晋书·符坚载记》："以吾之众旅，投鞭于江，足断其流。"

王徽之 史上最牛的行为艺术大师

人物简介

姓名：王徽之，字子猷，外号王黄门

家庭出身：中国第一望族——琅琊王家

籍贯：山东临沂

生卒：公元338-386年

社会关系：丞相王导的孙子，书圣王羲之的儿子，大书法家王献之的哥哥，桓冲的僚属，名士戴逵的好友

社会身份：纨绔子弟、书法家、竹痴、混日子的中下级官员

容貌：绝不是"青蛙"，却属于不梳头、不拴腰带的邋遢货

主要作品：有书帖《承嫂病不减帖》、《新月帖》等传世

雷人言行

◎ 出行途中，下雨了，跳下自己的马，完全不讲上下级秩序，强行挤进领导车中，并对上司说："你怎么能一个人享受一辆车呢？"

◎ 途中遭遇素不相识的地位、威望远远高于自己的朝廷重臣，不但不回避，反而派出仆人叫住别人为他演奏笛子。

◎ 一时心血来潮，想起远方好友，于是乘船前往，经整整一宿航行终于到达朋友门前，却突然下令掉头回家。

相关成语

人琴俱亡 乘兴而来，兴尽而返 骑曹不记马 拄笏看山

作者评价

用自己独有的放荡洒脱给了世俗几记响亮的耳光。只可惜，余音不存久矣！

基因的放大或转移

虽然，"雪夜访戴"的故事说来每每会让艺术界的朋友击节赞叹，但对于疏离国学的人来说，许多人至今是不知道这个故事的。

故事的主人翁叫王徽之，从生命的姿态和质量而言，他的名字绝对应该排在他父亲"书圣"王羲之、弟弟王献之之上的。遗憾的是，一千多年过去了，我们这个把功利获取看得大于一切的民族，至今仍把王徽之的大名掩藏在高官辈出的琅琊王氏家族的倒数，这不能不说是一种悲哀。更有甚者，在听完王徽之的故事后，竟会冷冰冰地甩出一句："神经病！"

王徽之让人叹服得五体投地的首先是他几乎不沾人间烟火的洒脱。这种洒脱一方面是一种生活的价值取向，另一方面更是一种审美趋向。能达到这种境界，可以说，他老子王羲之的这一基因在他身上得到了传承和放大。

父亲王羲之弱冠之时，处在政治逆风口的太傅郗鉴为了站稳脚跟，主动派人到"王与司马共天下"的丞相王导家选女婿，早听说过郗家女儿郗璇绝色美貌的王导子侄们一个个赶紧穿戴一新，衣冠楚楚，挺足精神迎接郗太傅婚使的挑选，只有王羲之一人对此事毫无在意，宽衣坦腹横躺在东边厢房的床上休息。是谓"东床坦腹"。而老谋深算的郗太傅竟然恰恰就选中王羲之做了自己的女婿。

王徽之就是王羲之与郗璇的第五个儿子。

但在事业上，王徽之与他父亲却大相径庭，书法艺术方面仅学得父亲的一鳞半爪，远远落后于弟弟王献之不说，工作上更是一塌糊涂。《晋书·王徽之传》记载，说他"雅性放诞，喜好声色"，时常蓬首垢面，不拴裤带，从不做正事。从这一点上来讲，王徽之的派头更像曾经在网上红极一时的

"犀利哥"，很酷、很潦倒。

> 子敬与子猷书道："兄伯萧索寡会，遇酒则酣畅忘反，乃自可矜。"（《世说新语》）

而一旦遇到酒这玩意儿，他顷刻就来了精神，以至于跟他关系最好的弟弟王献之在写信给他的时候说："兄长，你总是落落寡欢，什么事情都不能让你提起精神来，一旦遇到酒，你就能开怀畅饮，流连忘返，真是被你打败了！"

> 王子猷作桓车骑骑兵参军。桓问曰："卿何署？"答曰："不知何署，时见牵马来，似是马曹。"桓又问："官有几马？"答曰："'不问马'，何由知其数？"又问："马比死多少？"答曰："'未知生，焉知死？'"（《世说新语》）

王徽之的第一次入仕，就担任了车骑将军桓冲的骑兵参军。按说，这也完全得益于他父辈祖上的地位和荫庇。但是，王徽之对做官实在没有兴趣，估计像他这样出生在高官世家的子弟对于做官，这就好比，你请一个天天在海里打鱼的渔民去钓鱼一样，实在没法让他起劲。在桓冲手下几个月后，桓冲实在看不下去了，就主动找他谈了一次话。

"请你告诉我，你是负责哪个部门的工作？"桓冲说。

"不知道是哪个部门，不过经常见到有人牵着马来进进出出，好像是负责军马的事吧。"王徽之答道。

"你那里有多少匹马呢？"桓又问。

"'不问马'，我怎么会知道有多少匹？"王回答说。

这句话里，"不问马"原来出自《论语·乡党》里，说的是马棚失火了，孔子赶回来问弟子们是否有人受伤，从头至尾都没有问马匹的损失情况。这本来是孔子以人为本，以人的生命为重的精神体现。在这里，王徽之却借用过来反讽桓冲。

"最近马死了多少？"桓冲又问。

"'未知生，焉知死？'"王回答说。

这句话的出处在《论语·先进》篇里，说的是，有一次子路问孔子，

"死"是什么概念。孔子回答说:"你连活着的意义都没搞清楚,又怎么能知道死亡的概念呢?"在这里,王徽之要表达的意思是:存活的马有多少我都还不清楚,怎么会知道死了多少呢?你这个人也真是喜欢纠缠。

看了上面这个故事,估计读这篇文章的您也清楚王徽之对工作敷衍潦草到什么程度了。

> 尝从冲行,值暴雨,徽之因下马排入车中,谓曰:"公岂得独擅一车?"(《晋书·王徽之传》)

关于王徽之的工作,还有更搞笑的。一次,王徽之与顶头上司桓冲一起外出公干。根据当时"国家有关公务员不同级别应享待遇的规定",桓冲乘车,王徽之只能骑马相随,半路适逢天降大雨,雨一开始,王徽之就迫不及待地从自己马上跳下来,急冲冲拦停顶头上司的车,不管三七二十一,拉开车门就往车上挤,一边挤一边还说:"你怎么能一个人享受一辆车呢?"弄得桓冲一时不知道说什么好,只得收起平日的威严,让他跟自己同车行进。

> 冲尝谓徽之曰:"卿在府日久,比当相料理。"徽之初不酬答,直高视,以手版拄颊云:"西山朝来致有爽气耳。"(《晋书·王徽之传》)

一天桓冲与王徽之坐在一起,便试图做做王徽之的思想政治工作,让他振作起来,于是搭讪着对他说:"你在我的官署待的时间也不短了,最近一定做了不少事吧?"王徽之也不答话,只是将眼睛远远地看着高处,双手托着脸颊自言自语地说:"西山的早晨,空气真的好清新啊!"这个回答简直让桓冲哭笑不得。

如此的下属,让桓冲不得不"开销"了他。到海西公司马奕太和年间,才又被召为黄门侍郎(皇宫中工作人员,负责传达皇帝诏命),或许这一次他的工作态度有所改变,否则绝对是活不出来的。

让你见识什么叫狂诞

从王徽之内心来说,面对装模作样的世界他早已恶心透了,他只得用自己独有的放荡洒脱不停地扇世俗的耳光。这样的酷，是你我这样的人装死都装不出来的。所以，笔者想对看这篇文章的您说：别逗了，咱们酷不过魏晋，酷不过王徽之，充其量也是假装潇洒！

因为，他有那样的环境，而咱们所处的这个时代，人们的心智普遍蒙上恶俗的且不懂装懂的灰尘太厚太厚。

王徽之去表兄弟郗恢家，郗恢当时正在里屋，王徽之进到客厅后，见空无一人的客厅地上比上次多出一张西域彩色羊毛地毯，整个客厅一时显得格外高雅豪华，王徽之因那地毯的成色和新奇差点惊叫："阿乞（郗恢小名）怎么会有这个东西呢？简直太好了！"说完，他转身兴高采烈地对跟随自己的仆人一挥手："哈哈哈，卷起来，先拿回家！"那仆人慌不迭立马动手。

一会儿，郗恢从里屋出来，发现豪华地毯没了，怎么也弄不明白，自言自语屋里屋外看了好半天，还是不明所以。王徽之只得微笑说："刚才有个大力士冲了进来，把毯子一卷，扛着就跑了。"郗恢一看王徽之说话的表情，便什么都明白了。只得微笑着摇头，一点也没责怪的意思。

> 王子猷出都，尚在渚下。旧闻桓子野善吹笛，而不相识。遇桓于岸上过，王在船中，客有识之者，云："是桓子野。"王便令人与相闻，云："闻君善吹笛，试为我一奏。"桓时已贵显，素闻王名，即便回下车，踞胡床，为作三调。弄毕，便上车去，客主不交一言。
>
> （《世说新语》）

一次，王徽之到京都去，到清溪渚船刚要靠岸补给，此时正好有一队人马从岸边经过，为首那辆豪华马车的帘子一开，露出一张脸来。这不是别人，正是权倾一时的桓温的宗亲本家桓子野（桓伊）。王徽之不认识桓伊，但门客中却有人认得，于是惊呼："是桓伊！那就是桓伊！"王徽之一听，立刻来了精神，他知道桓伊是谁，知道他是淝水之战中功不可灭的大将，是封了爵位的显贵人物，也听说桓伊笛子吹得特棒，只是苦于未曾见面，更没听过他的笛声。此时的王徽之不知道是忘却了自己仅仅是个中下层官员，还是潜意识里从来就没把任何高官当高官看待，反正，他又一次把手一挥，让人前去把桓伊叫住。这桓伊也怪，好好地赶自己的路，竟然被一个下层官员的仆人给叫停了下来。一询问，原来是王徽之想听自己为他秀上一曲。王徽之，桓伊不仅知道，应该说，也是久闻其疯狂另类大名的。于是，桓伊就老老实实地来到王徽之船上。王徽之见到身着比自己级别高得多的官服的桓伊，就站起来大大咧咧地对桓伊说："听说你笛子吹得很好，能不能为我演奏一曲呢？"这在见了上级官员路过必须跪地回避的古代，如此放肆，杀十次头的罪都够了，而这个桓伊竟然一声不吭地在胡床上坐了下来，拿出笛子就吹开了。桓伊一共为王徽之吹了三支曲子，演奏完毕，转身就走，主客双方一句话也没有说。

王徽之与桓伊这一做派，当下的美利坚下层官员与上级官员能否达到，笔者不得而知。反正，在我所处国度的今天，这样的事情是做梦也不可能发生的。

支道林，世称支公或林公，东晋高僧，一代佛学大师、著名书法家。他不仅佛学造诣高深，也精通老庄之说，世代崇信佛教，曾著《圣不辩之论》、《道行旨归》、《学道戒》等论书，"即色本空"的思想就是他的首创，为般若学"六家七宗"的代表人物。如此重量级的人物在王徽之面前，却受够了气。

王徽之有次去著名豪族谢万（谢安弟弟）那里，一进门，就见支道林在里面。支公得见王徽之进去，神色即刻傲慢起来。王徽之见了，也没表露什么，而是坐下来与谢万开始闲聊，聊的话题竟然是支公的行头装扮和健康问题。王徽之说："如果支公不是佛家装扮，胡须头发都留着的话，神情应该比现在还要强得多吧？"谢万回答说："唇齿相依，不能偏废。须发和精神难道有什么关系吗？"此时，支公脸色难看到了极点，但王徽之与谢万仍有滔滔不绝之势。于是，支公终于爆发："我的七尺身躯，今天就交给你们二位了。尽管评吧！"

符宏，前秦皇帝符坚的儿子，曾对父亲发起的淝水之战持反战态度。符坚战败，符宏叛逃降晋，谢太傅（谢安）常常招待他，符宏也由此自认为才华出众，经常好为人上，认为所有的客人没有能让他折服的。一天，恰好王徽之来了，谢安让他俩一起聊天。王徽之什么话也没说，只是愣愣盯着符宏看了半天，起身就走。临出门时对谢安说："这个人和常人终究也没什么不同嘛。"只此一句，就让符宏非常羞愧地退了出去，从此收敛了许多。

宁可食无肉，不可居无竹。无肉令人瘦，无竹令人俗。人瘦尚可肥，士俗不可医。

这是苏轼《于潜僧绿筠轩》中的句子。此话的根源来历就是王徽之。王徽之一生，除了爱酒、爱声色之外，还有就是爱竹，且爱竹的程度甚至超过前两项，达到无以复加的地步。他曾经暂住别人的空房子，一住下就赶快让下人种竹子。有人觉得奇怪："暂时住一住，何必要这样麻烦呢？"王徽之沉吟良久，指着竹子说："我不能一天没有这位仁兄啊！"其爱竹之情真意切，由此可见。

如此爱竹，加上原本的狂放个性，自然就会有离谱的故事发生。

> 王子猷尝行过吴中，见一士大夫家极有好竹，主已知子猷当往，乃洒扫施设，在听事坐相待。王肩舆径造竹下，讽咏良久，主已失望，犹冀还当通。遂直欲出门，主人大不堪，便令左右闭门，不听出。王更以此赏主人，乃留坐，尽欢而去。（《世说新语》）

一次经过吴郡，王徽之见一个士大夫家有非常好的竹林，主人也已经知道了王子猷会来，就洒扫庭除，准备好酒肉，在大厅里坐着等他。王徽之却坐着轿子从大门招摇而进院内，压根儿就没想过要去跟主人打个招呼，直接来到竹林里，旁若无人，一咏三叹地独自赏竹。在大厅等着要接待他的主人一看这种情况，顿时失望至极。本想王徽之可能会在赏完竹之后，会跟自己礼节性寒暄几句，说点什么。可等了很久，在竹林里好一番沉吟夹杂尖叫之后的王徽之，赏完竹后，却径直向门外走去，丝毫没有同主人告别的意思。此时主人实在忍无可忍，立马下令家人关上大门，不让王徽之出去。王徽之这才不得不停下来，正视这个院落里的主人。双方寒暄之后，王徽之留了下来，酒醉肉饱，纵情欢乐一番才离开。

爱竹，心中只有竹而无其他。如此痴狂，还有什么事情做不出来？

哥并没有醉，尽兴而返就不亏

> 尝居山阴，夜雪初霁，月色清朗，四望皓然，独酌酒咏左思《招隐诗》，忽忆戴逵。逵时在剡，便夜乘小船诣之，经宿方至，造

门不前而反。人问其故，徽之曰："本乘兴而行，兴尽而反，何必见安道邪？"（《晋书·王徽之传》）

雪越下越大，呼呼的北风一个劲地刮，从下午开始，大雪就一直没有停止。

午间与一帮文朋诗友喝过了头，送走朋友之后，在小妾的搀扶下王徽之歪歪倒倒走进了卧房，倒头便睡。

一觉醒来，已是深夜时分，此时酒已醒了大半。王徽之推开躺在一旁的美妾，打着酒嗝从床上爬起来，此时那身边的美人睡得正香。他趿上棉鞋，来到门前，刚推开一丝缝隙，一阵寒风迎面扑来，他打了一个激灵。门开后，寒风夹杂着大片大片的雪花扑进门来。王徽之举目一望，地上早已覆盖了一层厚厚的雪，远处的山、近处的树木、房舍都掩映在一片白色之中。习习沙沙雪落的声音使地之间显得异常静谧，厢房那边下人的呼噜声一阵接着一阵，偶尔有几声狗吠从远处传来。

一个多么富有诗意的雪夜啊。

王徽之拍着自己的门框对着厢房那边的下人高喊："上菜——温酒——"

于是，呼噜声停止了，下人住的那一排厢房的灯顷刻间纷纷亮了起来。一个黑影打着灯笼弯着腰快步跑到他面前，听完王徽之对菜肴和酒水的详细要求后，点头哈腰地退了下去。王徽之转身进屋叫醒了熟睡中的美妾，然后在美妾的侍候下披上了披风，来到了一间饮酒赏景的屋子。只一会儿，四五个美人环佩叮当、一片莺语燕呢拎着手炉，阵阵香气中，王徽之就被围在了中间。此时，下人已将热腾腾的肉、冒着热气的酒陈放齐备。大家一起动起手来。

喝着喝着，雪停了，风住了，一个晴朗的雪夜呈现了出来。夜雪初霁，月色清朗，四望皎然。看着眼前的美景美人，王徽之站了起来，一边喝酒一边大声吟诵起来：

经始东山庐，果下自成榛。

前有寒泉井，聊可莹心神。

峭蒨青葱间，竹柏得其真。

弱叶栖霜雪，飞荣流余津。

爵服无常玩，好恶有屈伸。

结绶生缠牵，弹冠去埃尘。

惠连非吾屈，首阳非吾仁。

相与观所尚，逍遥撰良辰。

熟悉的人就知道，这是那个与潘安、石崇号称文学界"金谷二十四友"，形象奇丑，以《三都赋》使洛阳纸贵的左思的《招隐诗》。

吟诵完毕，在美妾们的掌声中，王徽之又一顿英雄般地引颈猛灌美酒。喝着喝着，他忽然想起了自己在剡县的好友戴逵，举起的酒盅在空中停了好半天。众人正面面相觑之际，王徽之把酒盅重重地往桌案上一放，高喊一声："备船！"

戴逵（326？－396？），字安道，东晋音乐家、书画家、哲学家，终身不仕的隐士。

下人须臾就备好了船。王徽之打发了众美妾，在几个男仆的簇拥下，踏着吱吱咯咯的积雪，上了停泊在家门口的船，船上早准备了烧旺的火盆和冒着热气的酒肉。几个驾船的艄公一见主人坐定，立马使出浑身力气，划着王徽之的游船飞也似的向剡县方向而去。

雪夜，撑着灯笼的游船在"吱吱咕咕"急促的桨声中飞驰。王徽之一边饮酒一边不停地在船头和船厢中吟哦独步，看山看水看雪夜。

经过整整一宿，天亮的时候，王徽之在船舱中睡着了，再次醒来的时候已近中午。此时，距离戴逵的住地越来越近，马上就要见到戴逵了，王徽之搓揉着眼睛打着哈欠从船舱中走了出来，显得异常兴奋。

眨眼工夫，船就到了戴逵家门前的码头。船夫们慌慌忙忙地抛下锚，将船固定好，习惯性直起腰来，等待着船上的男仆们搀扶王徽之下船。王徽之迈开大步走上船头，站定，对着戴逵的院门看了良久。他忽然转身，一挥手，吩咐船夫："掉头，回去。"

此话一出，船夫、仆人顿时惊讶万分。一个仆人打了一个趔趄，差点掉进河中。

一位大胆的船夫以为自己听错了，将耳朵转过来对着王徽之，大着胆子问："主人，您说什么？"

"回去！"王徽之对着他大吼一声。

为首的仆人终于慌了，跌跌撞撞地靠近王徽之面前说："大人，咱们千辛万苦，冒着雪夜视线不好翻船的危险，才到达这里，您怎么也得进去看看再说吧。您，您这是为什么呢？"

"哈哈哈哈！"王徽之忍不住大笑起来，"我本是乘兴而来，现在又兴尽而返，何必一定要见戴安道呢？回去吧！"

承载着王徽之的游船，在吱吱咕咕的桨声中，沿着来时的路返了回去。

兄弟，哥跟你没完

很多时候，王徽之似乎只活在自己的理想状态中，对俗世的人情世故毫不关心。但有一件事，却是他常常挂记心尖的，这就是他跟弟弟王献之的兄弟之情。

"东床坦腹"的王羲之娶上了绝世美才女郗璇之后，两人卿卿我我，一气生下了一大堆孩子，仅男孩就有七个，王徽之行五，王献之最小。在兄弟七个中，史料记载有点出息的也就五个，他们分别是王凝之、王操之、王徽之、王焕之、王献之。哥几个自小都随父习书，"王氏凝、操、徽、焕之四子书，与子敬书俱传，皆得家范，而体各不同。凝之得其韵，操之得其体，徽之得其势，焕之得其貌，献之得其源"。其中，只有"得其源"的王献之可跟父亲相提并论，世称"二王"。其余兄弟，包括王徽之在内，充其量只是一鳞半爪。

小弟王献之不仅书法了得，且在能力、风度上都独占鳌头，当时的名士们也常常把王徽之与王献之进行比较。相比的结果，自然是王徽之相形见绌。

> 王子猷、子敬曾俱坐一室，上忽发火，子猷遽走避，不惶取屐；子敬神色恬然，徐唤左右，扶凭而出，不异平常。世以此定二王神宇。（《世说新语》）

记载说王徽之、王献之兄弟俩，曾在房间里闲坐，突然屋顶着火了，王徽之慌忙逃跑躲避，连鞋都来不及穿。而王献之却神色恬淡，不慌不忙地叫来侍从，扶着自己走了出来。

房顶起火，慌忙跑出来本来是人之常情，这也显得王徽之不拘礼法，是

王徽之

史上最牛的行为艺术大师

285

个不虚伪藻饰的性情之人，在当时，处于琅琊王氏这种世代高官之家的王徽之，如此不讲规矩、惊惊咋咋是需要勇气承受谴责和批评的；而对于王献之，家中失火还不慌不忙、讲究礼法排场，死要面子活受罪，非仆人来搀扶才离开，这也需要胆量、气度和非一日之功的修炼，跟兄长王徽之相比，自然更胜一筹了。

还有一次，王徽之兄弟三人一起去拜访谢公（谢安），王徽之、王操之两人说了很多俗事，而王献之只是略作寒暄就不说话了。三兄弟走后，在座的客人问谢公："刚才的三位贤士，哪个最好？"谢公说："小的最出色。"客人问："您怎么知道的呢？"谢公说："有能力、有修养的人是很能控制自己的话语的，而浮躁浅薄的人一般话比较多。我是根据这个推知的。"

显然，魏晋时代，即使是谢安这样的高人也免不了以儒家的价值取向去评判青年一代的。在这样的价值取向之下，王徽之自然在弟弟王献之面前显得矮了几分。

然而，王徽之就是王徽之，特立独行的他对小弟王献之不但从未有过嫉妒之心，在所有兄弟中，恰恰与这个强过自己的弟弟关系更铁。

自打小时候起，兄弟俩就格外友好，常常一起谈论时事，并肩共读。哥俩最喜欢的一本书，就是《高士传》，对其中的人物，两人的看法却各有不同。王献之特别喜欢的是"井丹高洁"一则，王徽之却更喜欢"长卿慢世"这一则。井丹，字大春，东汉郿地（今陕西省眉县）人，年轻时学于太学，通五经，善谈论，京师人都议论说："五经纷纶井大春。"据说，他为人非常清高，从未学会伺候人，更不屑攀龙附凤；长卿，即司马相如，西汉大辞赋家，擅长弹琴的绝色帅哥、文学明星，他所用的琴是西汉景帝时梁王所赠的"绿绮"，他的一曲《凤求凰》，致使美丽的卓文君与他连夜私奔的爱情故事无人不晓，"琴挑文君"、"文君夜奔"的典故皆处于此。

从哥俩对人物故事的品评来看，较之王献之的性格，王徽之的喜怒哀乐似乎更具人性的温度和光辉。

公元386年，中华大地杀戮达到了空前残酷。鲜卑族的拓跋珪称代王，建都盛乐，改称魏，中华历史上的北魏由这一年开始；此外，后秦姚苌入长安，称帝；吕光称凉州牧、酒泉公，建都姑臧，后凉政权由此开始。

也是在这一年，中国历史上书名的书法家王献之兄弟也携手黄泉。

关于王徽之、王献之兄弟情深在《世说新语·伤逝》里有一则"人琴俱亡"的故事，读来凄美哀伤至极。

> 与献之俱病笃，时有术人云："人命应终，而有生人乐代者，则死者可生。"徽之谓曰："吾才位不如弟，请以余年代之。"术者曰："代死者，以己年有余，得以足亡者耳。今君与弟算俱尽，何代也！"未几，献之卒，徽之奔丧不哭，直上灵床坐，取献之琴弹之，久而不调，叹曰："呜呼子敬，人琴俱亡！"因顿绝。先有背疾，遂溃裂，月余亦卒。（《晋书·王徽之传》）

先是王徽之王献之同时生病，家里人四处求医问药。一日有一术士登门，在给兄弟两人看完病后，顺口就说："一个人的命要结束的时候，如果有人愿意把自己的寿命送给他，那么，我可以通过法术，把那个人的寿命转给要死的这个人，让他活得更长一些。"王徽之听了术士的话，显出从未对人有过的祈求神情，扑通一声跪在地上倒头便拜，对术士说："大师，我的才学不如我的弟弟，请您把我剩下的寿命转给他吧，求求您了！求求您了！"术士见此，转过头来认真地看了看王徽之，无奈叹息道："愿意把寿命转给别人的人，必须是自己的寿年有多余的，才能够用来弥补快死亡的人，让他继续活下去。而你的寿命和你弟弟的相差无几，你用什么转给他呢？"听到术士的解释，王徽之伏地悲恸。

几天之后，王献之死亡。

由于徽之此时亦在重病之中，家人不敢将情况如实告诉他。几天没有王献之的消息，重病中的王徽之就待不住了，勉强支撑起来问身边的人："为什么这么几天没有弟弟的消息？是不是已经不在人世了？"他说话的时候没有一点伤感，说完就叫车去凭吊，到了灵堂，一声不哭。因王献之平素喜欢弹琴，王徽之就径直坐到灵床上去，叫人取来王献之的琴，试图弹奏。他摆弄半天，始终无法调准琴音，便把琴往地上一摔，说道："子敬（王献之的字）啊！子敬！人和琴都不复存在啦！"王徽之随即痛哭欲绝，很久才恢复过来。一个月以后，王徽之病情加重，背部溃烂开裂，在家人的一片哭声中死去。

兄弟之情撼动世人。

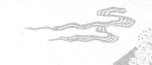

【成语】人琴俱亡

【拼音】rén qín jù wáng

【释义】俱：全，都。亡：死去，不存在。形容看到遗物，怀念死者的悲伤心情。

【出处】《晋书·王徽之传》："取献之琴弹之，久而不调，叹曰：'呜呼子敬，人琴俱亡。'"

【成语】乘兴而来，兴尽而返

【拼音】chéng xìng ér lái, xìng jìn ér fǎn

【释义】指趁着高兴便做某事，没有兴致或兴致已过便停止。形容人做事随心所欲，不循规蹈矩。

【出处】《晋书·王徽之传》："（徽之）尝居山阴，夜雪初霁，月色清朗，四望皓然，独酌酒咏左思《招隐诗》，忽忆戴逵。逮时在剡，便夜乘小船诣之，经宿方至，造门不前而反。人问其故，徽之曰：'本乘兴而行，兴尽而反，何必见安道邪？'"

【成语】骑曹不记马

【拼音】qí cáo bù jì mǎ

【释义】指有名士习气，不理事务。

【出处】《晋书·王徽之传》载："徽之字子猷。性卓荦不羁，为大司马桓温参军，蓬首散带，不综府事。又为车骑桓冲骑兵参军，冲问：'卿署何曹？'对曰：'似是马曹。'又问：'管几马？'曰：'不知马，何由如数！'又问：'马比死多少？'曰：'未知生，焉知死！'"

【成语】拄笏看山
【拼音】zhǔ hù kàn shān
【释义】拄：支撑。笏：古代大臣上朝时拿着的手板。旧时比喻在官有高致。
【出处】南朝·宋·刘义庆《世说新语·简傲》："王子猷作桓车骑参军，桓谓王曰：'卿在府久，比当相料理。'初不答，直高视，以手版拄颊云：'西山朝来，致有爽气。'"

 王大 葬礼上裸奔的高官

人物简介

姓名：王忱，字符达，小字佛大，外号王大
家庭出身：贵族世家
籍贯：山西太原
生卒：不详（355？-392？）
社会关系：蓝田侯王述的孙子，高官王坦之的儿子，奸臣王国宝的哥哥，东晋著名经学家范宁的外甥，王恭的族叔、发小和敌人
社会身份：酒鬼、药鬼、裸奔狂人、高官
容貌：承袭祖上大酒糟鼻子，丑鬼一个
作品：个人文集五卷

雷人言行

◎ "三天不喝酒，就感觉灵魂不在身上了。"
◎ 岳父家有丧事，不但不帮忙做事，反而邀约十几人赤身裸体鱼贯而进，围着岳父绕几圈就走了，令在场人等大跌眼镜。
◎ 身为大军区司令，酒后与另一高官发生斗殴。

相关成语

后起之秀 身无长物

作者评价

为什么一定要效仿阮籍？喝酒、嗑药、裸奔都是折腾自己，何苦？

笑破肚皮的活宝之家

王大，大名王忱，是生活在东晋中后期的人物。本文用他的小名入题，是因为在记载他的很多史料上都以这个名字为主。如果把王大的疯狂任诞与魏晋的其他名士相比，包括曹魏时代"竹林七贤"，没有一个能超得过他。他的酗酒、裸奔无论是当时还是现今，都让人跌破眼镜。

王大是历史上著名的山西太原王家人。现在说山西太原王家估计知道的人不会很多，假如时间回溯一千多年，在魏晋南北朝时期提起太原王家，几乎没有人不表现出敬仰羡慕神色。即使到了魏晋之后的南北朝时期，太原王家的代表人物王慧龙因在南朝的刘宋政权遭到迫害，跑到北方投降了北魏。北魏的宰相崔浩，在其没有任何身份证明的情况下，仅凭王慧龙的大酒糟鼻子就认定他是太原王家的后人，并表现出少有的热情，虔诚侍候之外，还在拓跋皇帝面前力挺这位名门之后，使王慧龙在北魏最终得到重用，成了一代名将。

据说这个家族是春秋时期周灵王太子晋公的后裔，是理所当然的贵族，到了东汉末年，这个家族中的王允更是因为计杀董卓，以他的壮烈而一举将整个家族推进了一流高门的行列。进入晋代后，虽然山东琅琊王家的辉煌远远高于太原王家，但琅琊王家是"新户"——得势不久的暴发户，按照当时的门阀制度和潜规则，排名就自然落后于太原王家。

太原王家到了王忱的父亲王坦之这一代，便已经有了"五世盛德"的美名。据统计，仅西晋时期，太原王氏先后有十二人在朝中任要职，其中有三人位至"三公"（中央常委的三位核心人物）；整个魏晋时期，这个家族出了两位皇后、一位驸马。

在《晋书》和《世说新语》里，对这个家族有很多搞笑的记载，随便说一条，就能让人笑翻肚皮。

> 王浑与妇钟氏共坐，见武子从庭过，浑欣然谓妇曰："生儿如此，足慰人意。"妇笑曰："若使新妇得配参军，生儿故可不啻如此。"（《世说新语》）

这则故事说的是王忱家一个叫王浑的前辈与妻子的一段对话。这个女人据说是钟繇的后代，史书里说她很贤能，但同时也记载了她的口无遮拦，用现在大老爷们儿的话来说，"疯婆娘"一个。上面这段是《世说新语·排调》的原文，翻译过来是这样说的：王浑和妻子钟氏一起坐着闲聊，看见儿子武子（王济）从院子经过，王浑高兴地对妻子说："你看，我们有这样一个儿子，也该知足了。"妻子笑着说："如果我能嫁给你弟弟参军王沦，生的儿子一定比现在这个更优秀。"

这话即使在今天也不是一般女人说得出的，暗恋老公的弟弟本来就不光彩，何况还说出来？

王大的祖父叫王述，因承袭父亲蓝田侯的爵位，时人以王蓝田称呼他。王蓝田外表憨厚少言，内心却极其强悍，即使是在王导主政的时期，也堪称举足轻重的人物，他依靠自己的诚实肯干，从骠骑将军开始，一直干到扬州刺史、散骑常侍、尚书令的位置才结束。他的个性耿直暴躁，《世说新语》上记载有一则关于他吃鸡蛋的事情。王蓝田有一次吃鸡蛋，先是想用筷子扎进鸡蛋里面把鸡蛋挑起来剥了吃，但是没能成功，一怒之下，就把鸡蛋扔在地上。那鸡蛋非但没破，反而在地上转个不停，见此，他从席上一跃而下，对着鸡蛋一脚踏去，可惜没有踩中。此时他已经愤怒至极，从地上捡起鸡蛋放入口中，"咔嚓"一声把鸡蛋咬了个粉碎，但这一次他并没有吃，而是狠狠地把它吐了出来。

王大的父亲叫王坦之，字文度。这个人可以说是风流宰相谢安的至交好友，特别是在反对桓温的叛乱中一起出生入死，保住了东晋皇权。他先是在桓温的手下做长史，后来从桓温手下出来站在了倒桓的一方，桓温倒台后，与谢安一起执掌东晋政权。其人品、功绩都被世人称道。

在相关史料里，有一则无意间透露出了王大祖父王蓝田和父亲王坦之相处的一些细节，也能把人雷个半死：

> 王文度为桓公长史时，桓为儿求王女，王许咨蓝
> 田。既还，蓝田爱念文度，虽长大，犹抱着膝上。文度因言桓求己女婿，蓝田大
> 怒，排文度下膝，曰："恶见文度已复痴，畏桓温面？兵，那可嫁
> 女与之？"文度还报温云："下官家中先得婚处。"桓公曰："吾知
> 矣，此尊府君不肯耳。"后桓女遂嫁文度儿。（《世说新语·方正》）

这则记载里说，王大父亲王坦之在当时不可一世的桓温手下做官，桓温为了政治上的考虑，想笼络王家，向王家提出娶王坦之女儿为儿媳联姻，王坦之说要回家问问父亲。王坦之回到家，"蓝田爱念文度，虽长大，犹抱着膝上"。这就是说，王坦之虽然到了女儿都该婚嫁的年龄了，回到家中仍然被父亲揽在膝上抱着。"文度因言桓求己女婿。蓝田大怒，排文度下膝"，王坦之刚一说出问题，就被不高兴的父亲从膝盖上推了下来。多搞笑的一对活宝父子啊！

本文主人翁王大就出生在这样的家庭里。

王大的父亲王坦之一生共生了四个儿子，依次是王恺、王愉、王国宝、王忱（王大）。

在王大兄弟四人中，史料记录最多，影响最大的是王国宝和王大。纵然王坦之一生磊落，为世人称颂，而王国宝这个家伙却让人失望，俨然一势利小人、奸臣贼子。虽然是名相谢安的女婿，却投奔在司马道子的麾下，敌对谢安，又贪纵聚敛，"后房伎妾以百数，天下珍玩充满其间"。隆安元年（397），王恭、殷仲堪诸镇起兵，要求将他诛杀，司马道子无力抵御，只好将他杀死。

请原谅，关于王大的出生和家庭，笔者之所以拉拉杂杂地说这么多，主要原因是魏晋历史绕不过太原王家这个一等贵族；其次就是铺垫一下王大的出场。

空前绝后的裸体悼念秀

太原王家王大这一支人的先人叫王湛，王湛是典型的大酒糟鼻子，但这

基因好像只遗传在男子身上，假如女生也是大酒糟鼻子的话，估计是很难出两个皇后的。这遗传到了王大这一代，在男人身上表现得并不普遍。可以肯定的是，王大被遗传了，所以王大是个形象比较困难的男人，而他那千夫所指的哥哥王国宝却长得一表人才，不但没有大酒糟鼻子，还帅得惊动党中央。

有史为证：前秦皇帝苻坚的哥哥苻朗到建康，他才华横溢，所到之处众人无不叹服。对于这样一位人杰，王大当然是想见识一番的，于是主动去拜访。谁知苻朗并不买账，假称生病不愿见王大，其实在苻朗心里并没有瞧不起王大的意思，只是因为很恶心王大的哥哥王国宝。这时有人对苻朗说："难道你真不愿意见见吏部郎（王国宝）的兄弟吗？"谁知苻朗却回答说："吏部郎是谁？不就是人面狗心、狗面人心的兄弟俩吗？以后少跟我提他们。"在这里"人面狗心"当然指的王国宝，而"狗面人心"则指的王大。由此可见，王大声誉不错的同时，长相之丑也是"声名远扬"。

王大自小就特别聪慧，刚到弱冠二十就跟当时同族的王恭、王珣等名士一样名噪一时了。有那样的家庭背景，做官当然不是个问题，一出道便做了骠骑将军的长史（司令员手下的秘书长）。

王大的舅舅叫范宁，范宁是中国文化史上著名的经学家，东晋一号饱学之士，也是《后汉书》作者范晔的祖父。范宁看到自己的外甥王大能有出息，当然很高兴，跟王大一起的时候难免美誉之词溢于言表。一次，他对王大说："你的气质和才气超凡脱俗，声望之高，我都佩服，真是后起之秀啊！"这王大原本就是个聪明非凡的人，听到舅舅这样夸赞自己，随口就回答："不有此舅，焉有此甥？"这话翻译过来就是：没有您这样的舅舅，哪会有我这样的外甥呢？

这就是成语"后起之秀"的来由。而"不有此舅，焉有此甥？"一句到今天已经演化成千万个拍马溜须的版本了，常见的是"没有您这样的领导，哪会有咱单位的成绩呢？"等等。如此肉麻的拍马之语，真要怪王大这个"始作俑者"。

有"五世盛德"的家庭出生和范宁这个舅舅的赞誉，王大自然就飘飘然起来，一般的名士根本就不放在眼里。这方面《晋书·王忱传》里有一则记载：

尝造其舅范宁，与张玄相遇，宁使与玄语。玄正坐敛衽，待其有发，忱竟不与言，玄失望便去。宁让忱曰："张玄，吴中之秀，何不与语？"忱笑曰："张祖希欲相识，自可见诣。"

说王大有一次去舅舅家玩，恰好遇到江南名士张玄，一者张玄的学识本来就值得敬佩，二来东晋王朝作为偏安政府，对江南名士不能不表示出应有的尊重。王大一进去，舅舅就兴高采烈地把他介绍给张玄。张玄听说进来的是王大，一改先前的随意，顿时就提起架势，正襟危坐，等待王大的寒暄和交流。谁知道王大却一言不发，根本没有作出应有的热情和主动。张玄面对面地跟王大无趣地坐了一会儿就悻悻而去。张玄走后，范宁实在忍不住了，就生气地对外甥说："张玄是江南的俊杰，这么重要的人物来到咱们家，你为什么不跟人家说说话呢？弄到如此尴尬的地步，真是不可理解。"王大笑了笑，回答说："他张玄如果真想结识我的话，为什么不上我家里去拜访我？而要假装在你这里遇上我呢？"听了这话，范宁无言以答。立即就上张玄家转达了王大的意思。张玄听了果然就穿戴整齐星夜去拜访了王大。两人一面，就摆开了酒宴，频频举杯，宾主之间好像之前根本没发生任何事情，几杯酒下去便聊得非常投缘，从此成了要好的朋友。

王大的这种做法，一方面因为有一流的门阀世家作背景，另一方面，在他的内心，人生的价值取向上，一直把恢复"竹林七贤"之风当成了自己的目标。他最崇拜的人就是前辈王澄，这种崇拜丝毫不亚于今天喜欢杰克逊的男孩在梦中模仿杰克逊跳舞。

王大不但喜欢酗酒，还嗑药（五石散），而且吃得疯疯癫癫。

他反复研究"竹林七贤"中的阮籍，一次他的族侄、好友王恭问他："你觉得阮籍跟司马相如比，哪一个更奔放？"王大回答说："我看差不多吧，只是阮籍更嗜酒。我想，是因为阮籍心中有不愉快的东西，所以才要猛喝，这应该是借酒浇愁吧。"阮籍、王澄这两个偶像，在官场上都是一无是处的混混。

王大最著名的一句话，是每一个通晓魏晋历史的人都知道的——"三日不饮酒，觉形神不复相亲。"这句话翻译过来，就是说：只要三天不喝酒，就感觉魂不附体了，干什么都没精神。

他的狂放不拘和嗜酒如命，随着年龄的增加简直达到了无以复加的地步。特别是表现在喝酒上，比"竹林七贤"的阮籍还要阮籍，阮籍为了逃避司马氏的联姻笼络，曾经创下了大醉六十天的记录，而王大则"一饮连月不醒"，且一旦喝醉就不顾及自己的身份地位，"或裸体而游"——赤身裸体到处乱跑。

> 妇父尝有惨，忱乘醉吊之，妇父恸哭，忱与宾客十许人，连臂被发裸身而入，绕之三匝百而出。其所行多此类。（《晋书·王忱传》）

最让后世不能忘记的是，他岳父家办丧事的那次。从史书交代的情况来看，应该是岳父的父亲或者母亲去世吧。岳父的老人去世，作为女婿本来应该前去料理丧事，出钱出力，不遗余力地顶上去。而本文的主人翁王大却丝毫没那回事，照样在外大喝特喝，喝醉了才突然想起应该去灵堂悼拜一下。于是叫上一起喝酒的十几个弟兄，跌跌撞撞就向岳父家去了，到了岳父家门口，王大突发奇想，估计他想起了曹丕吊丧学驴叫，阮籍发母丧之前吃一只乳猪、灌一坛酒，然后大喊一声"妈妈，永别了！"，再口吐鲜血倒在地上等等。反正王大就是来了灵感，逼着兄弟们一个个脱得赤条条的，然后"连臂被发裸身而入"。一行十几个人在王大的带领下，赤身裸体、披头散发，手挽手、肩并肩，在众目睽睽中就闯进了灵堂，进去之后也不管三七二十一，围着棺材和正在放声痛哭的岳父转了三圈，就走了。《晋书》本传上还说，"其所行多此类"，类似的疯狂事件在王大身上还有很多。

我的妈呀！

荆州新来了"大哥大"

王大虽是酒鬼、药鬼，生活中表现十分狂诞，但是在对待工作上却十一点也不马虎，只要是对工作有利的，都能够虚心接受，无条件采纳。《世说新语·政事》中有载，王大有次在吏部主管官员推荐选拔。一天，他正草拟推举名单，临写完，一位叫王珉的下级官员来访，王大就将草拟名单拿出来给他看。（这在今天看来当然是违反保密原则的。）王珉自恃很理解王大的正派，就按自己了解的情况修改了近一半被推举人的名单，王大拿过一看，不但没有发火，还认为王珉改得好，比先前的那份更合理，于是大加赞赏一番，誊正之后就交了上去。

王大与哥哥王国宝虽为同胞，却走的是截然不同的人生道路。对王国宝的龌龊勾当他痛恨至极。当时王国宝在司马道子的支持下，不可一世，翻云覆雨。一次，在遇到王国宝与他的同党王绪的时候，当着王国宝的面王大故意大声呵斥王绪："你们做那些伤天害理的事情，难道就不怕日后会清算坐牢吗？"正义正气由此可见。

除了上面两则故事之外，王大在工作中的优秀表现，还体现在荆州任上。这一点，他与他的偶像——琅琊王家的王澄相比，简直一个天上一个地下。晋孝武帝十四年（389），由于防务需要，王大被派往荆州任刺史（地方最高行政长官），都督荆州、益州、宁州等三州军事，兼建武将军，并"假节"（由皇帝赐予，在所辖区域代表皇帝对所有官民拥有杀生大权的凭据）。

荆州，魏晋时期华夏最富庶之地，也是战略要地，历来为兵家必争，年龄长他一辈的东晋名士周颛、王澄可以说都是栽倒在荆州任上的。这样一来几乎东晋的半条命都掌握在了王大的手里，任务之艰，可想而知。

王大向来是个自恃才气之人，好酒如命不说，酒后往往放任不拘，加之又时常表露出对阮籍、王澄的仰慕。他这种性格的人，年龄也只有三十几岁，朝廷竟然派他去担任如此重要地方的如此位置。从家人到满朝文武，知道这个消息的人，只要提起，莫不为晋王朝的命运和王大担忧。让大家意想不到的是，王大一到荆州，"威风肃然"，形势迅速得到改变，"殊得物和"——政通人和，秩序井然。

荆州也是前任大司马桓温（名相王导之后左右朝政的人，晚年欲废帝自立，未果而死。详见本书"桓温"一章）父子经营多年的地方，此时桓温虽然已经不再人世，但其儿子桓玄却仍带着父亲的兵马驻扎这里。荆州是桓温及其后代的封地，而且在当地可说拥有几代故交旧友，加上这个桓玄也是自命不凡之人，因此常常做出一些仗势凌人的事来。见到太原王家的王大又一次把权力伸进自己桓家的领地，桓玄自然是十二分地不满，因此在王大初来乍到时候，就时时处处跟他作对。

说起这桓家跟太原王家，还真有剪不断理还乱的关系。远的不说，就是王大与桓玄他们的父亲这辈，就有说不完的故事。本章第一部分《笑破肚皮的活宝之家》曾经提到，当时王大的父亲王坦之就是在桓玄的父亲桓温手下做长史，为了笼络王家势力达到篡夺地位的目的，桓温曾经提出想要娶王大的姐姐做儿媳妇。王大父亲回家跟爷爷王蓝田商量，王蓝田大发雷霆把父亲王坦之从膝上推了下来，并说："我们家的姑娘，怎么能嫁给一个当兵的人家呢？"他显然是很瞧不起桓家，但是后来王蓝田去世后，桓温的姑娘却嫁给了王大的一个哥哥。姻倒是联上了，可两家的感情和桓温的阴谋诡计却没能跟王家联上。王大的父亲王坦之后来跟了成语"东山再起"的主角谢安，并且在桓温几次大兵压境要篡夺皇权的时候与谢安出生入死，保住了司马氏天下。

到了王大跟桓玄这辈，他们之间仍然有扯不清的瓜葛，除了工作上直接的利害冲突之外，私下里还是亲戚和朋友。

> 玄尝诣忱，通人未出，乘舆直进。忱对玄鞭门干，玄怒，去之，忱亦不留。尝朔日见客，仗卫甚盛，玄言欲猎，借数百人，忱悉给之。玄惮而服焉。（《晋书·王忱传》）

王大来到荆州后，由于要推行自己的新政，不得已要拿以官员身份盘踞在荆州多年的"黑社会"老大桓玄开刀。这桓玄也发毛了，他得给王大一点颜色看看。一天，桓玄收拾打扮驾着豪华马车要去拜访王大。到了王大府上，门卫一看是桓玄大人到了，马上转身进去禀报王大。桓玄有意要让王大难堪，就吩咐司机"加大油门"冲进王大的院子。王大听到声音，从家里走了出来。一看当时的情况，他什么也不说，只拿着鞭子走到门卫室，对着自己家值班的门卫"噼里啪啦"就是一顿暴打。桓玄一看，这哪里是打他的门卫，明明是在打自己的脸嘛。于是，吩咐下人掉转马头就走。看到这种情况，王大也不相留，只是冷冷地看着桓玄的马车离开。整个过程从头到尾两人没说一句话。

王大在荆州把每个月的初一这一天定为自己接待亲戚好友同僚的日子，每当这时候，都会大摆威仪，把一个大军区司令员的架势做足做亮。大门外，庭院里，卫兵挺立，盔明甲亮，精神抖擞。桓玄看到这种情况，又生一计，他想看看王大是否因为有这些卫兵才如此威风，便提出要把这几百卫兵悉数借走跟自己去打猎。王大一听，连想都没想就说："拿去吧！"

从此之后，桓玄对王大是又恨又怕。收拾好了桓玄，荆州的治理就不在话下了。

王、桓两家势力在荆州就这样和平共处，直到公元391年桓玄被召为太子洗马而离开荆州。

关于这两人的分别，《世说新语》里有载：

> 桓南郡被召作太子洗马，船泊荻渚，王大服散后已小醉，往看桓。桓为设酒，不能冷饮，频语左右："令温酒来！"桓乃流涕呜咽，王便欲去。桓以手巾掩泪，因谓王曰："犯我家讳，何预卿事！"王叹曰："灵宝故自达。"

这段话翻译过来是这样的：

桓玄被调回京城做太子洗马，临行之前船停在江边芦苇滩上，王大听到桓玄即将出发的消息时，刚好吃过五石散，已经有些醉了，但还是坚持要亲自去为桓玄送行。桓玄见王大上船来送自己，很是高兴，就吩咐手下设宴摆酒，要跟王大喝上一杯。这时候的王大刚刚才过足毒瘾一会儿，为了保命，肯定是不敢喝冷酒（详情请参看本书"何晏"一章第四部分"药鬼和'伟哥型摇头丸'"）。于是王大就连续对左右说了几遍："叫他们把酒温热上来。"王大一心想的是不能喝冷酒，并没别的意思。谁知桓玄一听这话，立马就一把鼻涕一把泪地哭了起来。王大一看这架势，气不打一处，站起来就要走。桓玄一见王大要走，一边用手巾擦眼泪，一边对王大说："我哭是因为你不小心触及了已故家父名字的忌讳，按规矩我必须得哭，关你什么事，你走什么啊？"

原来，晋人的习俗，假如当着别人的面不小心说出了那人父母的名讳是犯大忌的。而作为被冒犯者的后人，无论在什么情况下，一旦听到有人冒犯自己尊长的名讳，一是必须惩罚对方，二是必须表示悲伤才能证明自己的孝心。"温酒"一词，犯了桓温的名讳，所以桓玄不得不哭。

王大见桓玄梨花带雨地说出原委，方才悔恨不已。鉴于桓玄对这事的处理态度，王大由衷地说了一句："桓灵宝（桓玄，字灵宝）的确是旷达大度啊！"

这一别，也是王大跟桓玄的最后一次别离。王大又吸毒又酗酒地过着狂乱的生活，在桓玄走后的第二年就死在了任上。而桓玄，在王大这个克星死去之后的第十二年，就逼着东晋安帝献出了国玺，改国号为楚，自己做起了皇帝。

两位高官的酒后斗殴

要说王大的一生，必须得提到一个人，这个人在东晋后期是赫赫有名的保皇派，公认的忠臣。他也是山西太原王家的一员，是王大的从侄，但是年龄似乎跟王大相差无几。

这个人叫王恭，史料对他的记录比王大多得多。他是东晋孝武帝皇后王法慧的哥哥，他曾两次带领军队杀向首都建康，要驱除挟持皇帝意欲篡位的奸臣，后一次竟被各路军阀推为盟主。他不但性格耿直厚道，清廉之声远扬，而且长相也很帅，在历史上一直受到后人褒奖。

汉语中有一句成语，叫"身无长物"，就是起源于他跟本文主人翁王大的一个故事：

王恭在会稽为官回到建康，王大听说他回来了，就去看他。去的时候，看到王恭正坐在一张六尺大的竹席上。因为这是会稽的特产，王大一眼得见就对王恭说："你既然从那边回来，想必带有这个东西，可不可以送我一张？"王恭不置可否。于是两人开始谈起相互感兴趣的话题，聊够了，要分手的时候，王恭就把坐着的竹席卷了起来送给王大。王大也不嫌是用过的，拿了就走。竹席被王大拿走之后，王恭没了坐的，只得坐在草垫上。很多天之后王大无意间听人说起王恭只得坐草垫的事情，大为惊讶。他去到王恭家一看，果然如此，于是对王恭说："我本来以为你有多的，才问你要。唉！没想到啊。"王恭对王大说："叔叔，看来您还是不了解我啊！我做人从来都这样，身无长物。"

中国有句话，少年叔侄为弟兄。《晋书·王忱传》中介绍王大的时候说，"弱冠知名，与王恭、王珣俱流誉一时"。由此可以推断，王大与王恭虽是叔侄，但更是发小关系，到了刚成年的时候，就一起出名了。

在很长一段时期内，王大、王恭俩可说是形影不离，即使分手之后，也非常想念对方。这样的友谊一来有家族的关系，但更多的是两人之间志趣相投，在一起总有说不完的话。

> "王恭随父在会稽，王大自都来拜墓，恭暂往墓下看之。为人素善，遂十余日方还。父问恭："何故多日？"对曰："与阿大语，蝉连不得归。"因语之曰："恐阿大非尔之友，终乖爱好。"果如其言。（《世说新语·识鉴》）

这段材料说的是：

王恭的父亲当时在会稽任上的时候，王恭也随父亲住在会稽。一次王大从建康来到会稽祭奠他先人的坟墓，王恭听说王大来了，就前往墓地去探望王大。王恭向来厚道顺从，从不撒谎，但这一次离开父亲一去就是十多天才回家。王恭的父亲王蕴就问儿子："你为什么去了这么多天才回来呢？"王恭回答说："因为跟王大聊天，一聊起来就停不下来，所以这么多天才回来。"王恭的父亲听了，就说："恐怕阿大不是你的朋友，估计你们的友谊最终是要分手的。"或许是这句话产生的某种暗示，这对少年叔侄到后来竟真的分道扬镳了。

事实上，王恭父亲的那句话，在王恭的潜意识里是起了作用的。当然，假如一点由头都没有也不至于让这对优秀的叔侄反目。这其中，要"感谢"一位叫袁悦之的中下层官员，这个家伙是个坏透顶了的东西，他跟在王国宝、王绪身边，在司马道子的麾下见风使舵，一个劲儿地攻击王恭。王恭在不知情的情况下，加上父亲当年的那句话，又加上王国宝是王大的哥哥，就开始怀疑在司马道子那里对自己使坏的人或许就是王大。因为很多事情，只有王大知道。王恭带着这样的情绪，与王大之间的仇隙不发生都不可能了。这样的情绪终于在一次酒宴上爆发出来。这次事件可能是中国历史上为官级别最高、架势最大、导火由头最俗气低级的群殴了。

> 王大、王恭尝俱在何仆射坐。恭时为丹阳尹，大始拜荆州。讫将乖之际，大劝恭酒，恭不为饮，大逼强之，转苦。便各以裙带绕

手。恭府近千人，悉呼入斋；大左右虽少，亦命前，意便欲相杀。何仆射无计，因起排坐二人之间，方得分散。所谓势利之交，古人羞之。（《世说新语·识鉴》）

这件事大约发生在公元 389 年，当时王恭的身份是丹阳尹（首都建康地理上隶属丹阳，丹阳尹就相当于今天北京市委书记），王大呢，刚刚接到调任荆州一号长官的调令，还没动身。

适逢一位姓何的同事请客喝酒，王大与王恭同时都是被请的贵宾。在这样的场合，很久不见的叔侄终于见面了，一顿猛喝下来，大家都差不多了，时间也不早了，宴会快结束大家打算要告辞的时候，故事发生了。

酒后的王大可能想到以后见面的机会不多了，或许也是想借这个机会跟从侄再来两杯，酒后好沟通，便于澄清一些事实。于是，他就劝王恭再来一杯。王恭本来就对王大有了误会，趁着酒兴当然不买叔叔的帐。王大觉得很没面子，就开始强迫起王恭来，王大越是逼迫王恭越是生气。于是两人纯粹拉下脸面，恶语相向，双方都把衣带挽在了手上，有点像上世纪七八十年代的人打架，先要把最贵重的财产——手表脱了放在兜里一样。王恭家里的家丁仆人较多，有近一千人，全都被手下叫来了；而王大的手下人却没那么多，但也被随从叫来了，王大让他们冲上去，与对方拼了。这位何姓同事没想到好心好意请一顿饭，却把家里闹成了即将血流成河的战场，且这两方都不是自己得罪得起的，心里那个急呀，不用说了。

古代贵族就是不一样，双方的家丁奴仆全都叫上阵来，心里恨不得张口咬死对方，但架子还得绷足了——都端坐在自己位子上。这请客的主家没了办法，只得起身坐在两人中间一个劲儿地求爷爷告奶奶，劝解两位大人。可能是怕对不起请客的主家，两边才各自散去。

此后，两位从开裆裤时代一道成长起来，可以一连聊十多天的叔侄，在政治的旋涡中，就这样结束了情谊。

从王大去到荆州两人就再没见面了，没几年，王大死在了任上。

随着时间的推移，王恭似乎明白了其中的一些原委。后来，权势越来越大的王恭在对付司马道子的斗争中，会常常想起王大。有一次，王恭吃了五石散，为了"发散"走到京口一个叫射堂的地方。他见晨晖照着闪光的露珠，初生的桐枝吐露嫩芽，不禁触景生情，随口说道："王大故自濯濯。"翻译过来就是，王大的确是个明朗闪亮的人啊！

公元 392 年，估计是酗酒、吸毒太多，正值壮年的王大死在了荆州的任上。在他死后，围绕荆州刺史这一要职，那些投机钻营的势利爬虫，包括想稳固天下的晋孝武帝都为这一职位绞尽了脑汁，闹出了一个个羞人的笑话。

几年之后，王恭也在捍卫所谓正统皇权的斗争中，被司马道子杀死，一起受害的还有他的五子及其弟王爽、王爽的侄子秘书郎王和、孟璞、张恪等人。

【成语】后起之秀

【拼音】hòu qǐ zhī xiù

【释义】后来出现的，或新成长起来的优秀人物。

【出处】《晋书·王忱传》："卿风流俊望，真后来之秀。"

【成语】身无长物

【拼音】shēn wú cháng wù

【释义】除自身外再没有多余的东西。形容贫穷。

【出处】南朝·宋·刘义庆《世说新语·德行》："对曰：'丈人不悉恭，恭作人无长物。'"

在《818疯狂魏晋的牛人》一书快脱稿的一个晚上，我梦见了外公，第二天我写下了下面这则日记挂在博客上。不久后的一天，我萌生了用这则日记做这本书后记的想法。各位见笑了。

外公来了，高兴劲儿呀，甭提了。快三十年没见外公了，外公喜欢热闹，马上带外公逛街去。

外公，为什么就只能在梦里见到您呢？感谢这个离奇的梦让我见到了您；也恨这个梦让我想起您！时光掠走的东西永远回不来了。

外公！我一生唯一见过的祖辈亲人！我想您，却不想回到童年！

外公，物质匮乏的年代已经过去了，商场里吃的用的堆山似海，眼睛都看累您。我有能力买好烟给您抽了！您最喜欢的奢侈无比的月饼，家里随时都有。

外公！我没有去当匪，我在一个陌生的城市靠阅读和码字为生，认识我的人中开始有人叫我"先生"了，我很喜欢这个称呼，却一直战战兢兢听着这个称呼不敢答应。

外公，现在的书太多了，您过去要找的那些书现在全有了，您要哪个朝代的我可以马上找给您。我有一壁六米长、两米五高的书柜，全塞满了，比我们家当年那个小书橱大得太多太多。

外公，您第一次生气的情景我现在还记得，我兴高采烈地告诉您我把各个朝代的书读完了，您听了一定"很生气，后果很严重"。

现在才发现那时的我太无知了，在您的鼓动下太想做饱学之士。外公，我永远做不了饱学之士！我眼睛都读鼓了，读痛了，每一天都布满血丝。我把书当作敌人，一本本消灭，却发现敌人越来越多，他们漫山遍野，悄无声息地袭来，越压越近，太恐怖了！

外公！我一秒不敢停，满眼都是敌人！他们越逼越近！

外公，这是我亲手鼓捣的第三本书了，不知道这本会怎样。我还有两件好事要告诉你，我有一大帮很关爱我的师友、密友，我也很爱他们，但是，我不想说感谢，我怕一说出来就亵渎了他们对我的深情厚意；另外，我老婆很贤惠，包括我像刘伶那样滥酒，像王徽之那样不谙正事，如阮咸那般好色，她都很能理解。她说：胜祥的"系统"中了魏晋的病毒，无论杀毒或是格盘，那都不是他了。

2011 年 1 月 18 日

智品書業
经典文史

智品书业（北京）有限公司

更方便的购书方式：

方法一：登录网站http：//www.zhipinbook.com联系我
们；

方法二：直接邮政汇款至：北京市西城区北三环中路甲六号
出版创意大厦7层

收款人：吕先明　　　邮编：100120

方法三：银行汇款：中国农业银行北京市朝阳路北支行

账号：622 848 0010 5184 15012

收款人：吕先明

注：如果您采用邮购方式订购，请务必附上您的详细地
址、邮编、电话、收货人姓名及所订书目等信息，
款到发书。我们将在邮局以印刷品的方式发货，免
邮费，如需挂号每单另付3元，发货7－15日可到。

咨询电话：010－58572701　（9：00－17：30，周日休息）

网站链接：http：//www.zhipinbook.com